U0909149

上海市干部培训中心组织编写

《现代行政管理培训丛书》

上海市紧缺人才培训项目
现代行政管理培训丛书

丛书主编：毛大立

（第3版）

现代行政管理：原理与方法

XIANDAI XINGZHENG GUANLI Yuanli Yu Fangfa

主编·何精华

上海社会科学院出版社
SASSP
Shanghai Academy of Social Sciences Press

总　　序

丁薛祥

本世纪头20年，是上海建设社会主义现代化国际大都市和国际经济、金融、贸易、航运中心之一的重要战略机遇期。上海肩负着率先全面建成小康社会、率先基本实现现代化的历史使命。小康大业，人才为本。面对未来发展，上海要抓紧建设一支规模宏大、结构合理、素质较高的人才队伍，以此在新世纪新阶段，在世界多极化和经济全球化快速发展、科技进步日新月异、综合国力竞争日趋激烈的新格局下，更好地抓住机遇、应对挑战。

行政管理人才是宏大的高素质人才队伍中一个不可或缺的重要组成部分。他们无论在政府部门，还是企事业单位，抑或日益增多的社会组织中，都具有不可替代的独特作用。从宏观上来讲，现代行政管理人才是落实科学发展观，加强党的执政能力建设，构建和谐社会，加快形成行为规范、运转协调、公正透明、廉洁高效的行政管理体制的基础；从微观上来讲，现代行政管理人才在企事业单位、社会组织中，扮演着保证各部门之间相互协调、发挥组织成员的智慧和潜能、提升管理水平和提高组织效率的关键角色。随着经济社会的快速发展，行政管理人才的作用会日益凸显，社会对行政管理人才的需求也会不断增长，行政管理人才在未来可谓大有作为、大有前途。

我们必须清醒地认识到，与建设现代化国际大都市的要求相比，目前行政管理人才队伍的规模、素质、能力还有一定差距，视野

---

* 作者时任中共上海市委组织部副部长、市人事局局长。

开阔、观念超前、基础扎实、经验丰富、业绩卓著的现代行政管理工作者还是全社会比较紧缺的人才。因此，站在建设“四个中心”的战略高度，抓紧人才培养工作，造就一支高素质、专业化、复合型的现代行政管理人才队伍，成为当前一项紧迫的任务。

此次出版的《现代行政管理培训丛书》，涵盖了现代行政管理的原理与方法、组织与创新以及工艺与实务等诸多内容，具有丰富、系统、新颖的特点。作者在吸收、反映国内外行政管理学科最新的研究和应用成果的同时，在多年探索、研究基础上，还提炼出了许多新观点、新见解，对提升行政管理专业人才素质和能力，进而有效推进管理现代化、加快实现城市现代化发展具有参考和借鉴作用。广大行政管理人才既可以通过这套丛书概览现代行政管理基本问题的全貌，掌握和夯实基础知识和理论，同时，又可以通过这套丛书把握现代行政管理的学科前沿和未来发展方向，有利于其今后的实践和提升。

我相信，这套丛书的出版，有助于广大行政管理人才更新工作理念、增强工作能力、提高工作水平，有利于加快现代行政管理人才的培养进程。衷心希望立志从事行政管理工作的读者，能够结合工作实际，认真研读、潜心学习，以此更新观念、拓展知识、提升技能、练就本领，成为适应时代需要、推动经济社会发展的优秀的行政管理人才，为全面建设小康社会、开创中国特色社会主义事业新局面，为上海这颗“东方明珠”放射出更加璀璨的光芒作更大的贡献。

2005年9月16日

目　录

第一章　绪　　论

本章基本问题

行政管理是协调人与人、人与社会、人与自然互动关系的产物，其实质是通过决策、执行、组织、领导、协调、监督、控制诸环节，协调以人为中心的组织资源与职能活动，以有效的方式实现组织目标的社会活动。本章主要通过界定行政管理和行政管理系统的内涵与本质特征，追溯行政管理的思想脉络，阐述行政管理主体、行政管理客体、行政管理机制的概念范畴，展望行政管理的发展趋势。

第一节　行政管理概述

一、行政管理的客观性

行政管理是基于人类获取物质生活资料、确保自身安全的需要而展开的有组织的社会行为，是协调人与人、人与社会、人与自然之间各种关系的社会实践活动。它是人类共同劳动的产物。在多人从事的集体劳动条件下，为使获取物质生活资料的劳动能够有序进行，就必须进行组织与协调，这就是行政管理。因此，行政管理的产生具有客观必然性。这种客观必然性主要体现在如下三个方面。

首先，行政管理在生产高度社会化的条件下得到发展，在电脑技术与网络技术高度发达的信息时代，权力日趋分化，知识的作用日趋凸显，行政管理的作用不仅没有弱化，相反，随着生产力的发展，经济全球化、经济信息化、政治民主化、组织社会化程度的提高，各种实体组织与虚拟组织规模的扩大，资源配置越来越复杂，物质生产与知识生产的各环节的相互依赖性越来越强，这些都要求有更高水平和更大强度的行政管理与之相适应。行政管理在工业化、信息化条件下不断得到强化与发展。

其次,行政管理广泛适用于人类社会生活的一切领域。凡有人群生活的地方都需要行政管理。从远古时代到现代社会,从工商企业到政府机关、事业单位及其他一切组织,从治国安邦到生产经营、社会生活,无不存在行政管理,无不需要行政管理,无不依赖行政管理。因此,行政管理具有普遍性①。

再次,行政管理已成为现代社会极为重要的、不可或缺的社会机能。随着信息化时代的来临,人类文明的进步,社会的高度发达,行政管理作为不可或缺的社会机能,其作用日益显著。行政管理是保障社会秩序与经济秩序,合理配置资源,有效协调与指挥社会各类活动,开发人力资本,调动人的积极性,实现社会及各组织目标的关键性手段。没有行政管理的现代化,就没有社会的现代化。

二、行政管理的概念

行政管理包括“行政”与“管理”两个概念。正确认识行政与管理的关系,是理解行政管理内涵的关键。“行政”与“管理”在概念的内涵上有着明显的差异。“行政”内含“管理”的基本内容,是一种有着特殊形式和内容的“管理”。但“行政”不同于“管理”,“行政”是为了维持组织自身稳定和安全运转做出的有序化、条理化和制度化的行为选择,突出了组织的公平与公正;而“管理”则突出了组织运行的程序和效能。因此,行政不是简单的管理活动,其目标是追求公共利益,强调管理者所承担的社会责任。人们为了突出行政的管理特征,把行政与管理合起来使用,称之为“行政管理”。可见,“行政管理”一词,具有极其丰富的内涵。

所谓行政管理,就是通过决策、执行、组织、领导、协调、监督、控制诸环节,协调以人为中心的组织资源与职能活动,以有效的方式实现组织目标的社会活动。这一界定,包括以下含义:

第一,行政管理的主体,并非仅仅指称政府机关及其公务员,也非仅仅指称国家机关及其公务人员,而是指所有公共的或私人组织中具有管理职能与管理职责的机构、部门及其工作人员。它们既可以是公共管理(Public Administration)主体,也可以是私人管理(Private Administration)主体。尽管公共行政管理者与私人行政管理者都可以成为行政管理的主体,但是,这并不意味着两者之间的区别可以忽略。事实上,公共行政管理与私人行政管理有着严格的区分。公共行政管理与私人行政管理之间的区别,表现在五个方面:(1) 目标不同。公共行政管理是为公众服务追求公共利益的,而私人行政管理则以营利为目的,追求利润最大化。(2) 实质不同。私人

① 单凤儒编著:《管理学基础》(第2版),高等教育出版社2005年版,第3页。

行政管理为了实现组织目标，更多着力于提高效率上，而公共行政管理不仅要注意到效率问题，而且还得研究公平问题。(3) 特性不同。与私人行政管理相比，公共行政管理尤其强调政府责任。(4) 监督方式不同。公共行政管理要受到社会大众的监督，而私人行政管理的监督主要来自组织内部。(5) 权力来源不同。公共行政管理的权力主要来源于社会大众给予的公共权力，而私人行政管理的权力则大多是私人授权。

第二，行政管理的目的是实现组织目标。所有的行政管理行为，都是为实现组织目标服务的。

第三，实现行政管理目标的手段是决策、执行、组织、领导、协调、监督、控制。这是一切管理者在管理实践中都要履行的管理职能。

第四，行政管理的本质是协调。要实现管理目标，就必须使资源与职能活动协调，而执行行政管理职能的直接目标与结果就是使资源与活动协调。因此，所有的行政管理行为在本质上都是协调问题。

第五，行政管理的对象是以人为中心的组织资源与职能活动。一方面，强调管理的对象是各种组织资源与各种实现组织功能目标的职能活动；另一方面，强调了人是管理的核心要素，所有的资源与活动都是以人为中心的。而且，行政管理最重要的职能就是对人的管理。

三、行政管理的特征

（一）行政管理是自然属性和社会属性的统一

一般而言，人们把“指挥活动”称为行政管理的自然属性，而把“监督活动”看作是社会属性，亦即行政管理的二重性。而行政管理的二重性，则是由组织运行过程自身的二重性所决定的。

一方面，行政管理是人与人、人与社会、人与自然和谐共处，获取物质财富和精神财富的产物，具有同自然和人类社会相联系的自然属性。在行政管理过程中，为有效实现目标，要对人、财、物等资源合理配置，对决策、执行、控制、监督或生产、市场推广、仓储、销售等职能活动进行协调，以实现经济效益和社会效益最大化的科学组织。这种由组织生产力所产生的行政管理功能，是由社会生产力引起的，反映了人与自然的关系，故称为行政管理的自然属性，也称行政管理的生产力属性或一般性。行政管理的自然属性表明，凡是社会化大生产、社会组织的有序运行都需要行政管理，它不取决于社会制度的性质，而主要取决于社会经济的发展水平和生产社会化程度，体现了在任何社会制度中行政管理的共性，它不随社会形态的变化而变化，具有长期性。例如，一些私人组织所采用的现代化管理方法与技术，在公共组织管理中，也同样可以适用。

另一方面，行政管理中的“监督活动”同人与社会组织网络、各种社会制度相联系，与生产关系直接相联系，是由共同劳动所采取的社会结合方式的性质决定的，是维护社会生产关系和实现社会生产目的的重要手段，具有社会属性。在行政管理过程中，为维护产权所有者的利益，需要调整人们之间的利益分配，协调人与人之间的关系。这种调整利益关系而产生的行政管理功能，反映了人与人之间的特定关系及社会制度的性质，故称行政管理的社会属性。行政管理的社会属性是由与行政管理相联系的社会关系及社会制度的性质所决定的，随着生产关系性质的变化而变化，在不同的社会生产关系条件下表现出行政管理不同的个性，故行政管理的社会属性又称生产关系属性或行政管理的特殊性。在历史发展的过程中和不同社会形态下，行政管理的社会属性体现着主流阶层的意志，带有明显的政治性。

行政管理的自然属性和社会属性让我们更好地了解行政管理的特性。因为，任何一种行政管理方法、行政管理技术和手段的出现，都是与时代背景和特定的社会关系紧密相结合的。我们在认识、研究并掌握行政管理的原理和规律时，要因时制宜，因地制宜。实践表明，适用于古今中外的行政管理活动的普遍模式是不存在的。

（二）行政管理是科学性和艺术性的融合

行政管理既是科学，又是艺术，是科学与艺术的融合。一方面，行政管理的科学性是指行政管理作为一个活动过程，存在着可以认识和了解的运行规律，人们通过社会实践和科学研究，可以总结出反映行政管理活动规律的理论和办法。这是因为：(1) 行政管理具有系统性，有其活动的客观规律，人们可以经过长期的经验总结和理论升华，形成反映行政管理规律的理论体系、管理方法与技术，解释过去和现在，预测未来。(2) 行政管理的基本理论和方法可以通过知识传递，指导行政管理实践。(3) 通过心理学、社会学、政治学、管理学、经济学、系统科学、哲学等相关学科的交叉融合与兼容并蓄，行政管理学已形成了完整、独立的学科，并运用多种研究方法使其不断完善与发展。

另一方面，行政管理具有艺术性的特点。这是因为：(1) 行政管理是一门艺术。行政管理者所开展的管理活动都是以人为核心的。而人的心理素质和行为方式各不相同，往往体现出独特的个性特征。为有效实现行政管理目标，行政管理者既要考虑管理的具体情景，又要考虑执行者的个性特征，这就要求行政管理者具有现代行政管理理念，良好的专业素养和有效的行政管理手段，以达到行政管理有效协调的目的。(2) 行政管理的艺术性是指行政管理者在掌握一定理论和方法的基础上，灵活运用这些知识和行政管理技能的能力，强调行政管理者的积极性、主动性和创造性，运用个人的智慧、知识和经验，因地制宜地开展行政管理活动。(3) 行政管理活动中的各类影响因素是不断变化的,存在着各种突发性、偶然性的不确定因素。要求行政管理者有随机应变的能力和灵活发挥的艺术。(4) 成功的行政管理者应当善于在实践中应用行政管理理论,善于发现问题,总结经验,并通过实践创造和发展行政管理理论。正如人们把文学、音乐和绘画创作叫艺术一样。如果作家、音乐家和画家不懂得有关理论或者只懂得有关理论而没有创造性是绝对不会有好作品的。所以,最富有成效的艺术家总是对他所依据的有关理论有较高的造诣,并能在创作实践中创造性地运用这些理论。行政管理的科学性与艺术性,并非相互对立、相互排斥,而是相互补充、相互印证的,行政管理学是行政管理理论的普遍规律与行政管理艺术的特殊性、随机性的统一体,两者有机组成,缺一不可。

(三) 行政管理活动与作业活动相区别

行政管理是与作业完全不同的两个概念,行政管理活动的内容也不同于具体的作业工作。这是因为:(1) 行政管理活动和作业活动并存于一个组织之中,这是组织的特点与组织目标所决定的。虽然组织活动的成效性从直观上看,是通过作业活动效率的高低体现出来的,但是如果没有有效的行政协调,作业活动的效率和质量会大为降低。(2) 行政管理者与作业任务的完成者的角色,并非完全分离,有时,其角色是相互交叉的。例如,企业的班组长,既有组织上分配的作业任务,又要协调他所在班组成员作业任务的完成,而对他的考核指标,常常是两者都有。又如,医院院长既做行政工作,有时也会上手术台做外科手术;大学校长在管理大学的同时,也会定期授课,承担研究任务等。如果不能将两者所扮演的角色很好地区别或互补,就会弱化行政管理职能,甚至使其陷入繁琐的作业事务之中。(3) 组织中的作业活动一般有其特定的任务或定额,而对行政管理工作的检验和规范比较困难,主要是伴随着作业任务的完成或为保证作业任务的完成的非定型化的行为或协调,常常为行政管理者本身所忽视。一般而言,如果作业工作是显性的话,则行政管理活动是隐性的,而隐性的东西往往发挥决定性的作用。

(四) 行政管理与组织密不可分

组织是社会生活中广泛存在的现象。任何组织,要保证组织的各种要素合理配置,从而实现组织目标,这就需要在组织中实施行政管理。“组织”是行政管理活动的“载体”,行政管理是组织中必不可少的活动。组织的目标,是一切组织管理的出发点和最终归宿,也是评价行政管理效能的基本依据。行政管理的目的性,最终要通过组织的运行才能有效实现。

所谓组织,就是为了达到特定目的,完成特定任务而结合在一起的人的群体。一般指具有法人资格的群体。组织可以因不同的标志而有不同的分类方法,较为普遍的是按组织的社会功能性质来划分：(1) 政治组织,如政党、政府等;(2) 经济组织,主要是工商企业,即以营利为目的,从事经济职能的组织,这是社会组织的主体;(3) 文化组织,包括教育和各种文化事业单位;(4) 宗教组织,如教会;(5) 军事组织,主要指军队;(6) 其他社会组织。

以整个社会组织为对象进行行政管理的人,主要是组织的上级领导或社会组织的最高层管理者。而更多的行政管理者是以组织内部的要素或活动作为行政管理对象的。

社会组织内部的单位或部门是指在各种社会组织(独立法人)内部设置的各种单位或部门,既包括履行组织基本职能的各业务单位,又包括行使各种管理和服务职能的各种部门。它们不是独立的社会法人,只是社会组织内部半自治性的群体或组织。社会组织内部,除最高管理层以外的大部分行政管理者,都是以这类内部组织为对象进行管理的。

(五) 行政管理是一项创新性活动

创新,是判断行政管理活动是否有效的基石。行政管理的创新性,是指行政管理本身是一种不断变革、不断创新的社会活动。通过行政管理的变革,推动社会和经济的发展,在一定条件下,还可以创造新的生产力,促进人类社会的进步。目前,国际流行的行政管理本土化,就是行政管理创新的反映。行政管理的创新性还在于行政管理是一种实践性很强的社会活动,研究行政管理活动中的一般规律不能闭门造车,更不能脱离各类组织运行的现实状况。而以行政管理为主要研究对象的行政管理学是为行政管理者提供从事行政管理的理论、原则和方法的实用性学科,这些共同的原理、原则和方法,是实践经验的总结和提炼。同时,行政管理的理论只有和行政管理实践结合起来,才能真正发挥这门学科的作用,也就是说,行政管理科学的研究只有来源于实践,服务于实践,才具有生命力,才能不断发展。

四、行政管理系统

(一) 行政管理系统

所谓行政管理系统,是指由相互联系、相互作用的若干要素和若干子系统,按照行政管理的整体功能和职能目标结合而成的有机整体。任何行政管理活动,都是一个系统,行政管理者应有系统的观念,从整体的角度,用联系的观点来观察、分析和解决行政管理活动中的实际问题。行政管理系统作为一个科学的概念,包括如下含义：

第一,行政管理系统是由若干要素构成的,这些要素可以看作是行政管理系统的子系统;而且这些要素之间是相互联系、相互作用的。

第二,行政管理系统是一个层次结构。其系统内部,可划分为若干子系统,组成有序的、密不可分的结构;而在系统外部,任何行政管理系统往往是更大的社会系统的子系统。

第三,行政管理系统是一个整体,具有整体功能。即行政管理系统存在的价值,在于其管理功能的大小。而任何一个子系统,都是为实现行政管理的整体功能和组织目标服务的。

(二) 行政管理系统的构成

行政管理系统一般由行政管理目标、行政管理主体、行政管理对象、行政管理机制与方法、行政管理环境等要素构成。

第二节 行政管理主体

一、行政管理主体的概念

(一) 行政管理主体的内涵

所谓行政管理主体,是指掌握行政管理权力,承担行政管理责任,在行政管理工作中协调他人或其他组织的活动,并对组织完成预期任务负有责任的人或组织,它往往决定着行政管理的方向和进程。行政管理者和行政管理组织是行政管理主体的两个有机组成。

(二) 行政管理主体的特点

1. 阶层性

行政管理主体的阶层性指的是作为行政管理者在组织行政管理中的层次位置。一般而言,我们可以把一个组织内的行政管理者(或行政管理机构)分为高层行政管理、中层行政管理和基层行政管理三个层次。低一层的行政管理者既是行政管理活动的主体,实际上又是更高一层行政管理主体的行政管理对象。

2. 部门性

在一个组织中,基层和中层的行政管理者又有其不同的分属领域,对于不同行政管理部门的管理者来说,从整体着眼,从本职着手是很重要的。

3. 全员性

从更宽泛的视角来理解行政管理主体,组织中的每个成员都是其本职工作岗位和领域中的行政管理主体。各级行政管理者如何发挥全体成员的工作自主性和积极性,是实现行政管理目标的重要条件。

二、行政管理工作

一般而言,行政管理主体就是指全部或部分从事行政管理工作的组织或人员。所以,要研究行政管理主体,首先应对行政管理工作有大致的了解。

广义的行政管理工作，是指对组织资源或职能活动进行筹划与组织的工作都属行政管理工作。这样，凡是在各级各类组织中管人的、管物的、具体管理某项活动的组织或人员都可以看作是广义上的行政管理者。

狭义的行政管理工作，是以管理人为核心的组织与协调工作。即通过具体管理他人，进而筹划与组织资源与活动的各种工作。例如，企业中总经理和各部门经理、各作业班组长所从事的工作即为狭义上所指的行政管理工作。

一般情况下，中高层次的行政管理工作又称作领导工作。所谓领导工作，与狭义的行政管理工作的含义大致相同，它所强调的是必须拥有下属和权力。例如，县长和总经理的工作就是领导工作；而工程师的工作就不是领导工作。此外，领导工作更强调工作性质与内容上的高层次，如决策、指挥，从而与一般性的事务处理相区别。如狭义行政管理工作中的基层行政管理者(如班组长)的工作一般就不能称之为领导工作。

三、行政管理者

(一) 行政管理者的内涵

行政管理者，指具有一定职位和相应权力，履行行政管理职能，对实现组织目标负有责任的群体或个人。行政管理者有两层含义：

1. 行政管理者是具有职位和相应权力，并统驭和指挥他人的人

从这个意义上讲，行政管理者的职权是管理者从事管理活动的资格，管理者的职位越高，其权力越大。组织或团体必须赋予管理者一定的职权。但实际上，在管理活动中，管理者仅具有法定的权力，是难以做好管理工作的，管理者在工作中应重视“个人影响力”，成为具有一定权威的管理者。所谓“权威”，是指管理者在组织中的威信、威望，是一种非强制性的“影响力”。权威不是法定的，不能靠别人授权。权威虽然与职位有一定的关系，但主要取决于管理者个人的品质、思想、知识、能力和水平；取决于同组织人员思想的共鸣、感情的沟通；取决于相互之间的理解、信赖与支持。这种“影响力”一旦形成，各种人才和广大员工都会被吸引到管理者周围，心悦诚服地接受管理者的引导和指挥，从而产生巨大的物质力量。

2. 行政管理者是负有一定责任的人

权力和责任是矛盾的统一体，一定的权力又总是和一定的责任相联系的。当组织赋予行政管理者一定的职务和地位，从而使其拥有了一定的权力时，行政管理者同时也就担负了对组织相应的责任。在组织中的各级行政管理人员中，责和权必须对称和明确，没有责任的权力，必然会导致管理者的用权不当，没有权力的责任是空泛的、难以承担的责任。有权无责或有

责无权的人，都难以在工作中发挥应有的作用，都不能成为真正的行政管理者。从这个意义上讲，承担责任，是对行政管理者的基本要求，管理者被授予权力的同时，应该对组织或团体的命运负有相应的责任，对组织或团体的成员负有相应的义务。权力和责任应该同步消长，权力越大，责任越重。比较而言，责任比权力更具本质意义，权力只是尽到责任的手段，能否承担责任才是评判管理者是否合格或称职的象征。如果一个管理者仅有职权，而没有相应的责任，那么他是做不好管理工作的。管理者的与众不同之处，在于他是一位责任担当者。如果管理者没有尽到自己的责任，就意味着失职，等于放弃了管理。

（二）行政管理者的角色与类型

根据明茨伯格的理论，行政管理者扮演着 10 个不同又高度相关的角色，这 10 个角色又可分为三个方面：(1) 人际关系方面，即挂名首脑、领导者、联络者。(2) 信息传递方面，即监听者、传播者、发言人。(3) 决策制定方面，即企业家、混乱驾驭者、资源分配者、谈判者。

行政管理者可以有许多类型。依据一定的标准，行政管理者可以划分为各种不同类型。

1. 按行政管理层次划分

按行政管理层次划分，可以分为高层行政管理者、中层行政管理者和基层行政管理者。

高层行政管理者，指一个组织中最高领导层的组成人员。他们对外代表组织，对内拥有最高职位和最高职权，并对组织的总体目标负责。他们侧重组织的长远发展计划、战略目标和重大政策的制定，拥有人事、资金等资源的控制权，以决策为主要职能，故也称为决策层。例如，省人民政府的省长、一个工商企业的总经理就属高层管理者。

中层行政管理者，指一个组织中中层机构的负责人员。他们是高层行政管理者决策的执行者，负责制定具体的计划、政策，行使高层授权下的指挥权，并向高层报告工作，也称为执行层。例如，省人民政府组成部门的委、办、厅、局的主要负责人，一个工厂的生产处长、一个商场部门经理等。

基层行政管理者，指在生产经营第一线的行政管理人员。他们负责将组织的决策在基层落实，制订作业计划，负责现场指挥与现场监督，也称为作业层。例如，乡镇镇长，生产车间的工段长、班组长等。

2. 按行政管理工作的性质与领域划分

按行政管理工作的性质与领域划分，可以分为综合管理者和职能管理者。

综合管理者，指负责整个组织或其所属单位的全面行政管理工作的行政管理人员。他们是一个组织或其所属单位的主管,对整个组织或该单位目标实现负有全部的责任;他们拥有这个组织或单位所必需的权力,有权指挥和支配该组织或该单位的全部资源与职能活动,而不是只对单一资源或职能负责。例如,县人民政府的县长,工厂的厂长、车间主任、工段长都是综合行政管理者。而工厂的计财处长则不是综合管理者,因为其只负责财务这种单一职能的行政管理工作。

职能管理者,指在组织内只负责某种职能的行政管理人员。这类行政管理者只对组织中某一职能或专业领域的工作目标负责,只在本职能或专业领域内行使职权、指导工作。职能行政管理者大多具有某种专业或技术专长。例如,县人民政府的财政局长,一个工厂的总工程师、设备处长等。就一般组织而言,职能管理者主要包括以下类别：计划管理、生产管理、技术管理、市场营销管理、物资设备管理、财务管理、行政管理、人事管理、后勤管理、安全保卫管理等。

3. 按职权关系的性质划分

按职权关系的性质划分,可以分为直线管理人员和参谋人员。

直线管理人员,指有权对下级进行直接指挥的行政管理者。他们与下级之间存在着领导隶属关系,是一种命令与服从的职权关系。直线管理人员的主要职能是决策和指挥。直线管理人员主要指组织等级链中的各级主管,即综合管理者。例如,企业中的总经理——部门经理——班组长,他们是典型的直线人员,主要是由他们组成组织的等级链。

参谋人员,指对上级提供咨询、建议,对下级进行专业指导的行政管理者。他们与上级的关系是一种参谋、顾问与主管领导的关系,与下级是一种非领导隶属的专业指导关系。他们的主要职能是咨询、建议和指导。参谋人员通常是指各级职能管理者。

直线人员与参谋人员,是依职权关系进行的区分,是相对于职权作用对象而言的,在行政管理工作中两者经常转化。例如,计财处长对其他各部门来说是参谋性管理者,因其只在计财领域内进行专业指导;而对于计财处内部人员来说,计财处长却又是直线管理者,因为他对本处工作人员有直接指挥的权力。

第三节　行政管理客体

行政管理是行政管理者作用于行政管理对象的过程,并且,总是在一定环境下发生作用。因此,作为行政管理客体的行政管理对象与行政管理环境是影响行政管理功效的重要变量。

一、行政管理客体的概念

（一）行政管理客体的概念

行政管理客体，指进入行政管理主体活动领域的人或物，是行政管理活动不可缺少的因素。行政管理活动的内容就是由行政管理客体决定的。

（二）行政管理客体的属性

在行政管理活动中，行政管理主体是主导因素，在整个行政管理活动中起着积极的、能动的作用。但行政管理主体的积极性和能动性须表现在对行政管理客体的认识和作用上。正确地了解行政管理客体及其属性，是行政管理主体发挥积极的、能动的作用的重要前提。行政管理客体的属性主要体现在三个方面：

1. 行政管理客体的客观性

行政管理客体具有客观性，它是不依赖于行政管理主体的意志而独立存在的。它在行政管理主体的意识之外，有着自己的特性和活动规律。无论行政管理主体是喜欢还是不喜欢，它都以其本来的面目而存在着，按照固有的规律运动着。财和物，这是行政管理客体中的物质的因素，其客观性是不言而喻的。一切行政管理活动，都必须从这种客观存在着的事实出发，承认它、尊重它，按照它的客观规律展开相应的管理活动。如果行政管理主体无视这些事实，仅凭想当然办事，其结果，只能导致行政管理活动的失败。此外，作为行政管理客体的人，也是客观的。虽然人的一切活动都是有目的、有意识的，但这丝毫不影响人作为行政管理客体的客观性。应当着重指出的是，人作为行政管理客体并不只是以其生物机体的面目出现的，而是包括人的思想观念、工作作风、行为准则诸因素在内的。这些因素是行政管理客体的主观精神，但对于行政管理主体来说，也是一种客观存在，具有不以行政管理主体的意志为转移的客观性质。

2. 行政管理客体的可管理性

行政管理客体并不是某种先天固有的属性，而是在行政管理活动中获得和表现出来的。只有当某人或物同行政管理主体建立起对象性关系，成为主体活动的现实客体，才从中获得行政管理客体的属性。行政管理客体的可管理性，取决于它本身的客观规律性。行政管理客体之所以是可管理的，就在于它们作为一种客观实在，具有一定的客观规律，它的存在和发展并不是完全任意的、随机的，而是遵循某种规律进行的。这才使人们有可能把握它们的现状和趋势，从而进行科学管理。行政管理客体的可管理性，还取决于行政管理者的主体能力。对于行政管理主体来说，或者根本没有意识到某人、某物在自己管理活动中的重要性，没有将它们作为客体来对待，或者虽然看到这些人或物的重要性，但在这些客体面前束手无策，任其自发地发展和变化。换句话说,这些人或物还没有真正获得行政管理客体的属性,只是作为一种自在之物而存在着。行政管理客体的可管理性表明,在行政管理活动范围内,主体和客体是相互依存、互为前提的。

3. 行政管理客体的系统性

行政管理客体从来都不是孤立的事物(它本身也是一个系统),而是一个由多种成分构成的复合体,是由人和物以及直接环境这些基本因素组成的一个处于变化中的人工开放系统。同样,组织也是一个经常处于变化过程中的有机体,即一个开放的系统。它由人、物资、设备、能源、信息等要素构成。管理者的职责就在于科学地协调各部分的关系,促使整个组织有序地运转,从而获得最大的效率。科学管理的任务是,对行政管理客体的一切方面和联系进行全面的研究和系统的分析,着眼于整体的功能,并从整体功能出发,提出行政管理目标。并以此为前提,考虑整体与各子系统的关系,最后还要体现在实现目标这一点上。行政管理客体的系统性,还要求行政管理主体在动态中调整整体与部分之间的关系,使部分的功能目标服从行政管理的总体目标,从而使总体达到系统优化的目的。

二、行政管理对象

(一) 行政管理对象的内涵

所谓行政管理对象,是指行政管理主体实施行政管理活动的各种资源要素与职能活动。在一个组织中,行政管理对象主要是指人、财、物、信息、技术、时间、社会信用等一切资源,其中最重要的是对人的管理。

一般而言,对人的管理主要涉及人员分配、工作评价、人力开发等;对资金的管理主要涉及财务管理、预算控制、成本控制、资金使用、效益分析等;对物的管理主要涉及资源利用,物料的采购、存储与使用,设备的保养与更新,办公条件和办公设施等;对信息的管理主要涉及组织外部、内部信息的快速收集、传递、反馈、处理与利用,发展趋势的准确预测等;对技术的管理主要涉及新技术新方法的研发、引进与使用,各种技术标准和工作,方法的制定与执行等;对时间的管理主要是如何合理安排工作时间并提高工作效率,在最短的时间内达到组织目标等;对信用的管理,如通过组织的实践活动、媒体宣传和从事公益事业等手段,树立本组织良好的社会声誉和社会地位,为组织目标的实现创造良好的环境。

(二) 行政管理要素的构成

关于行政管理要素的构成,人们提出了不同的见解。普遍接受的观点是,行政管理要素包括人员、资金、物资设备、时间和信息等。

1. 人员

人是行政管理对象中的核心要素,所有行政管理要素都是以人为中心存在和发挥作用的。人员作为行政管理对象,包括两层含义,一方面,从生产力的角度看,人是作为劳动要素出现的。行政管理者通过合理运筹与组织,实现劳动者在数量上和质量上的最佳配置,提高劳动的效率和效益;另一方面,从生产关系的角度看,人又是行政管理者与被行政管理者。行政管理者要在人与人之间的互动关系中,通过科学的领导和有效的激励,最大限度地调动人的积极性,以保证目标的实现。行政管理人,是行政管理者最重要的职能。

2. 资金

资金是任何社会组织,特别是营利性经济组织的极为重要的资源,是行政管理对象的关键性要素。要保证职能活动正常进行,经济、高效地实现组织目标,就必须对资金进行科学的行政管理。对资金筹措、资金运用、经济分析与经济核算等过程加强行政管理,以降低成本,提高效益,是行政管理者重要的经常性行政管理职能。

3. 物资设备

物资设备是社会组织开展职能活动,实现目标的物质条件与保证。通过科学的行政管理,充分发挥物资设备的作用,也是行政管理者的一项经常性工作。

4. 时间

时间是组织的一种流动形态的资源,也是重要的行政管理要素。行政管理者必须重视对时间的行政管理,真正树立"时间就是金钱"的意识,科学地运筹时间,提高工作的效率。

5. 信息

在信息社会的今天,信息已成为极为重要的行政管理对象。现代行政管理者,特别是高层行政管理者,已越来越多地不再直接接触事物本身,而是同事物的信息打交道。信息既是组织运行、实施行政管理的必要手段,又是一种能带来效益的资源。行政管理者必须高度重视,并科学地管理好信息。

三、行政管理环境

(一)行政管理环境的含义及分类

行政管理环境,是指存在于社会组织内部与外部的影响行政管理实施和行政管理效果的各种力量、条件和因素的总和。

行政管理环境按主体的范围划分,可分为内部环境和外部环境。内部环境主要指社会组织履行基本职能所需的各种内部的资源与条件,还包括人员的社会心理因素、组织文化等因素。内部环境也是行政管理的对象。外部环境是指组织外部的各种自然和社会条件与因素。组织的外部环境还可以进一步划分为一般环境和任务环境。一般环境,也称宏观环境,就是各个组织都共同面临的整个社会的一些环境因素;任务环境,也称微观环境,是指某个社会组织在完成特定任务过程中所面临的特殊环境因素。例如,一家企业,可能同一所学校面临相同的宏观环境,但它所面临的任务环境不但与学校的任务环境不同,而且与其他企业的任务环境也可能不同。对企业来说,任务环境主要包括:资源供应、合作者、竞争者、顾客、政府主管部门以及社区等。

（二）行政管理与环境的关系

行政管理与所处的环境(主要指外部环境)存在着相互依存、相互影响的关系。

1. 对应关系

组织的行政管理与环境之间存在着相互对应的关系。社会组织是整个社会的一个子系统,社会上的诸种因素总是不可避免地在组织内部体现出来。以企业为例,社会上的环境可以划分为经济、技术和社会三大环境,那么,企业内部就与之相对应,存在着经营、作业和人际关系三大行政管理领域。从这个意义上说,每一个社会组织都是一个微缩了的小社会。

2. 交换关系

组织与环境之间不断地进行着物质、能量和信息的交换。例如,一家生产企业,从市场上搜集情报信息,并购进原材料;再将加工完的产品运到市场上销售,并通过广告等形式向社会广泛传递有关产品的信息,而组织、协调和控制这些活动的行政管理行为,也必然同环境之间存在着物质、能量、信息的交换关系。

3. 影响关系

一方面,组织的行政管理受外部环境的决定与制约;另一方面,组织的行政管理也会反作用于外部环境。两者之间存在着极为密切的相互影响和相互制约关系。

（三）环境对行政管理的影响

1. 经济环境的影响

经济环境与行政管理的关系是最为直接的,对行政管理的影响也是最大的。经济环境对组织管理的影响主要表现在以下五个方面:

第一,经济物质资源。一个组织所在地的经济资源状况对组织的生存与发展影响是巨大的,它关系到资源取得的成本高低、利用资源进行生产与经营的方便条件、优势与效益等。

第二,国家的经济制度与经济体制。经济制度直接决定着行政管理的社会属性,并对整个行政管理产生影响;经济体制,例如,市场经济与计划经济对组织的行政管理提出了不同的要求,影响也是明显的。

第三,社会的经济规模与发展水平。这直接决定着一些企业的经营状况,进而对其管理提出了不同的要求。例如,处在经济繁荣期和经济衰退期的政府和企业,行政管理思路、战略与方法将有根本性的差异。

第四,市场供求与竞争。在经济环境中,对组织具有最直接、最明显影响的因素是市场。而市场存在着两种主要的力量,即供给与需求,并必然伴随着各种各样的竞争。代表市场需求一方的是顾客或客户,他们是决定企业经营管理思路的最重要力量,是企业的衣食父母。他们的需求及欲望决定着企业生产与经营的方向,“顾客是上帝”。而涉及供给一方的有本企业的供应商、合作者和竞争者,他们的实力、决策、行为都对企业的管理思路有重大影响。同时,生产者竞争、消费者竞争,也都将对企业产生重要影响。

第五,国民收入与消费水平。国民收入与消费水平的高低,对企业的产品结构、质量要求和销售数量都将产生直接的影响,是企业经营状况的重要决定因素。

2. 技术环境的影响

社会组织的技术环境,主要指组织所在国家或地区的技术进步状况,以及相应的技术条件、技术政策和技术发展的动向与潜力等。在知识经济到来的今天,社会组织提高效益,寻求发展,越来越依靠技术进步。当今世界,无论是国内,还是国际,取得迅猛发展的大企业,无一不是依靠先进技术取得优势的。技术环境已成为组织环境中的关键因素。技术环境对组织行政管理的影响具体表现为:技术水平、技术条件、技术过程的变化,必然引发行政思想、行政管理方式与方法的更新。特别是计算机的广泛应用,全面地更新了生产过程和行政管理方式,同时,对行政管理者的素质也提出了更高的要求。

3. 政治与法律环境

政治与法律环境包括国际、国内及本地区的政治制度、政治形势、政策法规等。不同的政治制度对行政管理的社会属性有决定作用;政治形势的状况及变动趋势,关系到社会的稳定,这直接关系到社会组织的运行与行政管理;国家的政策,关系到资源状况、居民的收入水平、消费与市场需求、企业内部制度与政策以及人员心理等;国家的法制建设关系到组织的外部法律环境、内部法制观念与行政管理。组织的行政管理者,如果对政治不关心,缺乏政治敏感性,没有法制观念,就很难驾驭组织,捕捉机遇,谋取成功,促进发展。

4. 社会与心理环境

社会与心理环境主要指组织所在地的人口、教育、生活习俗、风气、道德、价值观念,以及社区成员的各种心理状况等。由于社会组织是由人组成的,而且,人既是管理者又是管理对象,这就决定了社会组织及其行政管理离不开人与人之间的关系,离不开人们的社会心理因素。社会上的各种人文环境及心理氛围必然对社会组织的成员及行政管理产生广泛而深刻的影响。行政管理者必须高度重视这些社会与心理环境的影响,并能主动地通过思想教育、激励与沟通,做好适应、协调工作,并因势利导,使其能为实现组织目标服务。

(四) 对行政环境的管理

环境对组织的生存发展及对行政管理的决定与制约作用,要求行政管理者必须抓好行政环境的管理,能动地适应环境,谋求内部管理与外部环境的动态平衡。

1. 了解与认识环境

行政管理者要能动地适应环境,首先要了解、认识环境,这是环境行政管理的基础。行政管理者要把对环境的了解与掌握作为重要行政管理职责。要通过各种渠道搜集有关环境的信息,掌握关于环境的各种因素与变量,把握环境发展变化的趋势与规律。对各种环境变量做到心中有数,始终保持对环境的动态监视与整体把握。

2. 分析与评估环境

在掌握组织环境大量信息,对组织环境充分了解的基础上,要对各种环境因素进行深入的分析与评估。要划分与确定环境因素的类型,确定环境对组织与行政管理影响的领域、性质及程度的大小。例如,根据一些因素与组织之间的联系,将环境区分为一般环境和任务环境;还可以根据环境的变化程度,将组织所面临的环境分为稳定环境和动态环境。

3. 能动地适应环境

在对环境科学评估、正确分类的基础上,要研究与选择对待不同环境的办法。一般采取依据分类区别对待的行政管理办法。

第一,对于一般环境,是各个组织共同面临的,而且,也是个别组织无法改变的,所以,只能采取主动适应的办法。行政管理者要从组织环境既定条件与因素出发,去研究、解决本组织的问题,千方百计地利用环境的有利条件,发挥本组织适应环境的优势,因势利导地寻求组织与环境的平衡,以获得组织的发展。

第二,对于任务环境,既是本组织直接面临且影响巨大的环境,又是本组织在一定程度上可以施加影响的环境,所以,行政管理者要积极干预,创造条件,影响环境朝着有利于本组织的方向发展。例如,企业通过广告、促销等多种方式影响消费者购买心理,从而,使消费者产生对本企业产品品牌的特殊偏好，导致其采取大批购买行动。再如，利用正确的竞争策略，打败竞争者，扩大市场份额。

第三，对于稳定环境，行政管理者可以按正常的程序和规范进行预测与计划，并实行较为稳定和长期的战略与政策。

第四，对于动态环境，行政管理者则要加强监测，并采取权变行政管理模式，灵活应变。例如，在职权配置上给基层实体以更大的自主权，或建立分权型组织，以便让其独立地、灵活地适应多变的外部环境。

第四节　行政管理机制

一、行政管理机制的概念

机制，原意是指机器的构造及其工作原理，现在泛指一个工作系统的组织或部分之间相互作用的过程和方式，如：市场机制、竞争机制、用人机制等。

行政管理机制，指行政管理系统的结构及其运行机理，或者说是行政管理活动内在的管理要素有机组合过程中发挥作用的过程和方式。

管理机制本质上是管理系统的内在联系、功能及运行原理，是决定管理功效的核心问题。一般而言，管理机制侧重于管理对象间的内在牵制和约束，通过这种机制，可以使管理制度、方法、方案等得到很好的执行，有的人将管理机制称为管理系统的运行机理。

例如，据某市政府网站消息：每年 8 月，本是机关文印室最繁忙的时期，但 H 省 T 市政府文印室今年同一时期并不紧张。原因在于市政府新设的"文件核算制"削平了往年的"文山"高峰。市政府办公厅规定，每打印一份文件，8 开纸收费 10 元，16 开纸收费 5 元，加印一张双面 8 开纸收费 5 角，单面 8 开纸收费 2 角，16 开纸对半收费。文印费直接从批准打印的部门业务费中开支，节约有奖，超支自负。此令一出，各部门反应强烈，"文山"不推自倒。可见，行政管理机制是一个十分重要的问题①。

二、行政管理机制的特点

1. 内在性

行政管理机制是行政管理系统的内在结构与机理，其形成与作用完全是由自身决定的，是一种内运动过程。

2. 系统性

行政管理机制是一个完整的有机系统，具有保证其功能实现的结构与作用系统。

① 单凤儒编著：《管理学基础》（第 2 版），高等教育出版社 2005 年版，第 10—14 页。

3. 客观性

任何组织,只要客观存在,其内部结构、功能既定,必然产生与之相应的行政管理机制。这种机制的类型与功能是客观存在的,是不以任何人的意志为转移的。

4. 自动性

行政管理机制一经形成,就会按一定的规律、秩序,自发地、能动地诱导和决定企业的行为。

5. 可调性

机制是由组织的基本结构决定的,只要改变组织的基本构成方式或结构,就会相应改变行政管理机制的类型和作用效果。

三、行政管理机制的作用

第一,行政管理机制的研究旨在揭示行政管理行为内在的本质与规律。有什么样的行政管理机制,就有什么样的行政管理行为,就有什么样的行政管理效果。

第二,行政管理机制的完善是加强科学行政管理的依据。行政管理者在行政管理中存在何种行政管理关系,采取何种行政管理行动,达到的行政管理效果如何,归根结底,是由行政管理机制决定的。改革与完善行政管理机制,就为实行科学行政管理提供了依据;利用行政管理机制进行行政管理,就能收到事半功倍的功效。

第三,行政管理机制的转换与创新是组织(企业)改革的核心。行政管理机制是决定行政管理功效的核心问题。行政管理机制不改,企业改革就不能获得成功。我国国有企业改革,建立现代企业制度,核心正是在于建立与市场经济相适应的现代新型企业经营机制。因此,建立科学有效的行政管理机制,是推行企业改革的核心内容和本质要求。

四、行政管理机制的构成

行政管理机制是以客观规律为依据,以组织的结构为基础,由若干子机制有机组合而成的。

(一) 行政管理机制以客观规律为依据

行政管理机制的形成及其功能的实现,总是以一定的客观规律为依据的。例如,依据经济规律,会形成相应的利益驱动机制;依据社会和心理规律,会形成相应的社会推动机制。行政管理机制的自动作用,是严格按照一定的客观规律的要求施加于行政管理对象的。违反客观规律的行政管理行为,必然受到行政管理机制的惩罚。

(二) 行政管理机制以行政管理结构为基础和载体

这里讲的行政管理结构,是指行政管理系统内部各构成要素的组合及其构成方式。行政管理结构是行政管理机制形成及发挥功能的基础和载体。行政管理结构决定组织的功能与行政管理机制,有什么样的行政管理结构,就有什么样的行政管理机制。一个组织的行政管理结构主要包括以下四个方面:

1. 组织的功能与目标

组织的功能与目标是组织存在的出发点和归宿,决定着组织的整个构成。

2. 组织的基本构成方式

组织的基本构成方式即组织的目标与要素是按什么样的准则和方式组合到一起的。对于工商企业而言,这就是指企业的产权结构,即企业产权主体及其构成方式,主要包括企业所有权与企业法人财产权、所有权与经营权的分离,等等。这是决定行政管理机制最重要的因素。

3. 组织结构

组织结构是指由行政管理者和被行政管理者依据组织目标所建立起来的组织实体及构成方式。主要包括:组织的领导体制和各层次、类型的组织机构。这是行政管理机制的功能实施的主要载体。

4. 环境结构

组织的环境、条件及各种因素,对行政管理机制形成及功能实施也发挥着一定的影响或制约作用。

(三)行政管理机制反映行政管理系统的内在联系、功能及运行原理

行政管理机制反映的是一个行政管理系统内各子系统及要素之间的各种必然联系,由这种联系决定的相应功能,以及功能实现和系统运行的原理。机制不是具体的行政管理办法,也不是具体的行政管理行为,而是行政管理办法的内在机理,是行政管理行为的内驱力。行政管理机制的这种内在联系、功能和运作原理,通过一系列子机制表现出来。一般而言,行政管理系统,主要包括运行机制、动力机制和约束机制三个子机制。这三大机制也是行政管理机制的一般外显形态,即在实际行政管理中,特别是在企业行政管理中,行政管理机制主要表现为这三大机制。

1. 运行机制

运行机制,指组织基本职能的活动方式、系统功能和运行原理,是组织中最基本的管理机制,是行政管理机制的主体。运行机制具有普遍性。任何组织,大到一个国家,小到一个企业、单位、部门,都有特定的运行机制。例如,政府有行政运行机制,有国民经济运行机制,有社会活动运行机制等;工业企业有生产经营运行机制;商业企业有商品经营与服务活动的运行机制;学校有教学运行机制;文化团体有文化活动的运行机制;军队有军事训

练、军事活动的运行机制等。

2. **动力机制**

动力机制是一种极为重要的行政管理机制,是为行政管理系统运行提供动力的机制。所谓动力机制,是指行政管理系统动力的产生与运作的机理。例如,为什么一个下级会服从上级的领导?员工的生产积极性从哪里来?一个科技工作者为什么会热衷于其科研工作?一个系统的运行,一名组织成员的行为,都是在一定的动力机制作用下发生的。动力机制主要由以下三个方面构成:

第一,利益驱动。这是社会组织动力机制中最基本的力量,是由经济规律决定的。人们会在物质利益的吸引下,采取有助于组织功能实现的行动,从而有效推动整个系统的运行。例如,在一个企业中,富有激励作用的分配制度,会有效地调动员工的生产积极性,多劳多得,少劳少得,员工为了“多得”而“多劳”,利益驱动作用是明显的。而在计划经济时期,企业内部的利益驱动机制被压抑甚至被扭曲,干多干少一个样,保护了懒汉,极大地挫伤了多劳者的积极性。

第二,政令推动。这是由社会规律决定的。行政管理者凭借行政权威,强制性地要求被行政管理者采取有助于组织功能实现的行动,以此推动整个系统的运行。例如,在一个企业中,行政管理者通过下达命令等方式,指挥或要求员工完成工作任务;员工出于对权威的恐惧或认可而努力完成工作任务。显然,这是靠行政权威来提供动力,推动系统运行的。

第三,社会心理推动。这是由社会与心理规律决定的。行政管理者利用各种行政管理手段或措施,对被行政管理者进行富有成效的教育和激励,以调动其积极性,使其自觉自愿地努力实现组织目标。例如,行政管理者通过对员工进行人生观教育,或关心员工,树立榜样,使工作丰富化等形式,调动员工的积极性,使其从内心产生努力做好工作的热情,全身心地投入工作。

3. **约束机制**

约束机制是对行政管理系统行为进行修正的机制,其功能是保证行政管理系统正确运行以实现行政管理目标。所谓约束机制,是指对行政管理系统行为进行限定与修正的功能与机理。任何社会组织,任何行政管理系统,如果失去约束,放任自流,就会失去控制,偏离目标,招致失败。例如,改革开放以来,有的企业没有建立起有效的约束机制,结果搞短期行为,过度分配,企业效益滑坡,走向破产。有效的约束机制,对于保证系统顺利运行、有效实现目标,具有极为重要的作用。约束机制主要包括以下四个方面的约束因素:

第一，权力约束。权力约束是双向的。一方面，利用权力对系统运行进行约束。如下达保证实现目标的命令，对偏差行为采取有力处罚，从而凭借权力保证系统的顺利运行。另一方面，要对权力的拥有与运用进行约束，以保证正确地使用权力。失去约束的权力是危险的权力。

第二，利益约束。利益约束是约束机制极为有效的组成部分，故常被称为“硬约束”。利益约束也是双向的。一方面，以物质利益为手段，对运行过程施加影响，奖励有助目标实现的行为，惩罚偏离目标的行为；另一方面，对运行过程中的利益因素加以约束，其中突出地表现为对分配过程的约束。

第三，责任约束。主要指通过明确相关系统及人员的责任，来限定或修正系统的行为。例如，明确规定企业法人代表对国有资产保值、增值负有的责任，并加以量化和指标化。

第四，社会心理约束。主要是指运用教育、激励和社会舆论、道德与价值观等手段，对行政管理者及有关人员的行为进行约束。

【知识要点】

1. 行政管理是共同劳动引起的，并在社会化大生产条件下得到强化和发展。行政管理就是通过决策、执行、组织、领导、协调、监督和控制诸环节，协调以人为中心的组织资源与职能活动，以有效方式实现组织目标的社会活动。行政管理是自然属性和社会属性的统一，科学性和艺术性的融合，与作业活动相区别，与组织密不可分，同时行政管理也是一项创新性活动。行政管理是一个系统，由行政管理目标、行政管理主体、行政管理对象、行政管理机制与方法、行政管理环境等要素或子系统所组成。

2. 行政管理的主体是行政管理者，行政管理者是指履行行政管理职能，实现对组织目标负有责任的人。行政管理者可以按行政管理层次、行政管理工作的性质和职权关系的性质划分为不同类型。

3. 行政管理客体，包括行政管理对象和行政管理环境。行政管理对象包括各类社会组织及其构成要素与职能活动。社会组织可以按不同的标志进行分类；组织内的资源或要素包括人、财、物、时间、信息；最经常、最大量的行政管理对象是社会组织实现基本职能的各种活动。行政管理环境可以分为内部环境和外部环境，外部环境还可以进一步划分为一般环境和任务环境。行政管理与所处的环境存在着对应关系、交换关系、影响关系。行政管理环境中经济环境对工商企业的影响最大，主要包括经济物质资源、国家的经济制度与经济体制、社会的经济规模与发展水平、市场供求与竞争等因素的影响。

4. 行政管理机制是行政管理者作用于行政管理对象的媒介。建立科学有效的行政管理机制，是变革管理模式，推行科学管理的核心内容和本质要求。行政管理机制以客观规律为依据，以行政管理结构为基础和载体，行政管理机制本质上是行政管理系统的内在联系、功能及运行原理。行政管理机制具体包括运行机制、动力机制和约束机制。运行机制是行政管理机制的主体，而动力机制和约束机制则为系统运行提供动力或进行行为修正。行政管理方法是行政管理机制的实现形式。

【思考题】

1. 怎样理解行政管理的内涵及其特征？
2. 什么是行政管理系统？它由哪些要素构成？
3. 行政管理主体的内涵及特征是什么？
4. 行政管理者的内涵与类型有哪些？
5. 怎样理解行政管理对象？
6. 行政管理客体的概念及其属性是什么？
7. 怎样理解行政管理对象及其构成？
8. 行政管理环境的分类及其与行政管理的关系？
9. 行政管理者应怎样进行环境管理？
10. 行政管理机制的含义、特点及构成是什么？

【阅读参考】

海尔的“管理奇迹”①

1985年，人们知道青岛电冰箱总厂引进了德国利勃海尔电冰箱生产线，随后，从这里传出了震撼全国的“砸冰箱”事件，海尔人走名牌战略的道路，使企业摆脱濒临倒闭的命运而起死回生；现在，许多外国人知道在中国有家企业Haier，产品已出口到世界160多个国家和地区，甚至把工厂办到了美国！

海尔20年的发展之路可以浓缩在下面这组数字中。营业额：2000年实现全球营业额406亿元，2002年实现全球营业额710亿元，2003年实现全球营业额802亿元，而1984年只有348万元，2000年是1984年的11 600多倍；利税：1984年资不抵债，2000年实现利税30亿元，自1995年以来，累计为国家上缴税收52亿元；职工人数：2000年职工人数达到3万人，而1984年只有800人，2000年是1984年的37.5倍；品牌价值：2000年海尔

① 改编自潘云良、苏务雯：《海尔管理教程》，中共中央党校出版社2007年版。

品牌价值达到300亿元,是1995年第一次评估时的7.8倍,是中国家电行业第一名牌;产品门类:1984年只有一个型号的冰箱产品,目前已拥有包括白色家电、黑色家电、米色家电在内的69大门类10 800多个规格品种的产品群;出口创汇:已在海外建立了38 000多个营销网点,产品已销往世界上160多个国家和地区,2000年实现出口创汇2.8亿美元,自1998年以来,出口创汇每年以翻一番的速度增长,是中国家电业出口创汇最多的企业。在山东省,海尔超过专业外贸公司成为进出口额第一的企业。

这就是海尔。20年的创业之路浓缩了一个世界名牌的发展历史:名牌战略、多元化战略、国际化战略,每一步,都透着战略的超前,每一步,都写着拼搏的艰难;但是在敬业报国、追求卓越的海尔精神与创新的海尔文化激励下,每一步,都获得了令人瞩目的辉煌成就,不仅在国内,在国际上也受到了高度赞誉与评价。

从1984年至今的20年间,家电市场竞争日趋激烈,而海尔却始终保持了高速稳定发展的势头,奥秘只有两个字:创新。创新是海尔文化的核心。在海尔,不是“居安思危”而是“居危思进”;在海尔,成绩只属于过去,所有的工作都必须时时创新。

一、创新管理模式

海尔定律(斜坡球体论):企业如同爬坡的一个球,受到来自市场竞争和内部职工惰性而形成的压力,如果没有一个止动力它就会下滑,这个止动力就是基础管理。以这一理念为依据,海尔集团创造了“OEC管理”,即海尔模式。

OEC管理法:“OEC”管理法——英文Overall Every Control and Clear的缩写。“OEC”的内容如下表所示。

O—Overall	全方位		
E—Everyone	每 人	Everything	每件事
Everyday	每 天		
C—Control	控 制	Clear	清 理

“OEC”管理法也可表示为:“日事日毕日清日高”,即每天的工作每天完成,每天工作要清理并要每天有所提高。“OEC”管理法由三个体系构成:目标体系→日清体系→激励机制;首先确立目标;日清是完成目标的基础工作。

二八(20/80)原则:关键的少数制约着次要的多数。因为,管理人员是少数,但他们是关键的;员工是多数,但从管理角度上说,却是从属地位的。也就是说,关键的少数制约着次要的多数。因此,在海尔,每当发现问题,管理者要承担80%的责任。

二、创新管理策略

“先难后易”是海尔集团多年来推行的一个重要的管理策略。

(一) 先难后易：先抓“客户”,后攻“对手”

海尔多年来的每个成功,其最根本依靠的一条是,永远不对顾客说“不”,永远把迈克尔·波特竞争模型(它包括“对手”即同行、潜在竞争者、替代品竞争者、供应商和客户五个竞争对象)中的“顾客”奉为“上帝”,视作最重要的、第一位需要攻下来的“敌人”。因为只有“攻占”了客户的心,才有可能战胜“对手”。

(二) 先难后易：先攻占制高点再及其他

在作为被攻占的客户、客户群市场选择上,海尔同样实施“先难后易”的策略。这就是,在深入有效市场调研、市场细分基础上,先进攻最难攻打的“客户群”,待“最难客户群”攻打下来之后,再攻较容易攻打的客户群。在全国范围内先攻打上海、北京、广州市场,然后再攻打其他市场。在国际范围则先攻打德国、美国市场,然后再拓展到其他国际市场,其优越性是显然的。因为大体说来,消费时尚亦有一个梯度传递效应。

(三) 先难后易：先把握战略枢纽再及其他

毛泽东在总结战争胜利经验时指出：要打胜仗,应当从战略枢纽上把握战役;从战役枢纽上把握战斗动作。海尔的“先难后易”实质上正是这样把握事物之枢纽、大系统,然后再攻具体细节、子系统的。比如,按照他们的3个1/3大战略思路,第一个是先在美国实现了国际化,即在这样一个国家打造了包括设计、制造、销售三个中心在内整合为一体的“美国海尔”。这一举措的实质在于,它最先抓住了现代市场化、资本化经济最发达,企业市场化机制最完备的因素;抓住了海尔走向国际化的当代最高战略枢纽,具有空前重大的意义和作用。这样做：

(1) 有利于在全球范围内进行资源配置;

(2) 可以最及时、有效而科学地抓住当地信息流、资金流、物流;

(3) 有利于最早抓住新的业态形式,加快向信息化跨越的步伐。

(四) 先难后易：先抓“能力”,后抓规模

经验一再证明,干企业,一个极其重要的道理必须明了,这就是企业能力(尤其是核心能力)是买不来的;能从市场上买来的,只能是资源。而企业之能否生成,长大,又主要是靠能力,而不是靠资源。毛泽东在《论持久战》中提出的一个重要论点是：向上的东西表现在质上;向下的东西表现在量

上。“先难后易”作为海尔的卓越思维模式尤其表现为在其长期的战略发展思路上，始终坚持先抓人的素质、企业能力，尤其是核心能力的升级换代；后抓企业发展规模，即先“抓强”而后“抓大”。

（五）先难后易：先抓“心胜”，后抓“物胜”

要赢得客户，第一位是“心胜”，即在心理上让人折服。而要心理上的真正折服，那就不仅只是一般的产品质量好些，或者技术水平高些就可以达到的事情；它必须是从产品质量到服务、到品牌等在同客户互动关系中，所有要素之整合令顾客满意，才能达到。海尔从一开始就贯彻“卖信誉不卖产品”的营销宗旨。而其核心之点在于，时时刻刻以赢得人心作为首位的准则，而其关键尤其体现在服务上。

三、创新质量观念

（一）高科技开发是产品质量的基础

海尔集团清楚地意识到质量对于企业发展的意义，从创业开始，就紧紧地抓住质量这个纲，以质量立厂，以质量兴厂。但是，质量从何而来？海尔人懂得：科学技术是第一生产力。一流的产品需要一流的先进科技作为基础，否则质量就会成为无源之水、无本之木。海尔人创业十多年来，紧紧盯住世界高科技领域的最新目标，把握世界家电高科技发展的趋势，始终把重视科技发展作为企业的重大经营方针之一，在一切企业行为中，把科技当作头等大事来抓。

海尔正是依靠高科技作基础和后盾，使得层出不穷的新产品、新技术推动了市场。一个个具有世界水平填补国内空白的高科技产品不断在海尔问世，来源于科技人员的无穷的智慧和辛勤的付出。一批批高技术人才纷纷涌向海尔，在海尔这块天地里实现着自己的人生价值。

（二）严格的经营管理是产品质量的保证

海尔之所以能创出中国的名牌，除了得益于雄厚的高新技术实力和以高科技新产品创造市场的经营理念作为坚实的基础外，还得益于海尔严格的质量管理。海尔在生产经营中始终向职工反复强调两个基本观点：用户是企业的衣食父母。在生产制造过程中，他们始终坚持“精细化，零缺陷”，让每个员工都明白“下道工序就是用户”。这些思想被职工自觉落实到行动上，每个员工将质量隐患消除在本岗位上，从而创造出了海尔产品的“零缺陷”。

（三）完善的星级服务是产品质量的根本

高质量的产品，还必须有完善的服务，才能使企业立于不败之地，永存活力，才能创立出真正的世界名牌。尤其是现代管理中，完善的服务更是成为产品质量的重要组成部分。可以说，没有好的服务，就谈不上有好的产品质量。海尔人正是基于这种认识，在同行业中首家推出海尔国际星级一条龙服务，为消费者提供与其质量与信誉相符的服务。

（四）开拓国际市场是对产品质量的检验

海尔产品以“零缺陷”的质量、圆满的服务，最大地占领了国内市场。根据1997年3月几次全国35个大中城市109家有代表性大商场的销售统计，海尔空调和电冰箱的市场占有率遥遥领先，洗衣机和冷柜也名列前茅。但是，一种优秀的产品，仅仅占领国内市场还不够，还要走向世界市场，到世界市场上去检验产品的质量。

基于上述认识，海尔把企业现代化、经营规模化、市场全球化作为向国际化迈进的目标。国际化是企业发展的必由之路。海尔人以昂扬的精神，提出了“创海尔最佳信誉，挑战国际名牌”的口号，并提出了市场国际化的“三个1/3”战略，即国内生产国内销售1/3，国内生产国外销售1/3，国外生产国外销售1/3。这种战略的提出，体现了海尔以世界市场为出发点的远见卓识。

四、创新人力资源配置机制

海尔在人力资源开发过程中坚持观念创新、制度创新；坚持创造一种公平、公正、公开的氛围，建立一套充分发挥个人潜能的机制，在实现企业大目标的同时，给每个人提供充分实现自我价值的发展空间——“你能翻多大的跟头，就给你搭多大的舞台”。

（一）“人人是人才，赛马不相马”——开展公平、公正、公开竞争

市场竞争说到底是人才的竞争。有什么样的人才，就有什么样的事业，谁拥有最多的高素质人才，谁就可以在竞争中取胜。海尔的人力资源开发自一开始就是“人人是人才”，“先造人才，再造名牌”，率先转变大多数企业干部处的职能，人力资源开发中心不是去研究培养谁、提拔谁，而是研究如何去发挥人员潜能的政策。他们给员工搞了三种职业生涯设计：一种是对管理人员的，一种是对专业人员的，一种是对工人的，每一种都有一个升迁的方向。

（二）“在位要受控，升迁靠竞争，届满要轮岗”——对已经在岗的管理人员进行控制

海尔的用人制度中有这样一条原则——在市场经济条件下所谓“用人不疑，疑人不用”就是对市场经济的反叛。市场经济中人的本质关系是利益驱动关系，信任不信任一个干部是依据个人感情还是依据对干部工作能力的考察，直接关系到企业的成败。海尔集团依据这个原则制定了：“在位要受控、升迁靠竞争、届满要轮岗”。

（三）“海豚潜下去越深，跳得也就越高”——沉浮升迁机制

一个干部要负责更高层次的部门时，他们不是让他马上到该岗位任职，

而是先让他去该岗位的基层岗位去锻炼一个时期。有的已经到了很高的职位了，但如果缺乏这方面的经验，也要派他下去；有的各方面经验都有了，但处事综合协调的能力较低，也要派他到这些部门去锻炼。这样对一个干部来说压力可能较大，但也锻炼了干部，培养了其综合能力。

（四）定额淘汰

定额淘汰就是在一定的时间和范围内，必须有百分之几的人员被淘汰，这在某种意义上说比较残酷，但对企业长远发展还是有好处的。在海尔没有“没有功劳也有苦劳”之说，“无功便是过”，在一定时期一定范围内，按一定的比例实行定额淘汰。

五、走向世界的“海尔”

海尔集团在“十五”期间的发展目标是：以现有白色家电的核心能力为基础，实施国际化和多元化战略，以努力提高人类生活水平为目标，一方面拓展国际市场发展空间，一方面向信息技术、住宅设施等领域进行多元化扩展，创海尔国际名牌，把海尔集团发展成为一个具有较强核心能力的大型跨国公司。

一是在发达国家，如美国和德国建立以研发及技术转让为主要目的的海尔子公司或合资企业，为培养以信息产业为中心的核心打下坚实的基础。二是发展销售渠道，以目前最强的白色家电产品进入国际市场，逐渐延伸到黑色家电及其他信息产业的产品，并考虑在发展中国家，如墨西哥、巴西设厂，在设厂国及周边发达国家销售。

海外建厂：本土化设计，本土化生产，在国外生产出“海尔·中国造”。1996 年 12 月，印度尼西亚海尔莎保罗有限公司在雅加达成立，海尔首次实现跨国经营；1997 年 6 月，菲律宾海尔 LKG 电器有限公司成立；1997 年 8 月，马来西亚海尔工业（亚细安）有限公司成立；1999 年，伊朗生产厂建成；1999 年 2 月，海尔中东有限公司成立；2000 年，在美国、北非地区设厂。

海外信息中心、产品设计分部：体现“市场设计产品”的思路。1994 年 10 月，首家海外产品设计分部日本东京产品设计分部正式成立。已在美国洛杉矶、硅谷，法国里昂，荷兰阿姆斯特丹，加拿大蒙特利尔，日本东京设立了六个产品设计分部，在韩国首尔，澳大利亚悉尼，日本东京，美国洛杉矶、硅谷，荷兰阿姆斯特丹，奥地利维也纳，加拿大蒙特利尔，中国台湾、香港设立了 10 个信息中心。

【案例分析题】

1.《海尔的“管理奇迹”》揭示了海尔集团通过有效的行政管理使得一个企业组织由小到大、由弱到强的成功经验，也让读者领略到了行政管理的魅力。结合案例，谈谈海尔集团行政管理的基本经验，并与同事、家人或同学交流自己对行政管理的初步认识。

2. 行政管理,贵在创新。结合案例,组织一次研讨活动,请每个学员谈谈海尔集团是怎样通过创新行政管理模式,创造“管理奇迹”的?

第二章 行 政 功 能

本章基本问题

行政功能是行政管理领域的一个极其重要的研究范畴，也是现代行政管理学研究中不可或缺的内容之一。行政功能是组织功能的具体体现和执行，即行政管理在国家和社会中所应发挥的作用，反映了行政管理的主体——行政组织在国家和社会生活中的功用与效能。本章从阐述行政功能与职能的概念入手，讨论两者的联系与区别，并在此基础上介绍行政功能的特点、分类及实现方式等内容。

第一节 行政功能概述

一、行政功能的概念

(一) 功能与职能

功能与职能是管理学中的两个重要概念，两者既有着千丝万缕的联系，又有着严格的区别。

一般来说，功能是相对于结构而言的，结构是功能的结构，功能是结构的功能。系统的功能是由系统的结构所决定的，同样的结构相对于不同的环境，又表现为不同的功能。在此处，相对于静态的组织结构而言，功能就成了组织的动态特性。具体而言，功能是组织外在的相对活跃和多变的因素，是系统与外部环境相互作用、相互影响、相互依赖所呈现出来的效能。把社会生活中人、组织、事物的作用称为职能，例如，货币职能、政党职能、政府职能等。因此，职能被解释为“人、事物、机构应有的作用；功能”①。

① 《现代汉语词典》(修订本)，商务印书馆 1996 年修订第 3 版，第 1616 页。

功能与职能的区别在于：

首先,功能可以运用于自然系统和社会系统两个层面;而职能只可用于社会系统。

其次,功能对社会发展的作用具有双向性,即可正可负;但是职能仅指对社会发展具有的正向推动作用。

功能与职能的联系在于：事物、人、组织的功能发挥只有在与组织、社会所实现的目标一致的情况下,功能才能称之为职能。

(二) 行政功能的内涵

一般而言,行政功能是指组织系统与外部环境相互影响、相互作用、相互依赖所产生的功效和作用,是组织系统内部结构所形成的固有效能的外部表现。由于功能有正、负向的区分,所以行政功能同样也具有正负的两重性。

如同功能与职能不易区分一样,行政功能也往往容易与行政职能相混淆,事实上两者也有不同之处。行政功能与行政职能的区别在于：行政功能是指组织实际上对外部环境和社会产生的作用;行政职能是指组织在社会发展过程中应当发挥的积极作用。

当组织行政功能的作用表现为正向功能时,行政功能与行政职能是一致的,在这种情况下,这两个概念可以互相通用。当行政功能表现为实际所起的负作用或负功效时,行政功能则不能与行政职能等同。下文论述的行政功能主要是指起正向作用的行政功能。

二、行政功能的特性

(一) 具体性和执行性

不管在任何组织中行政功能最终都要落实在具体的组织行为和活动中,只有通过组织行为和活动才能凸显出行政功能。例如公共服务功能是政府的行政功能之一,政府通过实行九年制义务教育,发展学前教育、职业教育、高等教育,保障公民的受教育权;通过建立社会保障制度,使公民在年老、失业、患病等情况下能够获得经济补偿和物质帮助,保障基本生活,政府通过具体政策的实施发挥其公共服务功能。

企业组织主要通过具体的生产经营活动来满足消费者的需求,取得经济效益,以此实现行政功能,除此之外,一些企业具有社会责任感,通过自觉履行社会责任来实现部分行政功能,如汶川大地震发生后,很多企业自发组织向地震灾区捐款捐物。

(二) 层次性和扩展性

行政功能的层次性是指组织功能体系的划分和差别。这主要体现在两个方面：(1) 组织系统可以分成若干层级,组织的各个层级所具有的行政功能在性质、内容、权限、实现方式等方面各有不同;(2)组织的每一具体的行政功能在宏观、中观和微观方面有所不同。

行政功能的扩展性是指行政功能随着社会的发展其内容与范围不断扩大。如在经济功能方面,政府的经济功能有制定国民经济发展规划、保持社会总需求和总供给的平衡、调节国民收入再分配等;随着企业规模的扩大、业务范围的拓展,企业的行政功能也随之扩展,生态功能方面的内容不断增加。

(三)多样性和整体性

在传统社会中,政府行政功能主要是政治功能,而在现代社会中,政府行政功能包括政治功能、经济功能、文化功能、社会功能、生态功能等,并且每一功能又包括各种具有专业性的分功能。企业也由主要注重经济效益,转变为在注重经济效益的同时也注重企业文化的建立、社会责任的承担和生态环境的保护。

行政功能的多样性表明组织的活动覆盖社会生活的各个领域,而行政功能的整体性表明组织中各部门的功能形成了一个有机整体,共同组成了组织的整体功能。这就要求组织在管理活动中,要整合和配置资源,统筹各层级和各部门的活动,实现管理活动的高效率、高效益和高效能,充分发挥组织的整体功能。

(四)动态性和相对稳定性

从长期来看,行政功能是动态变化的,社会性质的变化、经济社会的发展变化、工作任务的变化都可能会引起行政功能的变化。从短期来看,组织的发展战略和根本目标在一段时间内一般不会发生大的变动,所以行政功能在这一特定的阶段内同样不会做出较大的调整(除非遇到环境的重大变化和需要调整功能的重大事件),依照组织在这段时间内所确定的主要工作目标和任务,来开展各项行政管理活动,从而保持行政管理活动的连续性和稳定性。

三、行政功能的作用

(一)行政功能对组织活动的开展具有指导性作用

行政功能明确了组织所要达到的目标和所要发挥的作用,在组织的具体实践活动中以行政功能为指导,明确"谁来做"、"何时做"、"何地做"、"做什么"、"为什么做"以及"怎样做"等一系列问题。比如,保证产品质量是企业的经济功能之一,要实现这一目标,就要明确哪些人员或哪个部门具体负责产品质量的检验工作,明确产品质量的检验时间,是生产过程中跟踪检验还是生产后检验或者是两者结合?还要明确产品质量检验的技术手段和方法等。

（二）行政功能决定着组织活动的范围、内容和实现方式

不同的组织具有不同的行政功能，从事着不同的实践活动，组织活动的范围、内容和实现方式也不尽相同。政府组织为全社会范围内的公众或某一地区范围内的公众服务，而企业组织主要为特定消费群提供产品和服务；维护国家的独立和主权的完整，保卫公民生命、财产和公民权利，维持社会秩序等是政府区别于其他组织的工作内容；政府、企业、非政府组织在组织活动的实现方式上也存在着差别。

（三）行政功能是检验组织活动成功与否的重要标准

检验组织活动成功与否的标准有很多，但最重要的标准是是否实现了组织应有的行政功能。为顾客提供高质量的产品和服务是企业的经济功能之一，如一种产品占有较大的市场份额、得到顾客的一致好评，那可以说明企业实现了提供高质量的产品和服务的功能，进一步表明企业的生产活动取得了阶段性的成功。

（四）行政功能是组织进行建设的依据和前提条件

行政功能是组织规模、层次、结构以及部门之间分工的决定因素之一，行政功能的变化促使组织结构也要随之调整，行政功能在组织体系中不同部门、不同层次之间的划分、转移、运用，会影响到组织体系内部结构和运行状态的改变，或新增机构，或合并机构，或撤销机构。现代社会要求建立精简、统一、高效的组织，这就必须要以行政功能的科学界定和合理划分为基础，进行人员的配置、资源的整合和组织结构的调整。

第二节　行政功能体系

行政功能集中体现了组织系统在社会经济活动中的整体作用，行政功能各个部分的内容既相互独立，又相互联系，构成一个不可分割的整体，从而形成了行政功能体系。一般而言，行政功能可分为两大体系，即以行政管理内容为目标的基本功能体系和以行政管理过程为对象的运行功能体系，这两大体系内部又可以分为各种不同类型的子功能。

一、基本功能

以行政管理内容为实现目标的基本行政功能体系具体包括政治功能、经济功能、文化功能、社会功能、生态功能，这些功能集中体现了行政管理活动的基本内容和实施范围。

（一）政治功能

政治功能是指政府所承担的维护和实现阶级统治、保卫国家和社会安全的功能，这是政府所特有的功能，也是政府最主要的功能之一。政府的政

治功能主要有：

第一，阶级统治功能。统治阶级为了维护本阶级的利益，总要对敌对势力行使专政，只要阶级和国家存在阶级统治功能就不会消失。我国实行人民民主专政，对人民实行民主，对敌人实行专政。

第二，保卫功能。政府要保卫国家和民族独立，确保国家领土完整和主权不受侵犯，并最大限度地实现国家利益；要保卫公民生命、财产和公民权利。

第三，维持社会秩序功能。政府通过建立社会治安维持系统，依法约束各社会主体的行为，制裁和打击危害社会治安、扰乱社会秩序的非法活动，保护公民基本的宪法权利，为广大民众营造一个稳定的社会环境。

第四，民主功能。我国是由人民当家作主，国家必须保证人民的民主，提高人民参政议政的能力，调动人民参与国家建设的积极性。

（二）经济功能

经济功能是指组织所承担的组织和管理社会经济建设的功能。目前，我国正处于经济体制改革发展的进程中，从计划经济体制向市场经济体制转变，客观上要求组织在经济领域的功能也要做出相应的调整，只有这样才能适应市场经济的发展，在市场经济中发展自己。

1. 政府的经济功能

第一，政府利用各种法律的、经济的和必要的行政手段对整个国民经济运行进行宏观调控，使资源得到有效配置。

第二，对社会经济建设进行统筹规划、制定政策、组织协调、提供服务和监督检查，从而保持社会总需求与总供给的平衡，促进国民经济的良性发展。

第三，政府通过各种政策的制定，来控制社会主义市场经济发展过程中的垄断行为和外部不经济行为，提高资源的利用效率，保证宏观经济的稳定与增长。建立统一、开放、竞争、有序的市场体系，促进经济的健康发展。

第四，进行对外经济和对外贸易等各项经济事务的管理，促进我国经济融入经济全球化发展之中。

第五，调节国民收入再分配，防止贫富差距过大。市场收入分配体系会引起公众收入差距日趋拉大，不利于经济的持续发展和社会的稳定。政府有责任通过税收政策、转移支付政策、社会保障政策等，将收入差距程度控制在社会可承受范围内，维护社会公平，同时也为市场经济的持续发展提供有利条件。

2. 企业的经济功能

企业作为市场经济活动的主体，直接承担着商品生产和商品流通的任务,是促进社会生产力发展和科学技术进步的主导力量,是为社会创造物质财富的原始基地。在市场经济条件下,商品的生产、流通、交换都需要经过各类企业来完成。

第一,企业通过购买原材料占有一定的生产资料,对这些生产资料进行组合、配置、更新和改造等。

第二,在企业内部进行技术性分工,组织人员运用各种资源进行生产产品和提供服务,满足消费者的需求,为企业获取经济利益,促进生产力的提高与社会的进步。企业的这种经济功能是企业行政功能中最重要的。

3. 非政府组织的经济功能

第一,为市场主体的活动提供直接服务,如律师事务所、会计事务所、信息中心等,这类组织在承担政府转移的一部分职能的同时,也为公共服务的市场化提供了组织上的保障。

第二,促进市场主体在市场竞争中健康发展,如行业性自律组织、监督市场活动的中介组织等,这类组织规范市场主体参与市场竞争、进行市场交易的行为,保护市场主体的合法权益,使市场经济得以良性发展。

第三,弥补“市场失灵”和“政府失灵”的缺陷。在公共产品和公共服务的提供方面,非政府组织能够在市场和政府都不能有效发挥作用的领域提供一些关系公众切身利益的基本公共产品和公共服务。

(三) 文化功能

文化功能是指组织在管理和建设文化事业、促进文化发展方面的功能。不同的组织,其文化功能存在一定的差异性。

文化功能是政府行政管理最古老、最重要的功能之一。政府文化功能的实现,主要是通过对全体公民的政治社会化来引导全体社会成员形成和维护国家所倡导的文化思想、态度和情感,促进国民文化水平的提高。

1. 我国政府的文化功能

第一,制定和实施科技、教育、文化、卫生事业发展的总体战略和规划;

第二,制定和颁布科技、教育、文化、卫生事业发展的具体政策、法规;

第三,指导、监督、协调各地区、各部门有效贯彻国家科技教育文化卫生事业发展规划;

第四,有领导、有步骤、有秩序地开展科技、教育、文化、卫生等方面的改革;

第五,培养和壮大科教文卫人才队伍,为各项事业的发展提供人力资源支撑;

第六,保障人民群众的基本文化权益,激发全民族的文化创造力和创新力,提高国家的文化软实力。

2. 企业的文化功能

第一,目标导向功能。在企业的发展过程中,企业的各部门和每一位员工既存在共同的目标,也存在不同的目标,企业文化会对全体成员产生强烈的感召力和凝聚力,把员工的言行引导到企业所确定的目标上来,使企业成员朝着共同目标努力。

第二,行为约束功能。企业文化是无形的、非强制的行为准则,通过建立企业共同的价值体系,形成统一的认知标准,对每一位员工的思想和行为起到规范和约束作用,使企业员工达到自我控制和自我管理。

第三,凝聚功能。企业文化能够对企业整体产生强烈的向心力,把全体成员紧紧地联系在一起,同心协力,为了实现共同的目标而奋勇拼搏、开拓进取。

第四,辐射功能。企业是社会的细胞,通过企业文化向社会展示了企业的管理风格、经营理念、精神面貌等,企业的优良作风、良好的精神风貌辐射到社会,对社会精神文明建设起到积极影响和促进作用。

此外,企业的科学技术创新,尤其是自主创新对企业的生存和发展起着决定性作用,同时又推动整个社会科学技术的进步。

3. 非政府组织的文化功能

第一,学校和科研机构传播和普及科学文化知识,提高人们的思想道德素质和科学文化素质,使人们能够掌握更多的科学文化知识来适应社会快速发展的需要,提高国民的整体素质。

第二,文化领域的组织不仅满足社会成员的文化需要,丰富人们的生活,而且提高了公众的文化素质和文化水平,促进社会文化的发展和繁荣。

第三,各种专业领域的学会通过举办各种学术交流活动,总结研究成果,深化和拓展学术研究。

第四,消费者协会组织通过开展各种形式的维权活动,保护消费者权益,提高人们的权利意识,增强人们的法律意识和法制观念,维护市场秩序。

第五,一些非政府组织通过开展环境保护活动,宣传人与自然和谐发展理念,号召全社会共同保护自然环境。

(四) 社会功能

社会功能是指组织所承担的各种社会服务和社会保障的功能,它是行政功能中内容最广泛、最丰富的一项基本功能。

1. 政府的社会功能

第一,提供社会保障。政府要从全社会的整体利益出发,建立健全社会保障体系,如建立和发展社会保险、社会福利、社会救助和社会优抚,保障公民特别是老年人、病人、失业者等弱势群体的基本生活,在全社会建立起社会保障网络,以促进社会稳定协调发展。

第二,发展公用事业。公用事业与公众的日常生活紧密相关,涉及的范围十分广泛,如供水、供电、供热、供气、公共交通、邮政、电信、垃圾处理、污水处理、城市绿化等。政府要完善公用事业管理体制,直接或间接提供各种公共服务,监督和管理公用事业运营,确保社会生活的正常进行。

2. 企业的社会功能

企业的社会功能产生的原因主要有两个方面：一是企业存在于一定的社会环境中,其行为必然要与社会其他组织发生相互作用,对社会环境和社会关系产生影响;二是从企业自身来说,它不是单纯的人类劳动分工系统,它不仅是生产经营性组织,而且还肩负着社会责任,必须履行一定的社会义务。

第一,从企业对社会环境的影响来讲,企业的建立和发展必然改变了原来的产业布局结构,促进了当地资源的开发与利用,并带动了基础设施、文化设施的建设,影响了人们的思想观念和道德伦理,推动当地经济的发展。企业运营为了获得更多的利润,要与其他组织进行物质交换和价值补偿,这就促进了组织之间的交流和沟通。企业在发展壮大过程中,直接地承担一定的社会义务,比如企业要拿出一定的资金来改善企业周围的基础设施建设,改善社区环境,为公益事业的发展提供资金和物资帮助等。

第二,从企业对自身内部关系的维系上来讲,企业的社会功能主要表现在企业不仅要满足员工对工资、工作条件、福利保健等劳动条件的要求,还要通过培训提高员工的文化水平和业务水平,满足员工归属感和自我实现的需要,这样才能更好地发挥员工的积极性和主动性。

3. 非政府组织的社会功能

第一,提供大量的就业机会。在市场经济的发展过程中,需要大量的服务性职业和岗位,非政府组织中有很多是服务性组织,能够提供就业机会,缓解就业压力。

第二,提供广泛的社会服务。非政府组织不仅参与社会服务的范围广,而且在各个领域参与的比例也相对较高,如美国半数左右的学校是由各种慈善组织和基金会开设的。

第三,弥补政府用于社会发展投入资金的不足,创造相当数量的国民生产总值。如在我国,私立学校、私立医院的建立在一定程度上缓解了国家在教育、医疗方面资金投入的紧张状况,保障了人们的基本权利,并且创造了社会财富。

第四,募集资金,开展扶贫开发活动。由于经济发展的不平衡性和地区差异性,仍然有一些地区的经济发展水平相对落后,生活水平较低。非政府组织通过针对不同地区、不同层次、不同贫困程度的不同问题开展具体的扶贫项目,致力于改善贫困地区人们的生活状态。

(五) 生态功能

生态功能是指组织所承担的保护自然生态环境,实现自然生态系统良性循环,促进人与自然和谐发展的功能。

随着工业化进程的加快,全球面临着严重的环境问题,如环境污染加剧、全球气候变暖、土地沙化、空气质量恶化、淡水供应不足、森林和动植物资源减少等,这就促使政府通过经济、法律、行政等措施,开展环境综合治理,保护和合理利用各种自然资源,加强生态环境保护,实现经济社会的可持续发展。

企业在生产经营过程中,提高资源的有效利用率,尽量减少不可再生、不可回收资源的使用,倡导绿色生产经营方式。企业要减少污染物的排放,大力发展清洁生产工艺,减少对环境的污染。中国要实现到 2020 年单位国内生产总值二氧化碳排放比 2005 年下降 40%到 45%的目标,有赖于每个企业的努力。

非政府组织特别是环保非政府组织,通过组织志愿者活动、向重污染企业施压、与政府谈判、向公众宣传、组建环保基金等方式保护环境,提高公众环保意识,推动生态环境的改善,成为环境资源保护,防止环境污染和环境破坏的重要力量。

制订生态环境保护计划的具体步骤如图 2-1 所示。

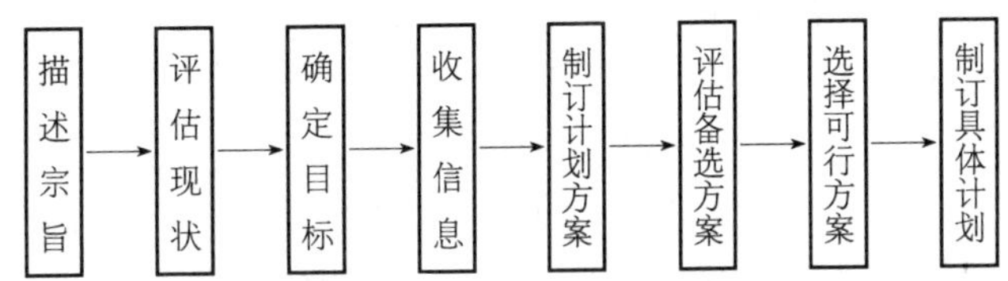

图 2-1　制订生态环境保护计划的具体步骤

二、运行功能

以行政管理过程为对象的运行行政功能体系具体包括决策、计划、组织、协调、控制等功能。

(一) 决策功能

决策是指管理者在发现问题时,针对问题的实际情况进行具体分析,在可供选择的多种备选方案中做出最优选择,以最有效的方式达到预定的目标。决策是行动的先导,决策功能是最重要的行政运行功能,处于行政管理活动的核心地位,并且贯穿于行政管理活动的始终。总之,组织中其他功能的运行都离不开决策这一活动,一个完整的行政管理活动实际上就是一系列组织决策活动的总和。

决策的过程可以分为以下六个阶段：

1. 确立决策目标

组织要明确所要实现目标的数量和质量，目标一般分为长期目标、中期目标和短期目标，长期目标通常用来指导组织的战略决策，中期目标通常用来指导组织的战术决策，短期目标通常用来指导组织的业务决策。

2. 拟定备选方案

管理者需要从多个角度审视问题，征询他人的意见，以便提出更多、更好的方案。备选方案可以采用标准方案，即组织以前采用过的，也可以通过头脑风暴法、德尔菲技术等提出富有创造性的方案。

3. 评估备选方案

在评估过程中，要使用预定的决策标准，比如所想要达到的质量，要分析每种方案的预期成本、收益、不确定性和风险等，最后对各种方案进行排序。

4. 作出决定

管理者在仔细判断的基础上，做出最后选择。实际上，做出选择是很困难的。

5. 选择实施战略

管理者要制定实施方案的具体措施和步骤，并应用目标管理法把决策目标层层分解，具体落实到每一个执行部门和个人，还要及时了解方案实施的进展情况，以便及时进行调整。

6. 监督和评估

由于一个方案可能涉及较长的时间，在这期间，建立在对问题初步分析基础上的内外形势可能已经发生变化，这就要求各部门要及时对方案实施情况进行检查和监督，及时将信息反馈给管理者，管理者则要根据新的情况，进行新的分析，不断修正方案，确保目标的实现。

(二) 计划功能

计划功能是指组织所承担的为了在未来的一段时间内更好地完成组织工作的目标，围绕某一中心工作而进行的任务安排、工作设计等行为活动的功能。计划功能是组织活动运行当中的重要功能，计划功能的实现程度直接决定着组织活动中其他功能的发挥效果，因为计划内容不仅指出了组织所要达到的目标，而且也规定了实现此目标所要遵循的步骤、实现方式以及手段等。根据不同的工作任务，要选择和采用不同的计划类别，从而确保计划功能的发挥。

在实际管理活动中，制订计划的具体步骤是：

1. 确定目标

确定目标是制订计划的第一步，目标为组织整体、各部门和各成员的工作指明了方向，描绘了组织未来的状况，并且作为标准用来衡量实际绩效。计划工作的主要任务是将组织所确立的目标进行分解，以便落实到各个部门、各个工作环节。

2. 评估现状

组织要对外部环境、竞争对手和组织自身的实力进行分析，不仅要研究环境给组织带来的机遇与挑战，组织自身的优势与劣势，还要分析环境、对手及其自身随时间变化的变化。

3. 收集信息

计划的基础包括目标和信息两个方面，制订计划需要收集与工作相关的各种信息，根据汇总的信息来制订工作计划。信息收集的全面、准确、及时与否在一定程度上决定着计划制订的准确性。

4. 拟定计划方案

一般来讲，在计划拟定阶段，要发扬民主，充分利用组织内外的专家、群众、内部员工，产生尽可能多的计划方案，可供选择的计划方案数量越多，对选中的计划的相对满意程度就越高，行动就越有效。

5. 评估计划方案

组织要认真分析每一个计划的制约因素；要从总体效益的角度来衡量计划；既要考虑到计划的有形因素，又要考虑到计划的无形因素；不仅要考虑计划执行所带来的利益，还要考虑计划执行所带来的损失，特别是那些潜在的、间接的损失；在此基础上比较各个方案的利弊。

6. 选择可行方案

在所有计划方案中，按照一定的原则，选择出一个或几个较优计划。

7. 制订具体计划

具体计划要清楚地确定和描述 5W1H 的内容，即 Who（谁去做）、Where（何地做）、When（何时做）、What（做什么）、Why（为什么做）、How（怎样做）。

8. 制订派生计划

基本计划还需要派生计划的支持。比如，一家公司年初制订了“今年销售额比上年增长 10%”的销售计划，要实现此销售计划还需要制订相关的生产计划、促销计划等。

（三）组织功能

组织功能是指组织为了达到行政管理目标，进行具体安排部署、筹划各项活动的功能。组织根据管理活动所要实现的目标，进行组织内部权力与责任的划分，并且配备相应的人力、物力、财力，使组织的每一部门、每一成员都能更好地发挥自身的优势，从而形成一个有机整体并实现效用的最大化。组织过程实际上是一个目标分解和任务分派的过程，在具体的管理活动中，组织工作可以分为两层：一是由高层管理人员承担并负责实施的组织，属于宏观组织；二是由中、低层管理人员所实施的组织，属于微观组织。总之，做好行政管理中的组织工作，就是要避免出现“一盘散沙”或“窝里斗”的局面，使组织形成整体凝聚力，产生 1＋1＞2 的效果。

组织功能是决策功能、计划功能的延续，组织功能的作用简单说来就是为了使组织系统中的人、财、物得到最佳的配置和最合理的运用，这就要求建立健全精简、统一、高效的组织结构，因为结构是功能实现的载体，合理、精干的组织内部结构有助于组织中职、责、权的划分，进而有利于功能的发挥和组织目标的实现。

在具体实施过程中需要注意以下问题：

一是将计划的总体目标层层分解形成具体的分项目标，并落实到具体的部门和人员；

二是在明确各个岗位的权力与职责的基础上，确保目标、资源和组织成员的需要有机结合，以尽可能地发挥成员的积极性、主动性和创造性；

三是促进组织中的信息资源共享，建立联系各方面的沟通渠道，逐步形成统一的组织网络体系。

（四）协调功能

协调功能是指组织所承担的引导和促进各部门之间、人员之间在工作过程中建立良好的相互协作、相互配合的关系，从而保障整个组织能够有序地运转，促进共同目标实现的功能。协调活动是行政管理过程中不可缺少的环节，发挥协调功能就是要促使组织实现单独部门或个人活动所不能取得的良好效果。

1. 协调功能之所以重要的原因

首先，在行政管理活动过程中，工作都是由各个部门或人员共同来完成的，要使工作获得应有的效果，就必须使各方面相互配合。

其次，在组织中，为了确保目标的实现，还必须克服可能存在的离心力，使每一部门、每一成员都为同一个目标而努力。

2. 沟通的重要性

在协调过程中，各层级之间的沟通也非常重要。按照方向，沟通可以分为上行沟通、下行沟通和平行沟通。

首先，上行沟通。上行沟通指下级将信息传达给上级，是由下至上的沟通，如各种汇报、报告等。上级应经常倾听来自下级或一线工作人员的意见或建议,以便了解工作的执行情况,为更好地决策掌握准确的、必要的信息。同时还要注意上行沟通的信息真实性和全面性,防止报喜不报忧的现象。

其次,下行沟通。下行沟通指上级将信息传达给下级,是由上至下的沟通,如管理者将计划、决策传达给下级等。通过下行沟通能使下级明确组织的目标、任务、计划、工作方针、程序等,管理者应做好下行沟通工作,调动工作人员的工作积极性、主动性和创造性。

再次,平行沟通。平行沟通指同级之间横向的信息传递。平行沟通是在分工基础上产生的,在规模较大、部门较多、层次较多的组织中尤为重要,它有利于及时协调各部门之间的工作,减少矛盾。

除此之外,协调活动还包括机构与个人之间的协调、个人与个人之间的协调、总目标与各子目标之间的协调、各项工作之间的协调、组织与其他社会组织及公众之间的协调等。

(五) 控制功能

控制功能是指组织或领导者根据计划标准,对执行情况进行检查、监督,衡量计划完成情况,纠正实施过程中的偏差,确保组织目标实现所具有的功能。控制功能作用于组织管理活动各个环节,保证工作实际状况与组织计划、目标相适应。要使控制功能充分发挥作用,就必须满足控制活动的三个构成要素,即控制标准、偏差信息、纠正措施。

要有效发挥控制功能,就要了解控制活动的过程,控制过程一般都包括三个主要步骤:

1. 确立控制标准

制定控制标准是进行控制的基础,缺乏一套完整的标准,纠正偏差就失去了依据。常用的控制标准主要有:实物数量标准,如产品的产量、每百元产值的能耗;价值标准,如资金标准;时间标准,如企业中的工时定额标准、生产管理中的生产周期;质量标准,如产品质量;还有把目标作为标准。一般来说,制定标准的方法有:利用统计方法来确定预期结果;根据经验和判断来估计预期结果;在客观的定量分析的基础上建立工程(工作)标准①。

2. 衡量实际工作

要把实际工作成效与标准进行比较,找出两者之间的差异,并对实际工作做出评估。衡量实际工作的方法有:现场观察、分析资料、书面报告、召开会议、抽样调查等。各个组织可以根据工作性质的不同,选择不同的方

---

① 周三多:《管理学》,高等教育出版社 2000 年版,第 252 页。

法。在衡量实际工作中还要注意以下两个问题：(1) 建立有效的信息系统，只有及时掌握精确、适用的偏差信息，才能迅速采取有效的纠正措施，要通过判断、比较、分类、加工，将杂乱的信息变成系统的信息；(2) 确定适宜的衡量频度，控制过多或不足都会影响控制的有效性。

3. 纠正偏差

在这个过程中要注意：(1) 找出偏差产生的主要原因，为纠偏措施的制定指导方向。(2) 选择恰当的纠偏措施。要对各种可行的纠偏措施进行分析比较，找出花费成本最少、解决偏差效果最好的方案组织实施；还要考虑实施纠偏措施可能给原先计划带来的影响；在实施过程中注意消除工作人员对纠偏措施的疑虑，争取更多的理解、支持和赞同。控制可以分为前馈控制、过程控制和反馈控制。前馈控制也称事前控制，是指在正式工作开始之前进行的控制，以防止问题的发生。前馈控制是一种防患于未然的控制，前馈控制需要掌握大量的、及时的、准确的信息，并且需要进行仔细和反复预测。

过程控制也称同步控制，是指工作开始以后，对工作中的人和事进行指导和监督。通过过程控制，可以使管理者随时发现工作人员在工作中与计划要求相偏离的现象，可以将问题消灭在萌芽状态，或者可以避免问题的扩大化，从而保证计划的执行和计划目标的实现。

反馈控制也称事后控制，这种控制主要把注意力集中于工作或行为的结果上，通过对已形成的结果进行测量、比较和分析，发现所存在的偏差情况，依此来制定相应的纠偏措施并付诸实施，并对以后的工作进行调整与完善。反馈控制的目的在于，总结以往工作的经验教训，为未来计划的制订和活动的安排提供借鉴，以防止类似的情况再次发生。

有效地发挥控制功能，不仅能够保证实际工作中所产生的偏差得到及时纠正，确保组织计划和目标的实现，而且可以有效地减少外部环境的不确定性对组织运行所带来的不利影响。

控制类型如图 2-2 所示。

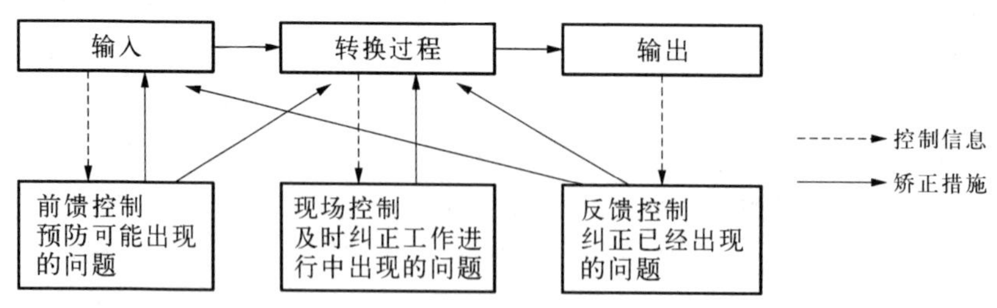

图 2-2　控制类型

第三节 行政功能的实现方式

行政功能的实现总要通过一定的途径和方式。由于组织有着共同的特性,行政功能的实现方式存在着相似之处,而由于每类组织的性质不同,行政功能的实现方式也有差异。以下分别介绍政府、企业、非政府组织的行政功能实现方式。

一、政府行政功能的实现方式①

(一)供应

供应是指政府通过财政预算提供产品和服务,是政府运行的主要方式之一,也是政府运行的主体部分。政府提供的是公共物品,如国防、道路、教育、卫生、社会福利、制度法规、政策等,这些产品和服务的供给问题一般不会靠个人之间的直接交易去解决,私人经济部门或因成本太高、效益低而不愿提供或无力提供,如果私人经济部门提供这些产品和服务,可能造成垄断,导致成本上升、效益下降,损害公共利益。因此,多数公共物品不能以市场竞争的方式实现有效供给和最优配置,而只能由政府来直接提供或主导提供。大多数政府行为是通过直接供应得以实现的,并直接体现在政府预算中,政府试图通过预算决定经济社会中公共活动的水平,对收入和社会财富进行合理的再次分配,并在总体上对经济活动进行控制。这些常被描述为配置、分配和稳定政策。

1. 配置政策

配置政策取决于公共部门和私营部门的相对规模,换句话说,预算一方面体现了政府的活动程度,另一方面也规定了哪些活动应该由公共部门而非私营部门实施。当政府掌握了大部分经济活动时,其投入各个部门的开支大小的变化对私营部门有着举足轻重的实质性影响。目前,削减政府经费开支也成为一种趋势。

2. 分配政策

分配政策意味着政府尝试对公民之间收入和财产的不平等状况进行某种程序的纠正。市场经济能够实现资源的有效配置,较好地解决效率问题,但在社会公平、社会稳定上存在明显的局限。由于社会成员的资源禀赋差异和发展机会不均等,在市场机制的优胜劣汰作用下,竞争性市场往往会造成收入分配不公,贫富差距拉大,两极分化。收入分配不公会抑制人的积极性和主动性的发挥,使人这一生产力中最活泼最能动的因素缺乏有效的激

① 丁煌主编:《行政学原理》,武汉大学出版社2007年版,第106—108页。

励。当收入分配不公超过一定限度时,会引发严重的政治问题和社会问题,甚至有可能造成政治合法性危机。因此,政府有责任从全社会的整体利益出发,以公共权力的力量,对各阶层的收入和财产再分配进行调节,通过调整生产要素相对价格、税收和财政转移支付,建立健全社会保障体系,将不公平的程度限制在社会可接受的范围之内,实现社会公平目标,保持社会稳定。

分配政策中最主要的部分就是提供社会福利,包括对某一公民阶层的转移性支出,比如给残疾人企业减免税收。当然,要回答什么是公平的分配必然涉及社会哲学体系以及价值判断的思考。现实中,往往由于人们价值观念的差异,对政府分配中“公平性”的争执不休是不可避免的。在这里不予以讨论。

3. 稳定政策

稳定政策是指政府通过预算政策来提高整体经济水平。这或许是政府最期望也是最难以完成的经济功能。仅靠市场机制并不能保持经济总量的综合平衡及经济的稳定增长,相反,会出现周期性的波动,易出现经济危机、通货膨胀或紧缩、经济衰退、大量的失业、地区经济发展不平衡等一系列宏观问题的出现。这就需要政府对整个宏观经济运行进行调控,熨平市场经济的周期性波动,保持经济稳定,从而较好地实现总体资源的优化配置。政府可以运用财政政策和货币政策等宏观调控工具保持经济稳定增长,如通过调节货币供应量的方法来影响投资和消费,通过调节政府支出规模和税收高低来调节人们可支配收入,从而调节总需求。政府的所有支出和税收政策也会对私营部门产生影响,所以通过对这些政策及其总体水平进行调整,即可以达到间接调整总体经济的目的。预算的稳定功能的地位现在并不确定,但总的说来政府仍试图通过编制预算来改进国家的经济状况。稳定政策的实现存在着许多限制。绝大部分的预算要用于政府的固定用途,因而短期内使政府支出发生改变的可能性极小。而且,如果预算赤字成了家常便饭,政治官员会出于政治上的权宜之计而持续施行,这将会产生通货膨胀而影响经济稳定。

(二) 补贴

政府补贴是指政府对提供特定产品和服务的组织和个人给予一定的资助。组织和个人在接受了政府补贴后,政府要对其进行具体的行政管理活动,管理的内容主要是监督其是否将补贴真正用于所定项目。补贴所涵盖的范围非常广泛,有对农产品的补贴、公共交通的补贴、特殊工业产品的补贴等。

在概念上,政府补贴和政府供应是不同的,政府补贴是政府给予资助,而政府供应是政府提供产品和服务。但在实践中,明确区分政府补贴和政府供应是困难的,比如政府对外转包其产品或服务。不管两者在概念上有何差别,它们的最终目的都是为了促进经济的增长和社会的发展。

（三）生产

政府生产是指政府通过设立国有企业直接生产产品,提供给公众,产品主要为水、电、煤气、公共交通等自然垄断性物品。政府生产和政府供应不同的是,政府生产与政府预算无直接关系,并且使用者必须像使用私营部门提供的商品一样为之付费。例如,一些国家的电力供应和铁路服务为政府所有,政府向消费者出售这些服务,一旦消费者不愿付费便不得享用。公用事业可以从政府那里得到贷款,但它们的收益和支出并不包括在政府自身的预算之中。当然,这样的公用事业引起了越来越多的非议,事实上,由于民营化的发展,全世界已呈现出政府提供的公用事业日益减少的趋向。

（四）管制

政府管制是指政府行政组织在市场机制的框架内,为矫正市场失灵,通过设定相关规范标准,对经济主体的活动进行干预和控制的行为。政府管制产生的原因是由于存在市场失灵问题,如自然垄断、过度竞争、外部性问题、信息不对称等。政府管制范围仅限于微观经济活动,包括价格管制、行业准入管制、产品和服务质量管制、环境管制、工作场所安全管制等,不包括宏观经济领域的调控和竞争政策;管制手段既有抽象的规则和标准的制定,又有具体的许可、认证、审查和检验、行政契约、强制信息披露以及行政裁决等;管制的目的是维护公平竞争、公共资源的有效利用、消费者(投资者、劳动者)的利益保护、社会公德需要的满足以及人类生存环境的保护和改善等①。

政府管制包括经济性管制和社会性管制两种。日本著名的经济学家植草益认为,经济性管制是"在存在着垄断和信息偏在(不对称)问题的部门,以防止无效率的资源配置的发生和确保需要者的公平利用为主要目的,通过被认可和许可的各种手段,对企业的进入、退出、价格、服务的质量以及投资、财务、会计等方面的活动所进行的规制"。如市场准入管制、价格控制等。而社会性管制是"以保障劳动者和消费者的安全、健康、卫生以及保护环境和防止灾害为目的,对产品和服务的质量以及伴随着提供它们而产生的各种活动制定一定标准"②。如信息强制披露、标准控制、许可等。

近二三十年来对政府管制的批评日盛,特别是在经济领域,人们感到政

① 马英娟:《政府监管机构研究》,北京大学出版社 2007 年版,第 25 页。

② [日] 植草益:《微观规制经济学》(中译本),中国发展出版社 1992 年版,第 22 页。

府管制过多过死使企业变得毫无生气并间接影响到企业间的竞争,因此有了放松管制的举措,但政府管制却并没有取消的迹象。放松管制并不意味着政府管制的结束,放松管制的目的是为了通过引进竞争而达到良好的经济效果。市场能够解决的事情由市场来解决,市场解决不了的由政府来解决,也就是说,对于自由竞争的行业,应发挥市场竞争的优势,放松市场准入和价格管制,对于市场竞争不能产生好的绩效的领域,应由政府通过市场准入、价格控制、质量标准等形式进行管制。随着竞争的深入和社会事务的增加,政府的经济性管制呈缩小趋势,而加大了产品和服务质量管制、工作场所安全管制、环境管制等社会性管制的力度,以确保国民健康和安全、环境保护等。

二、企业行政功能的实现方式

(一) 生产

企业首先是一个经济组织,以盈利为目的而从事生产经营、流通或服务活动等,向社会提供商品和服务。企业的基本功能是生产各种产品和提供服务,满足社会经济发展的需要。社会经济活动的主要过程——生产和流通,都由企业来承担和完成,企业的生产经营状况如何,直接关系到产品的丰富程度和市场的活跃程度。社会的物质生产,需要企业生产提供原材料、燃料等生产资料;社会的市场流通,需要企业生产、提供商品;社会的生活消费也需要企业进行生产来提供满足消费需求的商品。企业的生产经营活动要遵守市场经济规律,按照市场经济规律决定生产和经营什么产品、生产和提供的产品数量。

随着经济的发展,企业的生产经营活动出现了新的发展趋势。企业在一个产业形成核心竞争力后,围绕这个核心竞争力推进相关多元化,发展核心产品和延伸产品,进行多元化生产经营,提高企业的竞争力。为了满足消费者对清洁型无公害产品的需求、生态环境发展的需要,企业提倡生产绿色产品,实现企业的可持续发展和社会生态环境的可持续发展,使人与自然和谐相处。柔性化生产是企业通过系统结构、人员组织、运作方式和市场营销等方面的改革,使生产系统能对市场需求变化作出快速的反应,这样既能降低成本,又能满足市场供应,增强产品的市场竞争力。企业的生产经营活动满足了人们的物质文化需求,增加了社会财富,促进了人类社会的发展。

(二) 供给

由于政府的生产方式单一,生产与供给缺乏竞争,使资源配置和生产低效率,公共物品生产数量不足,品种和质量难以满足公众日益增长的需求,完全由政府供应会影响公共物品供应的公平和效率。又因为公共物品的提供需要大量的资金支持,如果全部由政府财政负担,会造成政府财政困难,影响经济的发展。因此,政府不可能供应所有的公共物品,对于一些公共物品,如能源、交通、通讯、城市公共服务、教育等,可以由私人完全提供、政府与私人联合提供或由私人与社区联合提供。

私人完全提供是指公共物品的投资、生产、提供以及维护完全由私人单独完成,私人通过收费的方式向消费者收取费用。政府与私人联合提供是指在公共物品的生产和提供过程中私人和政府形成某种联合,如政府对私人提供公共物品给予一定的补贴和优惠政策;政府可以和私人签订合同,私人负责生产公共物品,政府购买后再提供给公众等。私人与社区联合提供是指私人与社区通过有条件的联合来提供物品。私人通过与社区公众制定契约的方式得到社区给予的一些优惠,就可以以较低的价格提供给社区公共物品,或者社区从私人那里购买一定量的产品作为社区公共物品提供给社区成员进行消费。通过引入竞争机制由私人供给公共物品,可以形成政府部门与私人部门之间的博弈,提高公共物品的提供质量和运作效率,可以减轻政府的财政负担,更好地发挥财政的作用,同时也解决了基础性项目建设的资金短缺问题,保证公共物品的有效供给。私人部门通过供给公共物品,可以增加企业的经济效益,提高其社会效益。

某些公共物品由私人供给并不意味着政府可以放手不管,相反,政府在公共物品的私人供给中应当做好监管工作。在公共物品的生产和提供过程中,可能会出现行业垄断、抬高价格、质量下降、欺骗消费者以及环境污染等问题,政府有责任对私人供给者进行监管,以维护消费者的权益和公共利益。目前,在我国的公共物品私人供给的实践中,最常见的是 BOT 方式,它是特许经营的一种。BOT(Build—Operate—Transfer)即建设——经营——转让,政府通过签约的方式,在一定期限内将特定的基础设施项目授予私人投资者,由私人投资者负责融资、建设、运营和维护。在协议规定的特许期限内,私人投资者拥有基础设施的所有权以及为基础设施进行融资、工程设计、施工建设、设备采购、运营管理和维护,同时向基础设施的使用者收取适当的费用,由此来回报项目投融资、建设、运营和维护成本并获取合理的回报,政府部门则拥有对基础设施的监督权与调控权,特许期满后,签约的私人投资者将基础设施无偿移交给政府部门。实质上,BOT 模式是私营机构参与国家公共基础设施项目,在互利互惠的基础上分配该项目的资源、风险和利益的项目融资方式,是政府与承包商合作经营基础设施项目的一种特殊运作模式,该模式可以应用于很多公共物品领域,如电厂、水厂、公路、机场、桥梁等。

三、非政府组织行政功能的实现方式

市场在资源配置中起基础性的作用,但市场也存在缺陷。理性经济人

在决策时只考虑对自己利益有直接影响的收益和成本，而不考虑对自己没有直接影响的收益和成本，这就有可能对其他市场行为主体、消费者、社会整体造成消极影响。市场发育到一定程度可能形成垄断，造成资源配置不足；在市场中，由于各种原因会造成信息不完全现象(或称信息不对称)，进而影响公平竞争；完全依靠市场机制调节收入分配，会使社会收入分配不公，贫富差距拉大。要克服这些不足，需要让“看得见的手”——政府进行适当的干预，但政府也不是万能的。由于公共决策体制的缺陷、信息的不完全、政府的政治偏好等因素的制约，政府有时难以制定科学合理的公共政策，难以确保资源的优化配置；政府部门的自我扩张造成政府行政管理费用的增长，加重社会负担，还会导致政府机构官僚主义的盛行；政府对公共物品供给的垄断，缺乏竞争机制，使得政府供给公共物品时经常出现低效率，如基础设施建设项目质量低劣，存在着浪费现象等；政府的“寻租”行为，政府官员滥用权力，谋取私利，损害公共利益。

市场这只“看不见的手”与政府这只“看得见的手”并不能涵盖整个社会管理领域，市场失灵和政府失灵可能会同时出现，从而使一些经济和社会问题失控。在国家领域(公域)和市场领域(私域)之外存在非政府组织。非政府组织公共行政的权威，或源自组织成员的集体委托与授权，或源自法律的授权，或源自社会公认的、与专业能力相联系的公共信任与认可。非政府组织与市场和政府一样能够发挥积极的作用，而其许多独特的作用恰恰是市场和政府所无法做到的①。

(一) 提供

非政府组织是重要的社会产品和服务的提供者。在教育、卫生保健、文化娱乐以及社会服务等社会领域，非政府组织提供了相当大部分的产品与服务。学校提供的教育提高了人们的科学文化知识和思想道德修养，使人们更加自觉地遵守社会道德和法律，有利于社会的稳定。学校科研水平的提高，能够促进科学的发展和技术水平的提高。行业协会沟通会员企业之间的联系，制定行业规则，约束企业行为，维护行业内部公平竞争秩序，调解会员企业之间的经济纠纷，保护每个市场主体的合法权益，帮助企业改进生产技术，提高产品质量等。一些中介组织如职业介绍所、人才交流中心等为社会劳动力和各类专业人才的就业和再就业提供服务。

(二) 监督

行业协会和一些中介组织，已经能够对经济及其外部性领域进行监督和管理，在监督企业行为、调解市场纠纷、稳定市场秩序等方面发挥着不可

① 茅铭晨：《政府管制法学原论》，上海财经大学出版社 2005 年版，第 102 页。

替代的作用。发挥监督功能的社会组织，如律师事务所、会计师事务所、审计师事务所、税务事务所、公证和仲裁机构、资产评估机构等，一方面客观地、公正地为各类社会主体提供服务；另一方面承担相应的责任，起到监督社会运行的作用。监督市场活动的中介组织，如消费者协会、商品检验中心、质量检测所、计量检测所等，保护市场主体的合法权益，监督市场交易双方的行为，保证市场公平交易，维护市场秩序。消费者协会宣传消费者权利，唤起消费者的自我保护意识，打击侵害消费者合法权益的不法行为，打击假冒伪劣产品，在保护消费者权益、维护市场公平交易、促进产品质量的提高等方面发挥着重要作用。行业协会实施行业价格的监督管理，建立行业自律机制，规范行业自我管理行为，监督会员企业履行行业规范，维护行业内公平竞争。

（三）维护

一些非政府组织，如基金会、慈善机构、环境保护组织等，动员社会力量和社会资源，对妇女、儿童、老年人、残疾人、贫困人口、失业人员等社会弱势群体提供社会援助，增进社会福利，促进社会公平，保护自然环境。公民通过参与这些组织，促使全社会形成热心公益、扶贫帮困的社会氛围，维护了平等友爱、团结互助、奉献精神等社会价值，保护自然环境，促进人与自然的和谐发展。例如，中国青少年基金会发起的“希望工程”，对援助失学儿童，普及基础教育发挥了重要的作用。

（四）培育

人们积极参加各种社团和其他非政府组织，在组织中发挥个人作用、实现自我价值，或担任某企业的法律顾问，或为政府机构提供咨询，或为受灾地区募集捐款，或呼吁保护环境。非政府组织培育了公民意识、权利意识，强调人们的公民身份，强调人们应积极主动地参与公共事务，对社会应有仁慈与爱心，要承担个人的道德责任和具有利他主义的精神。公民意识的觉醒预示着公民社会的形成，公民社会是指国家控制之外的社会经济生活，公民社会的形成有助于促进民主政治和市场经济的发展。

【知识要点】

1. 行政功能是现代行政管理中一个极其重要的内容。行政功能与行政职能是有区别的，行政功能是组织与外部环境相互影响、相互作用、相互依赖所产生的功效和作用，行政功能有正、负向之分；而行政职能是组织在管理活动中的基本职责，主要涉及管什么、不管什么、怎样管、发挥什么作用等问题，行政职能对社会的发展起到正向的推动作用。行政功能具有自身的一些特性。行政功能在管理实践中具有重要的作用。

2. 行政功能可以从不同的角度进行划分。总体上可以分为两大体系：一是以行政管理内容为目标的基本功能体系，包括政治功能、经济功能、文化功能、社会功能和生态功能；二是以行政管理过程为对象的运行功能体系，包括决策功能、计划功能、组织功能、协调功能和控制功能等。

3. 行政功能的实现要通过一定的途径和方式。政府、企业和非政府组织的行政功能不同，行政功能的实现方式也不同。政府行政功能的实现方式有供应、补贴、生产和管制等；企业行政功能的实现方式有生产和供给等；非政府组织行政功能的实现方式有提供、监督、维护和培育等。这些实现方式的内涵是不同的。

【案例分析题】

计划部经理李建的烦恼①

李建是一家民营企业的计划部经理，他主要负责工作计划的编制和监督执行。每年的年底是李建最痛苦的时候，这时他不仅要准备向老板汇报当年的计划完成情况，还要牵头组织下一年度工作计划的编制工作。为此，他几乎每天都要向各部门要数据、催进度，最后好不容易各部门的工作计划上报完毕，可等到李建汇总时，结果却往往会使他变得很沮丧：其中有些部门的计划纯粹是在不切实际地喊口号、唱高调，有些部门则是想通过工作计划来争资源，有些部门的工作计划则根本没有给出任何约束性指标……

然而李建还是得依据这些来自各部门的“原始资料”完成他下一年度的计划编制工作，从前些年公司的业绩看，这样编制出来的计划可以说是一纸空文，计划数据与实际数据相差太大了。

李建常常会听到这样的抱怨：我们连公司下一步要往哪里走都搞不清，让我们怎么定计划啊！李建觉得自己很有责任把这些意见反馈给老板，但当他每次看到老板忙碌的身影时，话到嘴边又咽了下去。

又到了编制下年度工作计划的时候了，李建再次感到了无形的压力。但这次他不想再走老路子了，为公司的前途着想，他决定要和老板沟通一下，谈谈公司的未来。

问题：

请从计划功能的角度分析，李建应该向老板反应何种意见？为什么？

怎样有效地发挥计划功能的作用？

① 孔繁玲：《管理学原理与案例分析》，华南理工大学出版社 2008 年版，第 78 页。

【阅读参考】

深圳公用事业特许经营①

深圳公用事业改革进程

2001 年，深圳市公布《深圳市深化投资融资体制改革指导意见》，开启公用事业改革大幕。根据这份指导性文件的设计，公用事业改革被分为两个阶段：一是以港口、收费公路、机场等基础公用事业投资主体多元化和融资渠道社会化为主要内容，通过各种方式引进民间资本；二是在水务、燃气、公交、电力等市政公用事业中引入战略投资者，同时制定法规，完善公用事业监管手段。

2002 年，深圳市政府提出了对 5 家大型国有独资企业进行改革，引进战略投资者的目标。在这 5 家企业中，有 3 家属于公用事业，即水务、燃气和公交。

深圳当年引进战略投资者采用的是“招标招募”方式。“招标”，就是公开向社会表明需要引进战略投资者，并强调其必须是国际知名企业，且符合严格的资格要求；“招募”则是通过谈判确定最后的选择。深圳在寻找战略投资者时，从几十家候选企业中经过层层筛选和谈判，最终借助这个方法，在一年内基本完成了对 3 家国有独资公用事业企业引进战略投资者的改革：法国威利雅与通用首创水务公司获得水务集团 45％股权；新希望集团和香港中华燃气公司共取得燃气集团 40％股权；香港九龙巴士公司和深圳金信安水务投资有限公司各获得巴士集团 35％和 9.7％的股权。

2003 年，深圳市政府出台《深圳市公用事业特许经营办法》，对特许经营相关情况，包括政府监管、价格调整程序、企业义务等作出了规范性规定，并于当年 5 月 1 日起施行；但该办法对于特许经营权的授权情况并没有具体明确。同年，深圳方面分别授予燃气集团、水务集团和巴士集团 30 年的管道煤气、自来水供应及污水处理和公交业务特许经营权；另外，企业在特许经营权到期后可申请延期两次，每次时间为 5—10 年。

2005 年 9 月 27 日，《深圳市公用事业特许经营条例》（下称《条例》）获得深圳市四届人大常委会第二次会议通过。与 2003 年的《深圳市公用事业特许经营办法》相比，《条例》对特许经营的授权、经营者的权利和义务、价格以及政府监管等方面都作出了明确规定。

2006 年 3 月 1 日，几经修改和审议的《深圳市公用事业特许经营条例》终于出台并正式实施。深圳成为国内首个进行公用事业特许经营改革的城

① 江超庸、黄丽华著：《行政管理学案例教程》，中山大学出版社 2006 年版，第 41—46 页。

市,开创了我国地方政府综合地进行公用事业市场化改革的先河,弥补了国内公用事业特许经营法规的空白。

争议一：特许经营之竞争机制

深圳世贸组织信息查询服务中心点的李红光认为,对于公用事业特许经营时应该引入竞争机制,允许多家企业同时经营,垄断必须打破,否则受害的是老百姓。

深圳有三家规模较大的燃气公司：岩谷燃气公司、深南燃气公司和燃气集团,而前两者各自的市场份额都占到1/3,燃气集团与其他燃气公司相加才占 1/3,可最后特许经营权却给了燃气集团。

而在城市供水方面,整个深圳市近 30 家自来水公司,但罗湖、福田、南山等主要地区的水务目前都已交给水务集团经营,该集团的供水量由此占到了全市供水总量的 1/3。深圳市水务局政策法规处相关负责人曾主张划分不同区域发放多个特许经营许可证,使一个城市形成 2—3 家实力相当的企业,以培育出竞争市场,避免出现一家独大的局面。深圳大学副教授唐娟则主张政府引入“插入式竞争”,如福田区一自来水厂可以付费使用南山一大型自来水厂铺设的管网设备,一方面可以对南山自来水厂做得不够的地方给予补充,另一方面也能为其带来一定的竞争压力。

更让一些燃气公司不满的是,瓶组供气也被包含在管道燃气里实行统一经营。据了解,管道供气通常采取两种形式：一种通过管网供气;一种是瓶组供气。而事实上在燃气集团管道气用户 40 万户 100 多万人中,用市政管道供气的用户仅 10 万户,其余大部分是用瓶组方式供气。一直以来,因瓶组供气技术成熟,占地少,管理维护简单,大多燃气企业均向除住宅小区外的工厂和公共建筑物采用瓶组供气的方式供应液化石油气,都有瓶组供气经验,具有瓶组供气的技术和管理能力,已安全运营 20 多年。现在把瓶组供气经营权交由一家垄断,不仅不利于通过价格、服务的竞争打破垄断价格,客观上也让其他一些燃气公司的经营生存空间缩小。

李红光认为,《条例》还应该进一步明晰特许经营的范围,拿燃气供应为例,未建的管道和瓶组站应该不是特许经营的范围,根据国务院的投资体制改革决定应该是社会资金投资的范围。

对于“招标招募”方式,很多人却表示了疑问：这个过程究竟如何操作？中标者又如何确定？有人指责这个过程不透明、不公平。《条例》对特许经营权的授予专门列出一章作具体说明,该条例明确指出：“特许经营权的授权主体是市政府”,“市政府应该采取招标、拍卖等公平竞争的方式,按照有关法律、法规的规定,公开、公平、公正地将某项公用事业的特许经营权通过授权书的形式授予符合条件的申请人”。

争议二：特许经营之政府监管

对深圳市民来说，无论公共事业采用何种方式经营，归根到底价格才是最关键的。如何保证公用事业价格的相对稳定和服务质量，是《条例》的另一核心。《条例》第40条明确规定，公用事业价格应当依据社会平均成本、经营者合理收益、社会承受能力以及其他相关因素予以确定。经营者的合理收益应当根据不同行业特点，分别采取净资产或固定资产净值收益率、投资收益率、成本收益率等方式予以核定。

在公用事业价格调整方面，《条例》规定可以由经营者或者公用事业公众监督组织、消费者组织、行业协会监管部门向价格主管部门提出书面申请，价格主管部门或者其他有关部门根据价格法有关规定也可以直接提出定价、调价方案。价格主管部门收到申请后进行审核。通过后开展社会平均成本和社会承受能力调查，并在作出受理决定之日起3个月内举行听证会。而在该《条例》颁布之前，对于采取特许经营公用事业的定价，却似乎是个"盲点"。据知情人士透露，这些年来，深圳管道燃气价格都是由燃气集团申请提价，市物价局批准，从未经听证程序。国际市场涨价时申请涨价，但是降价却少之又少。

深圳大学副教授唐娟曾建议深圳学习英国的做法，成立一个独立于各相关单位之外的监管委员会。《条例》对此项建议有所体现，第51条规定，市政府应当分不同行业设立公用事业公众监督委员会，代表公众对特许经营活动进行监督。委员会成员中非政府部门的专家和公众代表不得少于2/3。经营者应当按年度向公众监督委员会通报经营情况。公众监督委员会可以通过听证会、座谈会、问卷调查等方式收集公众意见，提出立法、监管等建议，代表公众对特许经营进行监督。

争议三：从"政府垄断"走向"企业垄断"?

政府一下子授予企业30年的特许经营权，是否期限太长？这个问题一直是各界争议的焦点之一，"一纸合同就把子孙后代都卖了"这句话也源于此。是否应该把某一个公用事业领域只授予一家企业特许经营？有关职能部门和专家都表示忧虑。

主管国企改革和国有资产的深圳市副市长张思平认为，公用事业引进各种投资，政府既要对企业的服务、质量、安全提出严格要求，同时也要给这些投资者合理的回报。这种改革符合长远的发展，而不是把子孙后代的东西都卖掉了。

唐娟认为，与国外相比，深圳给出的特许年限并不算长。英国就有水务公司获得过99—100年的特许经营权。近几年，英法等国虽然缩短了特许经营的期限，以给其他企业一线希望，但平均也有20—30年。公用事业的投资非常大,回报周期却很长,所以特许年限长一点也是正常的。

而深圳市水务局政策法规处副处长兰建洪则表达了另一种担忧:“目前的水务集团在特区内实力无敌,几十年后,即使它的经营权到期,新的特许权还能给谁? 如果其间它出了重大责任事故,我们按规定必须收回其特许经营权,但又能转手给谁?”

深圳市国资委企改处处长伍先铎则认为,理论上讲,特许经营企业如果违规,政府会收回其经营权。但这种情况不可能发生。

深圳大学管理学院马敬仁教授认为,如果公用事业类公共产品的性质、范围和时效界定不科学,客观上将造成中标企业的新垄断,影响城市公用事业社会化过程中的竞争机制的发挥,难以降低成本、提高质量,甚至危及市民公共利益。特许经营权只发给一家,有可能导致公用事业由原来的政府垄断转变为特许经营后的企业垄断。

但唐娟分析说,公用事业必须通过网络输送服务,如铺设管网,所以会形成自然垄断。在同一地区,如果交给不同的企业经营,势必导致重复铺设管网,造成规模经济的损失。为了提高效益,垄断是非常必要的,不管是由政府还是由企业经营,其自然垄断性都不会消失。

中国人民大学行政管理学系毛寿龙教授也指出,鉴于公用事业的自然垄断性,这个行业形成垄断难以避免,但“企业垄断与行政垄断相比,已是进步”。他解释说,政府是公共管理机构,具有强制权,在行政垄断下,职能部门很容易将公用事业服务与强制权相联系在一起。把公用事业交给企业去做,至少可以对消费者服务得更好一些;此外,政府往往不考虑赢利,很多时候会造成成本过高,而企业有动力降低成本,从而在价格上有利于大众。

如何在打破行政垄断之后,在特许经营的各个环节全面导入竞争机制,以免企业垄断局面的形成,才能根本保障终端消费者的利益。这或许是下一阶段深圳公用事业改革的重点。

第三章　行 政 领 导

本章基本问题

行政领导是行政学研究的重要对象之一。任何组织活动，要实现其自身目标，必须在统一领导的前提下才能有效地展开。本章主要阐述行政领导的含义、特点与作用，探讨行政领导的素质结构和团体意识，并在此基础上讨论提升行政领导力的途径与方法。

第一节　行政领导概述

一、行政领导的概念

领导就是领导者在特定的结构中依靠其综合影响力的运用与扩展，通过示范说服、命令等途径，动员下属实现群体目标的过程。

行政领导，就是指公共组织或私人组织在特定环境下，通过指挥和说服等途径影响组织内的个体和群体，以实现组织某种目标的活动过程；而致力于这一过程的人就是领导者。这样，行政领导就被理解为一个动态的过程，它是领导者、被领导者、环境相互作用和相互结合以实现领导目标的过程。一般而言，行政领导活动包括决策、指挥、组织、控制、监督等内容。

二、行政领导的要素与特点

（一）行政领导的要素

行政领导的要素包括领导者、被领导者、领导目标和客观环境四个方面。

第一，领导者是指在社会共同活动的一定职位体系中，担任一定领导职务和承担一定责任的个人或集体。领导者把领导目标内化为下属为之奉献的引导力量，使整个组织在一种积极的状态中运转。领导者是领导活动得以展开并取得成功的核心力量。

第二,被领导者是指在领导者的领导下,按照领导者的意图,为实现组织的目标,从事具体实践活动的个人或集团。领导目标的顺利实现,有赖于领导者与被领导者间的密切合作和良性互动。

第三,领导活动的最终目的是实现领导目标,在实现目标的过程中,绝不是领导者自身的单一化收益,而是使组织价值、个体价值和领导者价值三个方面都获得社会的肯定。

第四,领导活动是具体的社会系统环境中展开的。领导者通过发挥主观能动性,准确地把握并适度地利用和改造领导环境,是实施科学而有效的领导的必要条件。

简而言之,行政领导活动是领导者、被领导者、领导目标和客观环境四个要素相互作用的活动过程。这四个要素之间能否有效地结合在一起,就成为领导活动成败的关键。

(二) 行政领导的特点

行政领导不同于其他类型的领导活动,有其自身的独特性。其独特性表现为以下几个方面:

1. 等级性

行政领导是在特定的行政体制中进行的,而行政体制则是以权力分层的科层制作为其存在形式的。因此行政领导与其他组织中领导活动的最大不同就在于它的等级性,即决策与计划总是遵循着从高层向底层贯通这一特定的线路。其次,行政体制中的科层结构决定了领导者总是处于一定的行政职位上,并且领导者与被领导者的差异首先体现为职位的高低,居于高职位的人总是要领导居于低职位的人,这样就导致了行政领导在形式上的等级性。

2. 权威性

与自发型的领导不同,行政领导的权威来自其合法性。合法性确定了行政领导在其展开的过程中必须建立在相应的地位等级、权力容量这一基础之上。因此,按照法律规章所配置的权力就成为行政领导合法性的重要来源。然而具有强制性特征的权力仅仅是构成领导者权威的其中一个要素而已,行政领导的成功与否最终还是取决于人们对权威的接受。使来自法律赋予的权力转化为人们自愿接受的权威就成为行政领导艺术的一个重要的组成部分。因为权威不同于权力,一个人拥有权力但不一定拥有足够强大的权威。人们之所以接受领导者的领导,不是基于对于他的权力的恐惧,而是对其权威的肯定性认同。

3. 综合性

行政领导的综合性也是显而易见的。首先,行政领导的综合性是由社会的劳动分工决定的,劳动分工的程度越高,担负主导和统领功能的行政领导的活动的综合程度越高。现代社会是一个劳动高度分工、高度专业化的社会,作为公共权威的行政领导所涉及的领域也就愈加广泛。其次,现代社会是一个利益多元化的社会。各种群体的利益表达会给行政领导造成一定的压力。这就导致了行政领导活动中存在各方利益一致的一面,也存在着矛盾和冲突的一面。行政领导活动的一个重要方面就是将不同的劳动分工和不用的利益进行综合,从而将综合的结果输出给社会。其中,前者涉及的是技术性层面,它要求行政领导进行这一活动时采用多样化的技术方法和手段;后者涉及的是政治层面,它要求行政领导者从社会发展的高度,从大多数人的利益需求这一视角来思考问题。行政领导者的这一责任符合了领导活动超脱性的特点,即必须超越于各种利益群体之上,在综合扫描的基础之上进行整体性的统领和协调。

4. 服务性

行政领导的服务性体现在两个方面。首先,行政领导者在指导组织员工实现组织目标的过程中,承担着服务于组织的功能。在现代社会组织中,领导者与被领导者的关系已从统治或控制关系转为新型的服务关系。其次,行政领导的目的是实现组织目标,而组织目标的一个最重要功能就是服务于社会,满足社会的需求。任何一个组织都是社会的一个器官,而且是为了社会而存在的,脱离了社会组织也就失去了其存在的价值及意义。

三、行政领导的作用

行政领导在实现组织目标的整个过程中都发挥着至关重要的作用。具体来说,行政领导的作用主要集中体现为以下几个方面:

(一) 指挥作用

指挥是指行政领导者凭借其职位权力和个人魅力,指导下属为实现组织目标而开展的活动。指挥包括两层含义,即确定组织前进的方向与指导团队为达到既定的目标而行动。

确定组织前进的方向也就是要确定组织前进的目标,即目标决策。进行目标决策是领导职能的关键环节,它影响并决定着领导者的其他职能。在目标决策中,指挥者要善于根据事物的特性,针对性地采取科学的决策方式,从而使组织目标科学清晰;指挥者的第二层含义是组织目标确定之后,行政领导者带领组织成员为实现既定的目标而开展活动。由具有出众才华和魅力的领导者来对整个组织的人力资源进行合理的调度与安排,是有效完成组织任务的需要。

(二) 协调作用

组织在实现既定目标的过程中会遇到各种矛盾,既包括内部矛盾,又有外部矛盾。这就需要通过领导进行协调整合。一方面,领导者应该以组织目标为协调基础,从利益、行为、思想、政策和制度方面着手,做好协调工作,以化解组织成员间的矛盾和冲突,统一他们的思想和认识,团结起来,朝着既定的共同目标前进。另一方面,领导的协调作用还表现为对组织和其有关联的外部环境的协调上。领导者必须充分了解组织的环境变化,并尽可能准确地预测到这种变化对组织目标的影响情况,然后采取有力的应对措施,把不利的变化转化为有利的变化,为组织的目标服务。

(三) 沟通作用

沟通是协调的前提,要进行有效的协调必须掌握相关的信息。作为组织的领导者和指挥者,沟通的效果取决于领导者发出信息的清晰度和可信赖度,也就是说领导者发出的信息要能够被准确地理解,并且,这种信息要能使组织成员持有相信其真实性的态度。要提高沟通的有效性,一方面领导者要克服自己可能存在的沟通障碍,如表述不清、对沟通对象不了解不信任等;另一方面也要注意沟通对象可能存在的沟通障碍,如理解能力差、注意力不集中等。对于发现的障碍,要采取有力的措施进行清除,朝着“无障碍沟通”的目标努力。

(四) 激励作用

激励是指激发人的动机,诱导人的行为,使其发挥内在潜力,为实现所追求的目标而努力的过程。在生活中,组织中的每个成员都有各自不同的经历和遭遇,当组织成员在生活和工作中,遇到困难、挫折或不幸时,当他们的物质需要或精神需求得不到满足时,就必然会影响到工作的积极性。这时候就需要发挥领导的激励作用,通过激励来激发人们的积极性、创造性和主动性,从而发挥人的最大潜力,顺利实现组织的目标。

第二节　行政领导素质结构

一、行政领导素质结构的概念与特点

(一) 行政领导素质的含义

1. 素质的含义

《现代汉语词典》对素质有三种解释:(1) 指事物本来的性质;(2) 指素养;(3) 在心理学上指人的神经系统和感觉器官上先天的特点。

2. 行政领导素质的含义

行政领导素质是指充当领导角色的主体为了完成其特定职能职责,发挥其特定影响和作用所必须具备的内在基本条件,是领导者在领导活动中经常起作用的那些最基本的职能、原则和品格的总称。

（二）行政领导素质的特点

1. **先天性**

遗传是领导素质的基础，从生理到气质、秉性、禀赋、智力等都有遗传。遗传素质的质量和特性决定了领导素质的基本质量和格局。这些与生俱来的素质条件构成领导素质的先天性特征。而通过后天的学习、实践和锻炼获得的各方面素质，如思想素质、道德素质、社会素质等，则是领导素质的后天性。以上两种特性是领导素质非常突出的特点，对领导人才的发展有着现实的意义。

2. **综合性**

行政领导素质是由诸多因素组成的一个有机结构体系。我国古代有“德、才、学、识”的说法。列宁曾指出，领导者的素养应该包括具有政治上的成熟性和积极性；最密切的联系劳动群众，知道并了解群众的利益，赢得他们的信任；受过科学的教育；具有行政工作的能力，办事认真负责；具备坚强果断的性格。新时期中国共产党提出的“革命化、知识化、专业化、年轻化”是对领导素质总的概括，它包括领导者的政治素质、知识素质、智能素质、心理素质，其中任何一个素质都是领导者不可缺少的。因而，领导者的角色素质要坚持德、才、学、识、质、体等全面协调地发展，体现出鲜明的综合性。

3. **层次性**

层次不同的领导者有不同的素质要求。从领导者所处的角色地位来看，一般分为高层、中层和低层，或叫战略决策层、战术决策层和基层管理层。由于层次不同，对素质的要求也就不同。对于高层领导者来说，其主要职能是为整个组织提供符合客观规律的发展方向，确定大政方针、战略和决策，协调各部门的相互关系。因此高层领导者应具有战略的眼光，善于用人，是一种“帅才”。对于中层领导者而言，他们主要是在上级的大政方针确定以后，实施战略，贯彻方针，是政策的指挥者。因此，中层管理者应具有较强的组织管理能力，除了必备的政治素质和文化知识基础外，还要有一定的专业知识，更重要的是应具有在复杂的环境中发现和处理问题的洞察力、思考力、判断力，应是创造性执行上级方针政策的“将才”。低层领导者是大政方针和政策的具体执行者，因此他们应具备基层组织能力和实干精神，熟悉本单位、本部门业务，通晓专业知识，应是带领群众干实事的“干才”。所以，领导者应该根据自己所处的不同层次，在素质的提高上有所侧重。

4. **动态性**

领导者的素质不是固定不变的，它是一个动态的概念，处于变化和发展之中。所谓动态性，其一是指领导者素质是在一定历史条件和社会环境下培养起来的。因此，它会随着时代和环境的变化而不断更新和提高。比如对于领导者素质的要求,在市场经济条件下和计划经济条件下就有明显的不同。在传统计划经济体制下,领导者应具备的素质主要是政策性强、原则性强,而市场经济下则要求大量懂经济、重管理、会经营,具有时代开拓精神的领导者。其二是指领导者素质的提高是一个动态的过程。一个人能否充当领导者角色以及担负着哪一级的领导角色,是由社会环境选择的,由自己的社会实践决定的。领导者只有积极投身社会实践,努力学习,刻苦锻炼,善于总结,才可以使自己适应角色需要,不断地适应社会的需求。即使是原来素质较差的领导者也可以因此而逐渐变好,反之亦然。在素质问题上,没有终极的领域,只有活到老,学到老。

二、行政领导者的个体素质结构

行政领导者是行政领导活动的主要承担者,因此,行政领导者的素质结构对于行政活动的有效实现具有重要的意义。总的来说,一名优秀的领导者应该具有政治、道德、知识、能力、身体等方面的素质。

(一) 政治素质

关于政治素质,不同的国家在不同的历史时期会有不同的要求,概括起来主要有:都要求他们忠于国家利益,忠于公共利益,尊重他人利益。其原因在于,行政领导者不同于一般的社会大众和行政人员,他们是一个国家、一个地区的大政方针的制定者和部门工作的指挥者,他们处于特殊的地位,肩负着特殊的使命,这要求他们必须具备坚定的政治素质。行政领导者的政治素质是指在政治方向、政治立场、政治品德等方面的表现。

(二) 道德素质

领导者要使他人信服,在很大程度上取决于其品德修养。古往今来,许多优秀的领导者具备良好的道德修养和极大的人格魅力。具体来说,领导者的品德素质主要有:

1. 大公无私

行政领导者必须以国家和人民的利益为重,不能从个人私利出发,更不可以假公济私、以权谋私。充分保持和发扬“先天下之忧而忧,后天下之乐而乐”、“吃苦在前,享乐在后”,为党和人民的事业鞠躬尽瘁的高尚情操。

2. 为人正直,秉公办事

任何领导者的职业生涯都难免遇到大是大非的问题,在这些问题面前,行政领导者要有尊重科学、实事求是的精神。不唯书,不唯上,敢于追求真理,坚持真理,并修正错误。敢于同一切不正之风作斗争,绝不随波逐流、姑息养奸。

3. 待人诚恳,严于律己

行政领导者必须广泛听取各个方面的意见,虚心向群众学习。要善于团结同志,包括那些与自己有不同意见的人。坚持以大局为重,不计较个人的恩怨得失,以利于组织内部始终保持正常的、和谐的人际关系。对于自己,领导者则要发扬批评与自我批评的传统作风,要经常地反省自己,敢于承认缺点并加以改正。只有严格地要求自己才能在下属面前树立良好的形象,使自己立于不败之地。

(三) 文化知识和能力素质

文化知识和能力素质是领导者胜任本职工作,成为行家里手的基础。行政领导者的地位和作用,决定了行政领导者必须具备丰富的文化知识和能力。

1. 知识方面

作为行政领导者不仅要具备扎实的专业知识,同时还要具备其他领域的知识。这是因为行政领导工作是一项综合性的复杂劳动,而且也是一种兼有科学性和艺术性双重特点的创造性活动。具体地说,行政领导者应具备的知识包括四个方面:(1) 系统的社会科学知识,尤其是政治学、行政学、法学和管理学方面的知识;(2) 相当水平的专业知识,因为只有具备扎实的专业知识才能就本行业务与专家进行交流和磋商,才能做出正确的决策;(3) 比较丰富的文化生活知识;(4) 信息网络知识。

2. 能力方面

能力是指人们认识世界和改造世界的本领。人的能力是多方面的,对于行政领导者而言,需要具备组织和管理行政活动的能力。通常认为,衡量一个行政领导是否称职,主要看他是否具备履行职责的能力。行政领导者的能力素质主要有以下五个方面:(1) 认识能力。行政领导者要善于从复杂的事物中发现问题、分析问题,抓住问题的本质和关键。(2) 决策能力。行政领导者要以问题为中心,及时准确地进行科学决策。(3) 组织能力。行政领导者要善于识别自己的下属,并按照下属的特点合理地配置相应的任务。(4) 协调能力。行政领导者应从大局出发,统筹兼顾,综合协调人、财、物资源,使现有的人、财、物资源得到合理的配置,取得最佳的效益。(5) 应变能力。行政领导者应根据客观情况的变化,及时调整工作重点,改变工作策略,掌握工作的主动权。

(四) 身体和精神素质

领导者需要具备强壮的体格和饱满的精神素质,这是从事领导活动的重要条件。

1. 健康的体质

常言道,身体是革命的本钱,没有健康的体质便无法胜任繁重的工作。现代领导者肩负着繁重和复杂的任务,决定了行政领导者必须具备强壮的体魄和充沛的精力,以保证为完成行政领导任务所付出巨大心血和体力的需要。

2. 良好的精神状态

现代行政领导者应具有的精神状态包括：强烈的未来意识,勇于站在时代潮流的前列,做新时代的弄潮儿;积极的开拓精神,敢于打破常规,进而大胆地进行有益的探索;坚强的信念,在困难面前不屈不挠,努力拼搏;与人为善的态度,主动与各方面的人员搞好关系,创造宽松和谐的人际关系。

三、行政领导者的群体素质结构

行政领导者的群体素质结构是指行政机关的领导者组成的群体,以及群体内部领导成员和其他要素的排列组合方式。不同的行政领导结构具有不同的群体性质和功能,而行政领导者要实现有效领导,提高领导效能,就必须使其结构科学化。行政领导者的群体素质结构主要包括：

(一) 年龄结构

年龄结构是指行政领导群体的年龄构成状况。行政领导群体最佳的年龄结构,是根据不同领导层次,由老年、中年和青年干部按照合理的比例构成的综合体,但总的趋势是年轻化。年轻化实质上是讲行政领导群体的平均年龄要年轻些,因为这是现代社会发展的客观要求。但是我们也不能把行政领导群体的年轻化片面地理解为青年化,更不能把年龄作为唯一的、绝对的因素,而要从实际情况出发,具体问题具体分析。领导年轻化,不是刻意追求年龄的高低,而是一个领导班子应该有一个合理的老中青结构,应由“老马识途”的老年、中流砥柱的中年和“奋发有为”的青年构成一个具有合理比例的综合体,并处于不断发展的动态平衡之中。

从领导层次来看,层次高的年龄可以稍大一些,层次低的相应年轻一些。还应指出的是,在不同的领导阶层中,对年龄和年轻化程度的要求也不完全一样,而且个体之间是有差异的,有人年逾古稀,尚思维敏捷,精力充沛,而有的人则未老先衰。因此不能搞一刀切,否则就不可能构成最佳年龄结构。

(二) 知识结构

行政领导群体的知识结构就是指领导班子的知识构成状况。通常认为行政领导群体的最佳知识结构,是指将不同的知识和专长的领导者组成合理的立体知识结构。对于一个适应现代化需要的行政领导群体来说,知识就是指挥的力量。现代化行政领导成员,必须具有足够的知识水平。在整个社会的知识结构中,他们应属于高知识水平的范围。

行政领导群体的知识结构还要注意合理的搭配。这里所说的知识,除一般文化知识外，还特别强调专业知识。随着社会分工的发展和现代科学技术的不断深化，专业门类日益增多。绝大多数人只是某一方面的“专才”而不是“全才”。只有将各种“专才”很好地组合起来，构成更大的全才或通才，才能胜任综合复杂的领导工作。所以在一个行政领导的群体结构中，既要有熟悉行政管理全过程的管理人才，又要有精通本行业、本部门业务的技术人才；既要有具备自然科学知识的人才，又要有具备社会科学知识的人才；既要有理论家，又要有实干家。

（三）智能结构

行政领导不仅要有知识，还要有运用知识的能力，这就是智能。智能由很多因素构成，主要包括学习能力、思维能力、表达能力、组织能力、决策能力等。智能结构是各行政领导者所具有的知识、能力以及思维方式的协调组合。行政领导群体的最佳智能结构是由不同职能类型的行政领导者个体，按照与实际需要相适应的比例构成多功能的职能综合体。

每个人都有不同的生活和成长背景，这就决定了不同的智能水平，有的领导者学识渊博，有的领导者聪明睿智，有的则富于创新。如果单靠某一类型的领导者，纵然他们的水平能够发挥到极致，但仍有他们想不到或力不从心的事情。因此，只有把各种类型的人才合理地搭配起来，才能博采众长，顺利地完成各项领导工作。

（四）气质结构

气质就是通常说的人的个性、脾气。它是个体对外界事物的一种惯性的心理反应。古希腊医生希波克拉底（Hippocrates）根据日常观察和人体内四种体液（血液、黏液、黄胆汁、黑胆汁）多寡不同的假设，认为人的气质一般也分为胆汁质（急躁型）、多血质（活泼型）、黏液质（胶汁型）、抑郁质（稳重型）四种类型。

领导班子气质结构的协调反映了具有不同类型气质的领导班子成员的协调组合。完善的气质结构，有助于优化领导班子的整体效能，而气质不协调，往往会导致领导班子的不团结，使团体力量内耗，削弱了整体的战斗力。因此，在领导班子的成员选配上，既要考虑人员构成上的多样性，又要考虑气质上的兼容性，形成互补、相容的气质结构。当然，作为领导班子的每一名成员还必须有宽容、合作的态度。

除了上述结构类型外，还必须注意民族结构和性别结构的合理搭配，这是我国的国家性质和社会发展的必然要求。因为我国是一个多民族的统一国家，因而在行政领导的组成中，必须有一定比例的少数民族成员，同时还要用适量的女同志，以体现男女平等的原则。总之，合理的领导者结构会加强内部的团结和协作，扬长避短，以保证行政目标的顺利实现。

四、行政领导与团队意识

在行政活动中,领导者起到的是“领头羊”的作用,但是要实现组织的目标还需要领导者和组织成员的共同努力才行,即需要团队精神的引导和激励。因此,行政领导者还需要培养自己的团队意识,组建一支高效的团队以迅速有效地实现行政管理活动的目标。

(一) 团队与团队精神

1. 团队的含义

团队是指在领导者的带领下,由少数具备相辅相成技术的成员按照共同的评估和做事方式向着组织的共同目标努力奋斗,并且共同承担最终的结果和责任的群体。

2. 团队精神

团队精神就是大局意识、协作精神和服务精神的集中体现,其核心是协同合作,最高境界是全体成员的向心力、凝聚力,反映的是个体利益和整体利益的统一,并进而保证组织的高效率运转。团队精神的基础是尊重个人的兴趣和成就。与团体不同,团队精神的形成并不要求团队成员牺牲自我,相反,挥洒个性、表现特长保证了成员共同完成任务目标,而明确的协作意愿和协作方式则产生了真正的内心动力。

(二) 如何打造团队精神

打造一支充满团队精神的团队,是行政领导者的目标之一。如何打造团队精神,行政领导者要做到以下几点:

1. 营造相互信任的组织氛围

信任是团队的血液,信任滋养着团队,为团队带来勃勃生机。要营造健康、合作的氛围很简单:行政领导者要向组织发布简单明确的信息;压制破坏性、竞争性的行为,鼓励成员从团体意识出发的行为。如果有人失信于其他成员,则意味着他将被驱逐出团队,不被其他成员认可。修复信任最好的方法是不要破坏它。如果不幸做了错事,也要诚恳谦逊地请求别人的宽恕。从情感上相互信任,是一个组织最坚实的合作基础,能给员工一种安全感,员工才可能真正认同组织,把组织当成自己的,并以此作为个人发展的舞台。

2. 建立有效的沟通机制

沟通是保持团队精神与凝聚力的关键环节,建立畅通的沟通渠道可以使员工进行信息的交流、沟通。此外,员工也不会被压抑,工作也容易出成果,组织目标也就会顺利实现。当然这里行政领导者需要把管理活动的目标和未来的发展方向告诉团队成员,使个人目标与组织目标一致。这样不仅可以实现良好的沟通与协调,而且还会得到团队成员的信任,提高团队成员的士气、增强团队的凝聚力。这时团队成员会表现出一种荣誉感和骄傲,乐意积极承担团队的任务，工作氛围处于最佳状态。

3. 进行人性化的管理

据材料统计，领导者管理失败很大一部分原因是与同事和下级没有处理好关系。人性化管理是处理日常工作和上下级关系的管理技巧，来自精神和物质方面的有效激励可以起到激发、稳定员工的作用。特别是管理知识型员工更是需要有关怀、爱心、耐心、善用、信任和尊重，高层行政领导首先要把握和提高这一方面的能力。在此基础上，辅之以领导艺术、公平激励机制、价值观念、文化修养、奖励与表彰、政策的延续性等一系列要素的充实，团队精神与组织的凝聚力才能得到弘扬和巩固，组织的潜在创造力才能得到发挥，行政管理活动的整体目标才能顺利实现。

第三节 行政领导力

一、行政领导力的含义

行政领导力是领导者对领导规律、领导理论和领导方法等的掌握和熟练程度以及自身的素养、思想方法、实践经验和有关知识与技能的水平等在领导活动中的综合表现。它是领导者开展领导活动，完成领导任务不可缺少的基本条件和重要保证。

行政领导力既包括领导者对被领导者所施加的控制力、引导力和影响力，还应包括被领导者对领导者的回应性和认同性。行政领导力就是由这两种力量在行政过程中形成的合力。只有被领导者与领导者之间达成统一和谐时，领导者的领导力才真正体现出来，否则，领导力就会打折扣，甚至不体现能力而体现无能。

领导力有两个基本来源：(1) 领导者的地位权力，我们称之为职权或正式权力；(2) 下属服从的意愿，我们称之为威信或非正式权力。其中，“职权是领导的底线”，职权是领导行为实施的基础，而权威则表现出领导者影响和指挥下属的能力，才是领导者领导力的真正体现。

二、行政领导者的基本能力

对于领导者而言，要完成组织使命、实现组织目标，拥有一定的素质和能力是基本前提。组织赋予行政领导者一定职权，要求其完成管理任务，然而，仅有职权是不够的，必须辅之以领导者的个人能力，这样才能使领导行为变得卓有成效。美国学者罗伯特·卡兹把领导者具备的能力分为三大类①：

① Robert. L. Katz. 1993. Skills of an Effective Administrator. Harvard Bussiness School Press. pp. 6 - 11.

第一类是技术能力(业务能力)；第二类是人事能力(处理人际关系的能力)；第三类是概念能力(抽象、分析判断和决策能力)。上述能力又简称为领导者的 THC 能力。不同层次的领导者对这三类能力的需要如表 3－1 所示。

表 3－1　领导能力层次表

所需能力 / 领导层次	技术能力(%)	人事能力(%)	概念能力(%)
高层领导者	18	35	47
中层领导者	27	42	31
基层领导者	47	35	18

(一) T 能力

T 能力即技术能力(technical skills)是指正确地掌握从事一项工作所需的能力和方法。它包括三个方面的内容：

1. 掌握工作方法和程序

工作方法和程序如行政执行方法、机关办公地收文和发文程序、市场营销的各种营销方法等。

2. 掌握专业技术

专业技术如公共预算技术、工程设计技术、各种机器设备的操作技术、人员功能的测评技术等。

3. 掌握遵守工作制度和执行政策的能力

制度和政策如行政许可制度、税收政策与法律、会计制度和财务规定、人事制度和人事政策等，这些知识大多可以在学校教育和工作培训中获得，但执行能力和熟练程度只能在工作实践中提高。

一般而言，领导者所处层级越低，对其技术技能的要求就越高。

(二) H 能力

H 技能即人事能力(interpersonal skills)，是指在工作中与人打交道的能力。它包括三个方面的内容：

1. 处理人际关系的能力(主要是指协调能力和沟通能力)

领导者处于组织结构网络的网结上，与上(上级)、下(下级)、左右(平级)的人发生着联系，有时还要与组织外部的人发生联系(尤其是高层领导者)。娴熟地运用人事能力处理与这些人的关系，建立起相互的信任和真诚的合作态度，管理工作则会事半功倍。

2. 识人用人的能力

管理就是通过他人的努力达成组织的目标，因此领导者必须深入地了解他人，用人所长，避人所短。而要做到这些，领导者就必须有一套高超的识人和用人的技能。

3. 评价激励能力

一般而言，组织成员的工作积极性和创造性不会自发产生，需要领导者给予激发，因此领导者应该掌握现代评价和激励方法，以便客观公正地评价他人，并给予激励。人事管理能力可以在学校教育和管理实践的循环过程中逐步获得。

人事能力对各层领导者都具有同等重要的意义，而且，要求领导者具有人事管理能力也是民主管理和人本管理的发展趋势使然。多项研究结果表明，在同等条件下，H 能力突出的领导者能够获得更大的成功。

（三）C 能力

C 能力，即概念能力（conceptual skills），是指对事物的洞察、判断和概括能力。对于高层领导者而言，它是最重要的一种能力。它包括三个方面：

1. 预测能力

组织及其环境处于不断地变动中，领导者应密切注意组织内部各个组成要素的相互作用以及组织与环境的互动关系，预测各种因素在当前的微妙变化将对组织未来的发展构成哪些可能的影响。

2. 概括能力

领导者应依据信息做出决策，而从纷繁复杂的信息中抽象出对组织全局和组织战略有重要影响的关键信息则依赖于领导者的概括能力。概括能力虽难以描述，但它绝非生而有之，勤于思考、善于学习、不断总结经验，是获得概括能力的最佳途径。

3. 判定能力

组织在发展过程中，经常会出现一些意想不到的问题，造成混乱的局面。领导者需要敏捷地从混乱而复杂的局面中辨别各种因素的相互作用，迅速地判定问题的实质，以便果断地采取对策。

对各种不同类型组织的领导者而言，具备 THC 能力是对领导者的基本要求。但研究发现，不同层级的领导者对概念、技术、人事等三种能力有着不同的要求。法约尔指出，管理人员的能力和素质具有“相对的重要性”。随着领导者等级地位的提高，技术能力的重要性减少，而管理能力的相对重要性增加。

三、行政领导力的开发

（一）领导力开发的内涵

领导力开发是指领导者根据自身和组织环境的需要，由组织或者个人对领导者进行有目的的培训和教育，更新思想观念，提高领导能力，提升领导绩效，增进领导责任，最终使领导者获得发展的一个过程。领导力的开发包括组织对领导者教育培训指导的开发和领导者自我意识的开发。

组织作为一个合作系统,作为领导者的工作场所,它是领导力是否能得到发挥,是否能得到最大限度发挥的一个重要前提。影响领导力的重要因素包括一个组织的组织发展、组织结构、运作过程、战略和组织文化等。而这些因素又不是不变的,它们有着权变和灵活的特性,这就要求领导者与组织的协调,对领导力进行新的开发,使自己适应组织的发展,更有效地开展工作。

领导者个人是开发的关键。实践表明,优秀的领导人才,不论是在政府机构,还是在企业都会得到相应的重视。反之,那些不能适应岗位需求的领导者会被优秀的人才挤走,所以,领导者必须进行自我发展,努力提升自己。

（二）领导力开发途径

1. 基于自我意识的领导力开发

自我开发的一个重要机制是自我意识(self awareness)——深入思考关于自我的反馈来改善个人的效力。假设一个领导者在带领一个团队的时候,其中一个成员离开了这个团队,可能这个领导者会认为所给的薪金不能够满足对方要求,所以人家离开也不足为怪。但是,领导者应该从自我意识的角度去深刻思考,去挖掘员工离职背后的真正原因。考虑是不是自己的领导方式出现什么问题才导致了离职,可以用离职访谈的方式来找出自己领导方式出现的问题。

从访谈中总结出问题所在,接下来的任务就需要进行自我管理、自我改进,给自己确定目标。自我管理在对个人行为的连续监控中起着非常重要的作用。这种监控是为了保证必需的自我开发。当一个人确定了开发的需要,就需要定期地回顾自己是否在做必要的改善。假设一个人认识到这样的开发需求：成为一个更生动的交流者是增强魅力的一种方式。这个人可能需要自我管理来做出连续的努力,在恰当的场合中更生动地进行沟通。

2. 基于教育、经验和职业指导的开发

领导是个很复杂的工作,大部分领导力开发需要通过其他途径进行。三个对于领导力开发很重要的因素是教育、经验以及职业指导。下面分析三者之间以及与领导力之间的关系。

第一,教育。研究显示,正规教育的总量与所达到的领导职业水平呈正相关关系。如果一个潜在的领导者学习数学,学习逻辑思维,学习各种理论方面的知识,可能某天能帮助他解决问题,成为一个好的领导者,提升他的领导力,威望也得到增强。

领导者从正规教育和自学中学到的知识为他们提供创新能力和解决问题的能力。从教育中训练思维能力,作为一个领导者对于他们的逻辑说服的实施是很有帮助的。

第二,经验。在职经验是指通过教育获取知识以后怎样转变为技能的能力。在职经验是领导力开发的又一贡献因素。

经验可以通过很多途径获得。首先对于领导力开发的最好经验是那些管理者有现实挑战的经历。对于管理者来说,管理一个生产力低下和士气低迷的组织机构就是一个挑战的经验。

同时,工作伙伴也可以帮助一个人从多种途径发展。你可以观察你的老板在职工大会上如何熟练地应对各种问题。你观察得很仔细,并且打算在你需要面对小组里的相似问题时也采用类似的技巧。

不同背景下的管理经验也是提高领导效力的可靠方法。惠普公司通过它的职业迷宫(career maze)计划展示了这种方法。例如,一名雇员可能从产品计划开始,然后转到销售、制造、客户服务、采购、人力资源等部门。那些被认为有领导潜力的雇员最有希望参加职业迷宫计划。

第三,职业指导。职业指导也是一种很有效的开发领导力的途径。一般是由一名有经验的、知识丰富的领导者进行指导工作。

有时非正式导师的徒弟比有正式导师的徒弟得到更多的益处。非正式导师也被认为更有效。有非正式导师的徒弟比有正式导师的徒弟会更多地向他们的导师报告职业发展中和心理上的以及社会上的支持。有非正式导师的徒弟同样报告了较高的收入。

近年来流行的一种职业指导方法是跟班,即跟随在导师身边观摩学习一段时间,直接观察导师的工作活动,为了不影响正常工作,这样的次数不会很多,例如每周一天。徒弟可能被邀请参加决策会议、拜访大客户、与区域领导讨论等。徒弟可以观察导师是如何处理各种问题的,同时可以举行听取报告的会议来讨论如何和为何运用了特定的策略。

第四节　行政领导方式与方法

一、行政领导方式

(一) 概念与特点

所谓领导方式,就是领导者为了实现一定的目标,在领导活动中所采取的方法和形式。领导方式是领导方法的一种表现,是领导过程中领导者、被领导者及其作用对象相结合的形式。

一般而言,现代行政领导方式具有五个特点:(1) 重视决策讲民主,执行讲效率。为了保证领导工作的高效率,决策的正确性,应该发扬民主,建立一套民主科学的决策机制。有了良好的决策,还需高效地执行,建立严格的问责机制。(2) 重视发掘人的内在潜力,重视对人力的投资,提高人的素质，领导者识别和抵御风险的能力较强。（3）重视领导效益。注意协调领导成员之间、领导者与被领导者之间的关系，消除内耗；注意领导班子的知识结构、年龄结构等方面的合理性，发挥整体效能。（4）重视适度分权，给部下较多的在职权范围内的处置权，对部下的具体工作不作具体的统一指令，让部下发挥积极性、主动性。（5）重视内部规章制度，按规章办事。不搞以言代法，透明度较强。

（二）基本领导方式

1. 集权式、分权式与均权式的领导方式

集权式领导方式是一切权力集中于领导层，注重运用集权推行工作，而不注意授权。分权式领导方式是指领导者决定目标、政策、任务的方向，对部属为完成任务而进行的日常活动不加干预，下属有一定的自主决定权。均权式领导方式则是领导者掌握一些重大权力，同时适当分权给下属，使下属在其职能范围内有一定的自主权。其特点就是达到权力的平衡，不偏于集权，不偏于分权。

2. 强制命令式、自由放任式与教育激励式的领导方式

强制命令式的领导方式注重正式组织结构、组织规章及纪律的作用，通过组织系统，采取命令方式实施领导。用这种方式，领导效率较高，但下属的主动性和积极性不易发挥。自由放任式的领导方式是对下属采取自由放任的态度。这种方式容易出现混乱和失控的状况。教育激励式的领导方式注重思想教育和激励工作，激发人的内在动力，使下属心悦诚服地领会，它是一种行之有效的领导方式。

3. 重人式、重事式与人事并重式的领导方式

重人式领导方式致力于建立和谐的关系和宽松的工作环境，以人为中心进行领导活动。重事式领导方式注重组织的目标、领导任务的完成和领导效率的提高，以事为中心进行领导活动。人事并重式领导方式则既关心人，也注重工作，做到关心人与关心事两方面的辩证统一。显然，应该提倡人事并重式的领导方式。

上述各类型领导方式的划分并不是绝对的，其运用也不是单一的、不变的。领导者应根据其素质、能力以及客观环境、工作性质、领导对象等诸方面条件，确定以某种领导方式为主，辅以其他方式。

二、行政领导方法

（一）概念与特点

领导方法是领导者为了达到一定的工作目的所采取的手段和途径。领导者从事某项工作，为了达到预期的效果，必须采取相应的方法，即领导方法。正确的领导方法具有以下基本特点：

1. 实践性

领导方法来源于实践，同时又作用于实践。实践性是领导方法的一个显著特点。一方面，领导方法来源于实践，任何一种行之有效的领导方法都是从实践中总结出来的，而不是凭空想象的。另一方面，领导方法一旦形成，又必须运用于实践、指导实践。

2. 灵活性

领导方法不是一成不变的，它会因人、因事、因时、因地而异，即使同一个领导在不同环境下处理相同的问题也会运用不同的领导方法。另外，领导系统的不断发展变化，也决定了领导方法应“随时而变，因俗而动”。领导方法的灵活性，保证了领导活动的和谐性。

3. 创造性

一个颇具创造性的领导者，在领导方法的运用上，不能墨守成规，生搬硬套，必须构思新颖、与时俱进。例如，推行目标管理是一种带有普遍性的领导方法，但当社会上较多实行以质量为中心的模式，实行“质量否决式”的目标管理时，领导人不应该照抄照搬，而是根据自身特点，创造出符合自身发展的目标管理模式，这就是领导方法的创造性。

4. 条件性

领导方法的条件性是指领导方法的产生和使用同一定条件相关，领导方法作用的发挥要受到领导者、被领导者、领导环境等因素的影响。例如，一个知识广博、经验丰富的领导者与一个知识贫乏、经验不足的领导者，共同面对一个对象，使用相同的领导方法，其效果绝不会是相同的。

（二）领导与授权

1. 领导授权的含义

“授权”一词是在大工业革命时期被人们提出的，本意是将领导者从繁杂的事务中解放出来，将手中的权力和任务交给下属去支配和完成，领导者仅提供极少的指导或支持，实现由“管事”向“管人”的转变。授权的领导风格是否适用，要看该领导者部属的成熟度，用著名学者赫塞和布兰查德的话来说，就是“个体完成某一具体任务的能力和意愿的程度”。

许多原因可能造成领导者授权失败。有些人不知道如何授权；有些人不相信员工能够坚持到底；有些人认为员工没法干得跟自己一样好；还有些人授权失败是因为他们害怕员工干得更好，超过他们。无论出于何种原因，授权失败都应该纠正，主要理由有两个：(1) 授权使得领导者腾出时间来承担更重要的责任，如确定方向、调度资源、激励人员等诸如此类的问题。(2) 授权能够帮助员工为了更艰巨的任务和更大的责任做出更大的努力。当分配给他们重要的工作时，无聊的、未被充分利用的员工变得活跃起来。

2. 领导授权的方式

领导者授权应该讲究授权的方式，一般来说，领导者采用的授权方式主要有以下四种：

第一，目标授权法。它是领导者根据下属所要达到的目标而授予下属权力的一种方法。领导者授权的目的，是通过授权激励下属去实现组织的目标。以组织目标为依据进行授权，可以避免授权的盲目性和授权失当的现象发生。

第二，充分授权法与不充分授权法。充分授权法既适用于工作重要性比较低，而且工作无法完成情况下不会导致全盘皆输的单位；同时也适用于系统管理水平较高，各子系统协调配合较好的单位。充分授权能极大地发挥下属的积极性、主动性和创造性，并能减轻主管领导者不必要的工作负担。

事关全局性工作的一些权力，领导者应采用不充分授权的方法。在实行不充分授权时，领导者应当要求下属就重要性程度较高的工作，进行深入的调查分析，拿出解决方案，经过上级领导的选择审核后批准执行，并将执行中的部分权力授予下属。

第三，弹性授权法。领导者面对纷杂的工作，或者对下属的能力没有充分把握，或环境条件多变时，宜采用弹性授权法。弹性授权要求领导者掌握授权的范围和时间，并依据实际需要对授给下属的权力予以变动。弹性授权分为逐步授权和引导授权法。

逐步授权要求领导者能授权。领导者在授权前要对下级进行严格考核，全面了解下级成员的情况。但是当领导者对下属的能力不是很了解的时候，就应采取见机行事、逐步授权的方法。引导授权要求领导者在给下属授权时，不仅要充分肯定下属行使权力的优点或长处，以充分激发其积极性，也要指出他的缺点和问题，希望下属在工作中克服和避免；同时，还要进行适当的引导，防止偏离领导工作目标。

第四，制约授权法。当工作性质极为重要，或工作极易出现疏漏的情况下，领导者不应充分授权；或领导者管理幅度大，任务繁重，无足够的精力实施充分授权，即可采用制约授权的方法。制约授权是在领导授权之后，下属个人之间或组织之间相互制约的一种授权方式。

总之，领导者实行授权应该根据实际情况选择授权方法。但是，领导者无论采取哪一种授权方法，都应具体问题具体分析，使授权真正围绕组织工作目标的实现来进行，以达到授权的目的。

(三) 领导与沟通

美国著名未来学家约翰·奈斯比特指出：“未来竞争将是管理的竞争，竞争的焦点在管理者与社会组织内部成员之间及其与外部组织的有效沟通上。”因此，了解沟通的含义与特征，把握沟通的方式与技巧，认清沟通的障碍与解决方式，是领导者成长与发展所必备的基本素养。

1. 领导沟通的含义

领导沟通的含义是，领导者和其追随者(被领导者)之间的交互活动过程中的意义的传递和理解。这个定义更强调以领导者为中心的沟通。

2. 领导沟通的方式

在领导实践中，沟通的形式丰富多彩，下面介绍四种主要的沟通方式：

一是倾听。古希腊哲学家苏格拉底说过这样一句话：“上帝给了我们两只耳朵，一个嘴巴，就是让我们用两倍于说的时间去倾听。”这句话的意思是让我们少说多听。交流是一个双向的过程。在这个过程中，各方都有“说”和“听”的双重责任。一般来说，人们可能会更注重提升“说”的能力，但殊不知善听才能善言。研究表明善于倾听的人比不善于倾听的人更早成功。而且，据美国心理学家调查发现，公司主管们平均花 9%的时间写，16%的时间读，30%的时间说，45%的时间听，“听”的比重最大。

二是提问。爱因斯坦说：“提出一个问题比解决一个问题更重要。”提问是工作过程中领导沟通的一种常用手段。它能帮助沟通双方获取有用信息、了解对方思想、消除分歧、引导话题和探究问题等。比如在工作中，恰当的提问可以帮助下属理解领导指令背后的原理和决策过程，从而提高其工作积极性和完成任务的效果。

提问的技巧有很多，比如要选准关键问题、选准合适的提问方式、把握提问的时机、掌握提问的语调和语速、不对问句作过多解释等。把握一些技巧，采取一些提问策略，沟通会事半功倍。

三是演讲。演讲就是在听众面前就某一问题表示自己的意见或阐说某一事理。演讲的技巧与作用如表 3-2 所示。

表 3-2　演讲的技巧与作用

演讲技巧	作用
观点鲜明，语言简洁	简洁明快是演讲的基本要求
到什么山唱什么歌，见什么人说什么话	演讲的内容、措辞、表情、身体语言都要根据听众和场合的特点
精心组织开头和结尾	组织好演讲的开场和结尾可以达到事半功倍的效果

续 表

演讲技巧	作用
注意自身形象	形象指衣着、发型、脸色、神态等
用身体说话	形体、动作、眼神、表情都影响着演讲的效果
通过声音的变化吸引和控制观众	合理运用语音的高低、强弱、长短、轻重等因素
尽量脱稿演讲，适当使用“小抄”	脱稿给人感觉出口成章、表达能力强、很有感染力、可信度高

四是辩论。所谓辩论是沟通双方彼此用一定的理由来说明自己对事物或问题的见解，揭露对方的矛盾，以便最后得到正确的认识或共同的意见。

能言善辩者，就是能准确表达自己的观点和充分利用信息的人。作为领导者，总是会遇到一些想法与自己不一致的下属，看法和认识与自己有一定差异的同事，这些程度不同的差异，往往会引发领导者与下属或领导者之间的争辩，如此一来，掌握一定的辩论技巧就成为领导者充分发挥自身领导作用的重要工具。

辩论虽然为领导者沟通所需要，但由于领导者所处的特殊地位，应注意以下两点：(1) 避免无益的争辩。如果你向别人提出“挑战”的时候，一定要选择有价值的，通过争论使自己和他人都能受到启发和教育的问题，不必在那无关的细节上做文章。同样，辩论的提出是基于理智还是感情，如果是基于虚荣心、表现欲望或面子上下不来这种感情因素，大可就此打住。(2) 使辩论成为一种愉快的、和平的思想交换。辩论是为了明是非，求真理。只要我们的辩论出自公心，就能采取积极的态度，使用积极、文明、恰当的论辩语言去参加辩论。

(四) 领导与激励

1. 领导激励的含义

所谓激励，就是领导者遵循人的行为规律，根据激励理论，运用物质和精神相结合的手段，采取多种有效的方式方法，最大限度地激发人才工作的积极性、主动性和创造性，以保证组织目标的实现。人的行为受人的思想动机制约，而思想动机又来源于人们对社会的需求。

从心理学的角度看，可以从三个方面理解领导激励：

首先，从诱因和强化的观点来看，领导激励就是将外部适当的刺激转化为内部心理动力，从而强化下属的行为。

其次，从内部状态来看，领导激励是指下属的动机系统被激发起来，处于一种被激活状态,对行为有强大的推动力量。

再次,从心理和行为过程来看,领导激励主要是指由一定的刺激激发下属的动机,使下属有一股内在的动力,向所期望的目标前进的心理和行为过程。

人的需求内容和程度不同,激励的方式也应该有所不同。侧重于物质需求的,宜采用物质方式予以奖励,对上进心、荣誉感很强的人,则通过正面表扬、发奖状、授予光荣称号等方式予以奖励。

图 3-1 展示了一个简单的激励模型。人们有最基本的需要,如对食物、认同感或者赚钱的需要,这些都转化成了内部压力,激发出特定的行为来满足这些需要。当这些行为获得成功,个人需要得到满足,也就是对行为的奖励。这种奖励还使个人了解所采取的行为是正确和合适的,可以在将来再次采用。

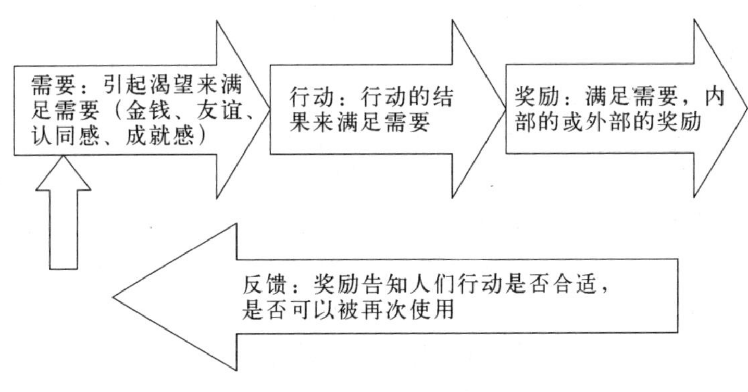

图 3-1 一个简单的激励模型

激励的重要性在于它可以引起行动,从而在组织内带来高绩效。研究表明,较高的员工激励、较高的组织业绩和利润是结合在一起的。

2. 领导激励的方法

领导对下属的激励,主要表现在以下四个方面:

一是物质激励,主要指工资和资金等物质报酬;

二是成就激励,主要指工作、事业上取得的成就;

三是职务激励,主要指晋职与职称晋升;

四是情绪激励,主要指人际关系和情感。

以上激励方式都仅在某一方面满足下属的某种需要,而下属的需要是多方面的,相互交错和丰富的。因此,必须综合地运用各种激励方式才能达到较好的效果。在综合运用这些激励方式时,领导者还必须考虑到不同下属的不同特点,必须采取灵活多变的政策,因时、因地、因人而异。

（五）领导与艺术

1. 领导艺术的特点

领导艺术是指领导者在一定知识、经验和辩证思维的基础上,在领导的方式方法上表现出的创造性和有效性。领导艺术具有以下三大特点:

第一,创造性。领导艺术是领导者个人素质的综合反映,是因人而异的。黑格尔曾经说过,“世界上没有完全相同的两片叶子”,同样也没有完全相同的两个人,没有完全相同的领导者和领导模式。有多少个领导者就有多少种领导模式。

第二,非模式化。非模式化的领导艺术,包括直觉性、随机性、情感性、模糊性等含义,具有随机、非模式化的特征。哪位领导者在错综复杂的矛盾中抓住了主要矛盾,他就能把领导艺术演绎得出神入化。

第三,有效性。领导行为成为一种艺术,必须是用于有效指导实践工作的,即具有实践性和科学性。领导艺术的主要内容就是解决领导工作中的各种复杂矛盾。

2. 领导艺术的类型

领导艺术的类型,一般可以划分为如下三种。

第一,领导者履行职能的艺术。领导者履行职能的艺术包括领导者维护权威的艺术、领导者运用权力的艺术、领导者拍板决策的艺术、领导者激励下属的艺术、领导者指挥命令的艺术、领导者分派任务的艺术、领导者沟通的艺术、领导者搞好班子建设的艺术、领导者检查指导工作的艺术、领导者考核下属的艺术、领导者执行纪律的艺术等。

第二,领导者提高工作有效性的艺术。领导者提高工作有效性的艺术包括领导者识人选人的艺术、领导者凝聚人心的艺术、领导者表扬下属的艺术、领导者批评下属的艺术、领导者管好另类的艺术、领导者留住员工的艺术、领导者提高工作效率的艺术、领导者提高语言能力的艺术、领导者召开会议的艺术、领导者进行谈判的艺术、领导者处理突发事件的艺术。

第三,领导者协调人际关系的艺术。领导者协调人际关系的艺术包括领导者协调人际关系的艺术、领导者适时有度的艺术等。

【知识要点】

1. 行政领导就是通过指挥和说服等途径影响组织内的个体和群体,在一定条件下实现组织某种目标的活动过程;而致力于这一过程的人就是领导者。这样,行政领导就被理解为一个动态的过程,它是领导者、被领导者、环境相互作用和相互结合以实现领导目标的过程。

2. 行政领导的要素包括领导者、被领导者、领导目标和客观环境。行政领导的特点包括：等级性、权威性、综合性、服务性。行政领导的作用有：指挥、协调、沟通、激励。

3. 行政领导素质是指充当领导角色的个体为了完成其特定职能职责，发挥其特定影响和作用所必须具备的内在基本条件，是领导者在领导活动中经常起作用的那些最基本的职能、原则和品格的总称。行政领导的个体素质有政治素质、道德素质、文化知识和能力素质、身体和精神素质。行政领导的群体素质包括：年龄结构、知识结构、智能结构和气质结构。

4. 领导力开发是指领导者根据自身和组织环境的需要，由组织或者个人对领导者进行有目的的培训和教育，更新思想观念，提高领导能力，提升领导绩效，增进领导责任，最终使领导者获得发展的一个过程。其开发途径主要有：自我意识的开发和基于教育、经验、职业指导的开发。

5. 领导方式是领导者为了实现一定的目标，在领导活动中所采取的方法和形式。领导方式是领导方法的一种表现，是领导过程中领导者、被领导者及其作用对象相结合的形式。主要有民主式、集权式和自由放任式。

6. 领导方法是领导者为了达到一定的工作目的所采取的手段和途径。领导者从事某项工作，为了达到预期的效果，必须采取相应的方法，即领导方法。行政领导是一门艺术，在其过程中，领导者要学会授权与沟通。

【思考题】

1. 行政领导的含义和特点是什么？
2. 行政领导的作用有哪些？
3. 行政领导者的个体素质结构有哪些？
4. 行政领导者的群体素质结构包括哪些内容？
5. 一个人如何增强自我意识？
6. 如果人们真正听从专家意见，领导者应该如何建立他的专家威信？
7. 既然学习了一些沟通技巧，你准备做出哪些改变来改进你作为领导者的沟通效果？

【阅读参考】

惠普公司是怎样培养领导力的[①]？

随着行业竞争日益加剧，各国行政管制不断放松，科技不断进步，互联网快速应用，世界的变化越来越快。与变革相对应的管理人员的领导力对

① 程洪浪：《思捷达企业管理》，http://www.utraining.net

企业生存和发展也越来越重要。世界范围内出现了一股以领导代替管理的潮流。在西方企业中,开发领导力方面,惠普做得是比较杰出的,很值得我们中国的企业学习。

惠普负责员工发展和组织有效性的部门着手设计并执行动力领导力的项目——一个旨在加快员工对战略目标认同,提高跨部门合作效率,提高发现问题、解决问题的能力和决策速度的专门项目。

项目设计

惠普公司用一个动力领导力项目来开发领导力。动力领导力项目的目标就是提高惠普经理人为消费者、股东和员工创造最大价值的能力。动力领导力项目的重心放在两个关键方面。一是如何实现高效的合作、协调和基于共同的价值观进行工作,并通过对话达成一致目标,快速发现和解决问题;二是增强行为的责任感,培养员工快速做出有效的决策,通过行为负责制及学习调整来提升员工领导力。

为了提高项目的可信度以及满足在全球范围内快速传播的需求,惠普选择了外部专家和内部讲师相结合的方式。

由于每个阶段的时间都很紧张,而且惠普开展该项目也迫在眉睫,于是就在卡莉提出的"足够完美"的原则指导下启动了这个项目。几次小的实验型项目首先开始运行起来。最终的项目设计为两天的课堂强化学习,接着是行动计划和九个星期的实际应用和课后持续跟踪。员工间的对话是动力领导力项目中快速进行的部分,这个部分通过小组作业、练习、对公司当前面对的经营问题进行的讨论,将动力领导力的观点和工具传递给员工。设计的主题数量是有限的,以保证员工有充足的时间理解并掌握这些主题。其中,这些主题包括:确定背景下的商业计划、对话法则、对话模型、如何实现快速决策、RACI决策模型、如何真正发现问题和解决问题。

设计者选择了活跃的团队模式作为介绍和解释目标技术和观点的最为有效的方法。设计者为每个学员准备了一个有关键概念和大量空白供个人记录笔记的学习日志簿。第一天,项目在晚饭后还要继续进行,学员必须实践一下他们学到的那些技能和方法以创造"有价值的一晚"。第二天议程是一个关于他们昨天行为的反馈和教练的会议,而这也是两天课程最核心的部分,通常都要讲师点评。

项目设计中重要的部分是如何增强管理者行为的责任感——这个观念只有当学员将他们的所学应用于实际行为中才算结束,而不是项目的最后一天就结束了。项目还要求学员必须书面承诺设定一个运用动力领导力方法的目标。这些目标要与他们的经理分享,从而强化责任、赢得管理层支持。大多数经理收到了学员的目标和行动计划的复件后,都会给予肯定和认可或者调整学员的工作。

项目实施

为减少差旅时间和费用,动力领导力项目开展的地点不是现场就是当地的旅店。团队总人数最多不超过 30 个,以保证每个成员都能参与并实践。项目负责人决定采取开放型登记式、封闭型团队式会议相结合的方式(即一个班的学员可以分散在各地)进行培训。

为了确保项目与实践迅速相关联,每一轮的会议都要两个讲师指导——一个是外部的,另一个是惠普公司的角色原形的直线领导,他能通过商业案例将概念运用到当前的实践中。为了达到项目开始设定的目标,需要举行上百场会议,因此外部讲师是从几十家公司招募来的。外部讲师和与惠普内部的直线经理一起参与培训的培训师的对话会议。通过现场会议(同时有网络会议和电话会议),培训得到了加强,不断提高的思想也可以互相分享。只要有可能,新的讲师的前几次培训都会和有经验的讲师一起进行。在美国以外的区域,项目组就招募当地的双语讲师并且培养他们领导这个项目。为了保证项目质量,学员要在每一次会议的最后完成一份评估表。2002 年,该项目在 50 多个国家举行了 400 多场会议。项目发起的第一年全球就有超过 8 000 多名经理人参与。

课后持续跟踪和在岗支持

动力领导力项目的一个独特方面是它有一套管理课后应用活动的系统。为了保证动力领导力项目付诸实践,惠普公司采取了一套强有力的课后管理系统,这个课后管理系统运用一个叫做 Friday5s 以网络为基础的持续跟踪的工具。

课程完成以后学员有 5 个机会与团队网络联结,并且通过回答以下几个问题更新他们的进步:在既定目标下,你做了哪些以提高自己?你取得了多大的进步?下一步你将怎么做?你得到的最重要的教训是什么?

另外,项目的学员可以与经理或者教练联系,寻求反馈意见和忠告。

在课后持续跟进的过程中,项目管理者还通过一个成为 GuideMe 在线工具不断为学员提供学习和实操的建议,从而提高了项目学习的效果。

项目效果

大量的实证研究表明,惠普的动力领导力项目取得了显著的财务和非财务成果。这些成果无可反驳地支持了惠普动力领导力项目的投资价值。给董事会的独立调查报告指出:94%的学员认为他们在动力领导力项目结束后的三个月使用动力领导力工具对工作很有利。实践过程中学员平均使用动力领导力工具 9.5 次。每单次项目收益中值是 3 800 美元——超过成本的 50%。一年计算,投资回报是成本的 15 倍。

最引人注意的是,这些结果是在公司历史上一次最大的组织混乱——惠普收购康柏期间赢得的。惠普执行委员会在惠普收购康柏的时候推进动力领导力项目,存在不可避免的不确定性和混乱,但他们还是大胆地推进这个项目。他们的远见不仅给惠普带来了财务方面的巨大盈利,而且获得了许多非财务的收益,包括顾客服务的改进,质量和员工士气的提高等。许多人表示这个项目帮助他们恢复了对惠普的信心和对公司的承诺。一个经理写道:“这个项目重新唤起了我对团队提高的浓厚兴趣,我自愿申请利用我在全面质量管理方面和流程改进方面的经验成为一个好的教练。”

第四章　行 政 责 任

本章基本问题

行政责任是行政系统对其使命的忠诚和信守，它可以使组织的能力展现出最大价值。本章首先探讨了行政责任的概念、特征、构成要件、基本功能等，在此基础上对行政责任进行分类，最后结合我国的实际情况阐述了承担行政责任的基本要求和基本方式，并提出了培养行政责任心的基本方法。

第一节　行政责任概述

一、行政责任的概念

行政责任有两层含义：其一，指分内应做的事，如职责、尽责任、岗位责任等；其二，指没有做好自己工作，而应承担的不利后果或强制性义务。

行政责任体现了一个人的心态、态度、原则、作风、风格、习惯、思想，也展现了一个人的心智、格局和胸怀，体现着一个人的使命、生活空间和追求以及对待人生和生命环境的态度。责任就是担当，就是付出。例如，曾任美国总统的林肯 21 岁时在一家商店里当雇员。一天，一位老妇人来买纺织品，由于一时大意，他多收了老妇人 12 美分。他发现后，在当晚赶了 6 英里的路，将多收的钱还给了老妇人。这就是负责任的表现。行政责任，是分内应做的事情，承担应当承担的任务，完成应当完成的使命，做好应当做好的工作。因此，责任感是衡量一个人精神素质的重要指标。

二、行政责任的基本功能

（一）行政责任功能的含义

行政责任的功能，就是指国家设置、运用行政责任所可能有的积极的社会作用[①]。具体来说,可以从以下四个方面来理解：

1. 行政责任的社会作用

行政责任作用的对象是人,而不是物,其作用必然表现为对社会成员的影响,即社会作用。这里的社会成员包括行政组织及其工作人员、行政管理对象等。明确行政责任的功能是行政责任的社会作用,是研究行政功能的首要前提。

2. 行政责任的积极作用

行政责任有积极和消极两个方面,但在本书中仅述其积极作用,不包括消极作用。当然,强调行政责任功能意指积极作用,并不意味着对行政责任消极作用的否定,而要辩证地看待行政责任的作用,做到客观、全面。

3. 行政责任可能的作用

作为“现实”的对立面,“可能”指在条件完备的情况下行政责任应当发挥出来的功能。尚未现实化而有可能现实化的功能也属于行政责任的功能。在不同的背景下,不同国家地区或同一国家的不同时期,受制于不同的阻碍因素,行政责任功能现实化的程度也不同。

4. 设置与运用行政责任活动的作用

作为一种法律约束手段,行政责任是国家立法活动的结果,必须借助国家行政执法与司法活动予以保证。离开立法、执法、司法中的任何一项,行政责任的功能都只不过是纸上谈兵而已。因此,行政责任的功能包括行政责任立法、执法与司法上的功能。

(二) 行政责任对行政管理对象的功能

行政管理对象是行政行为的直接侵害对象,行政责任对其具有安抚与补偿两种功能。

1. 安抚

这能在一定程度上满足行政管理对象要求惩罚违法行政或不当行政的愿望,平息激愤情绪,精神得到抚慰,心理获得平衡。安抚功能一般用于行政管理对象人数众多或违法行政引起公愤的情形下,政府往往能快速对相关责任人科以行政责任,通过撤职、降级等方式以安抚行政管理对象。

2. 补偿

行政组织承担行政赔偿责任时,行政管理对象因此所受的损失可以得到弥补。我国法律规定仅对行政管理对象实际遭受的物质损失进行补偿。

(三) 行政责任对潜在的行政管理对象的功能

潜在的行政管理对象是指可能成为行政法律当事人的社会成员。

---

① 胡肖华著:《走向责任政府——行政责任问题研究》,法律出版社 2006 年版,第 96—97 页。

1. **提升权利意识**

政府是公民的政府,对公民负有责任和义务。在民主政治环境下,公共管理者最终应向公民负责①。行政组织承担行政责任,能增强潜在行政管理对象的权利意识。权利意识的增强反过来也会促进行政责任的运用,推动法制建设步伐。

2. **增强法制观念**

行政管理对象被侵犯的权益可以通过正常的法律渠道得以救济,潜在的行政管理对象就会增强自身法制观念,即避开非法手段,通过合法渠道解决违法或不当行政对自身的侵害。一方面形成了强大的监督力量,制约行政权的行使,另一方面坚持依法行政,促使行政效率的提高。

第二节 行政责任的范畴

一、行政责任的特征

(一) 行政责任是一种责任

包括以下三个方面:(1) 行政责任是一种政治责任:政府的合法性来源于被统治者的同意,政府公务人员由公民直接或间接选举产生,因此必须对公民负责,防止违背公共利益。(2) 行政责任是一种法律责任:通过法律的形式对政治责任进行规范性的肯定和保障,并以国家暴力机关,包括政府强制力为后盾对其进行约束。(3) 行政责任是一种道义责任:对公共管理者道义责任的诉求是每个时代、每个社会的普遍现象。

(二) 行政责任是一种义务

对于一名管理者而言,承担行政责任的过程,就是一个承担为组织及其人员尽义务的过程,承担起为其服务对象尽责效力、谋取利益的义务。这种义务由法律法规所规定,由社会公德和社会舆论所约束。

(三) 行政责任是一种任务

行政管理在承担义务的基础上,还必须通过一定的方式,认真履行自己的义务和职责,对社会及其组织负责。在这里,履行义务的方式即规定性的工作任务及其相应的制度。在遵守宪法和法律规定的基础上,组织再通过自身的再分配,将宏观的工作任务分解委派给各个部门及人员。

(四) 行政责任是一种监督、控制和制裁行为

行政责任是一种具有外在约束力的群体行为,为了确保组织及其人员

---

① [美] 乔治 · 弗雷德里克森著,张成福等译:《公共行政的精神》,中国人民大学出版社 2003 年版,第 203 页。

根据法律的规定从事相关活动，而不做有损于社会的事情，就必须通过一定的形式来防止和反对社会组织肆意追求经济利益而不顾社会利益的现象。

二、行政责任的构成要件

(一) 行政责任的主体(承担者)

在公共行政活动中，行政责任的主体主要有两种，一种是政府公务人员，一种是政府机关。

1. 政府公务人员及其行政责任

政府公务人员在执行公务过程中所犯的轻微或一般性过失，公务人员本人不负责任，而由国家承担；但是，如果政府公务人员在行使行政职权过程中没有严格遵循法定的权利义务规定、滥用职权并有主观上的故意，表明他们的行为已超出了法定限度，为此他们则必须承担法定的个人责任。这种责任的构成要件，主要表现为政府公务人员故意实施了对被管理者造成损害的行政行为和没有按照法律规定实施行政行为。如果公务人员完全按照法律规定执行公务或在不知情的条件下执行行政指令、行使自由裁量权而产生的行政过失，公务人员个人一般不负责任。

至于"故意或重大过失"的条件，西方国家也多有具体规定。在通常情况下，西方国家实行国家直接责任的原则(国家第一次赔偿责任)，即在发生公务人员个人过失或公务人员公务过失时，都由国家首先承担对被害人的赔偿责任，之后，国家再依据相关法律向犯有过失的公务人员求偿。

2. 政府机关及其行政责任

政府机关应该依法行政，其职责应是正确而合理地行使国家法律授予的权力。然而政府机关行使此种权力的方式主要是通过将政府的总体职权、功能和责任分配给各个行政机关，并且各行政机关还具有在本部门管辖范围内单独发布行政法规、命令、指示等权力，因此，为了保障被管理者的合法权益，防止行政机关滥用权力和懈怠义务，我们很有必要追究政府机关的行政责任①。

(二) 行政责任行为

对于组织管理者而言，履行管理职责是一种法定的义务。从以下三个方面理解行政责任行为：

1. 存在法定职责

法定职责是指组织管理者在行使职权过程中依照法律及相关的制度规章必须承担的义务。各国在实践中都不约而同地采取了行政责任的约束机制，我国也不例外，其中的权责一致原则就是这一机制的重要体现。

---

① 皮纯协、张成福著：《行政法学》，中国人民大学出版社 2002 年版，第 387 页。

结合我国的实际情况和绩效评估制度的具体内容,笔者认为,管理者在任职期间负有以下法定职责:(1)妥善完成工作计划;(2)在用人方面,广开言路,任人唯贤;(3)开源节流,合理分配资源;(4)注重组织形象,和社会公众保持和谐的关系;(5)改进管理方式,提高行政效率,加强团队精神;(6)不断提高自身和团队成员的个人修养①。当然,这里规定的仅仅是一般性的标准,组织的各个部门可以根据自身的实际情况和工作特色进一步制定更加详细的标准,以使对是否履行法定职责的评价具有可操作性。

2. 存在未履行法定职责的行为

管理者在履行法定职责的行为时应遵循以下两个基本要求,即履行职责,不失职;遵守权限,不越权。具体可分为:一种是管理者在法律或规章制度规定应当行使职权的地方没有行使其行政管理职权,造成组织利益遭受不同程度的破坏,此时管理人员就应承担相应的行政责任;另一种是管理者超越自己的职责权限,做了或管了不属于自己职责权限范围内的事情,造成对其他管理者权力的侵夺,不利于组织的健康发展,如造成损害,管理者也要承担相应的行政管理责任。

3. 这种行为属于管理者主观意志能力范围

责任行为标准,将管理者有无合法地履行法定职责作为判断管理行为是否违法的界限,而不问管理者主观上是否存在过错。然而,即便管理者由于故意或过失导致责任行为发生,这种行为仍然应当承担行政责任。如果责任行为的产生是由于意外事件或不可抗力等非主观因素造成的,就不属于应当承担行政责任的法定情形,不能认定和追究管理者的行政管理责任。例如,公务人员或公共团体对使用高速公路者因气候条件的影响所蒙受的损害不负责任;又比如战争、自然灾害等。但是对于能够通过举证查明的不同主观状态,在选择责任形式时还是应当区别对待。即对于故意实施责任行为的管理者,应承担较为严厉的制裁措施;对于由于过失实施责任行为的管理者,宜适用较轻的行政制裁。

(三)行政责任结果

只有当管理者的行政管理行为造成特定的损害性后果时,才产生实际承担行政责任的问题。损害性后果包括现实的财产利益损失、组织功能破坏、项目计划破产,以及将来可得利益的损失。现实的实际损失以现有的财产价值、组织和谐运作的现状、按正常运作项目计划的进展为比较基础。一般地说,侵害财产性的权益,其现实损失就是现有财产价值的减少或丧失;

① 胡建淼等著:《领导人行政责任问题研究》,浙江大学出版社2005年版,第74页。

侵害非财产性权益,其现实损失就是为消除损害而额外增加的补救费用①。总的来说,将来可得利益的损失是指由于责任行为的存在而妨碍了现有财产的增值。

(四)因果关系

因果关系是指损害性后果与行政行为存在直接因果关系,即行为对象所受到的损害必须是行政行为直接造成或引起的,由于第三者行为或自然力所形成的损害不产生行政责任,(国家)行政机关和行政官员不承担因此而产生的赔偿责任②。例如,使用高速公路者因气候条件的影响而受到损害,公务人员或公共团体对此种损害不负责任。

三、行政责任的分类

依照责任的性质和范畴,行政责任可以分为政治责任(主要指公共行政领域内)、法律责任、行政责任和道德责任四种类型③。建立责任政府和责任企业,实现行政责任,就必须要使各级政府官员承担起政治的责任,使各级官员和企业行政管理人员承担起法律的责任、行政的责任和道德的责任。

(一)政治责任

在西方民主制度中,政治责任主要是通过代议机关对政府的监督来实现。代议机关保证政治责任实现的手段主要有以下四种:

1. 质询

是指议员对于政府的某项决策以个人或集体名义,通过口头或书面形式,向行政机关领导提出询问或质问,要求答复。质询包括询问和质问,询问是议员向政府就某事发问,被询问的官员必须给予回答,但不能引起辩论。质询所涉及的问题一般较询问重要或深入,涉及较广泛的公共利益问题,一般需要辩论,辩论后还可能进行信任投票,如果不信任投票占多数,就会导致政府危机。

2. 调查

国会对政府在一些重大问题上,如立法权的行使、选举、违法行为、侵犯公民权等,行使调查权,以此来监督政府的行为。

3. 弹劾

指议会(国会)对政府高级官员的违法失职行为进行控告或制裁。弹劾的对象主要是高级政府官员,弹劾的范围一般限定在与职务有关的违法犯罪行为方面。

---

① 胡建淼等著:《领导人行政责任问题研究》,浙江大学出版社 2005 年版,第 79 页。

② 张国庆著:《公共行政学》(第三版),北京大学出版社 2007 年版,第 452 页。

③ 韩志明著:《行政责任的制度困境与制度创新》,经济科学出版社 2008 年版,第 67 页。

4. 不信任表决权

议会如果不同意政府的重要政策议案、财政议案、条约缔结等,那么政府就必须辞职。

此外,有些国家的议会还有一些其他手段如行政立法审查、政府预算审查等来对政府进行政治监督。

我国实行的是人民代表大会制度,政府由人大产生,对人大负责,受人大监督。在我国,国家权力机关即人大对行政机关及其公务人员的监督最重要的是法制监督,即对政府及其工作人员的一切行为是否依法进行的监督。因此,实现政治责任的关键就是落实宪政规范,提高国家权力机关的地位,真正发挥国家权力机关的作用。

(二)法律责任

行政的法律责任是指政府及其官员以及企业中的行政管理人员如果不按照宪法、法律规定,违法行使职权,对公民或法人的合法权益造成危害时,必须承担相应的法律后果。法律责任所涉及的主要问题是,"何种行为是违法的"、"谁负有法律责任"以及"谁应受到法律制裁"?落实行政责任的基本依据是各种形式的行政法律、法规,这些法律、法规也是依法行政的指针和尺度。

政府所承担的法律责任主要包括政府的诉讼责任和赔偿责任两种。在不同的国家,政府的诉讼责任制度的本质是一样的,即保障人权。当政府机关行使权力的行为侵害了公民或法人的自由和权益的时候,司法机关经法人、公民申请,依法审查行政机关行政行为的合法性及适当性,从而追究政府机关违法责任诉讼制度。政府的赔偿责任是指政府依法向受到违法行政行为侵害的行政相对人提供赔偿的责任。在现代民主国家,政府承担赔偿责任是保障公民合法权益的重要环节。

(三)管理责任

对于营利组织而言,管理者的管理责任,主要关注两个问题:(1)必须衡量"解决问题"在组织中的作用,并使"解决问题"变成一项战略步骤;(2)必须果断地、永久地解决工作中浮现出的日常问题。

对于政府组织而言,行政体制内部存在的行政责任关系一部分是由宪法、法律明确规定的,一部分则是由行政法规、规章制度和组织纪律等来调整的。它们主要是在行政体制内部通过专业分工或权力分化而建立起来的一种权力控制机制,以达到使不同等级、不同部门的行政机关及其行政人员之间相互约束的目的。相应的控制关系既包括上级对下级的监督,也包括平级机关之间的监督,还包括专业的行政主管机关对不同级别机关或部门的业务监督。

政府内部的责任机制是政府体系赖以存在和发展的基本条件①。现代国家的政府大多建立起了符合本国国情的内部监控机制，如行政机关上下级之间的监督，行政监察机关和审计机关对行政机关及其行政人员的监督、行政复议与行政救济等。控制行政权力的内部机制还包括一系列制度安排，如指挥、指示或指导、认可或核准、备案或备查、视察、审核、撤销、变更、废止、奖惩、考核等。

政府内部的责任机制所具有的优势：监控具有及时性和灵活性，政府对其自身及其公务人员的违法失职行为发现得较快，反应更迅速，也更直接；监控具有广泛性，贯穿于公共行政活动的始终，包括事前监督、事中监督和事后监督；监控具有全面性，监控范围包括所有的行政机关、行政人员和行政行为；监控具有效益性，通过上级部门和专门机关的监督，能够行动迅速地处理公共行政活动中的错误和疏漏，从而提高行政管理的效率，将不负责任行为带来的损失降到最低；监控成本较少，由于监控是在行政系统内部进行，行政机关之间较为熟悉行政活动的程序和过程，因此可以节约成本。

政府机关及其公务人员行使行政职权基本要求有：认真履行自身的职责，不失职；遵守权限，不越权；遵守法定程序，及时向公众公布相关信息，做到公平、公正、公开；合理运用行政裁量权，做出的行政行为要符合法定的目的，服务公民和社会，不得滥用职权，不得以权谋私。

（四）道德责任

“有些人就提出，就其精髓而言，责任是一个道德的问题，而且行政官员的角色应该被视为一个有道德的行动主体。”②政府机关及其公务人员掌握着社会公权力，他们做出的任何价值判断和价值选择都可能会对社会和公众产生深远的影响。行政的道德责任意味着政府要以公共利益为出发点和落脚点，坚持社会正义原则，在公共生活中发挥必要的启发和引导作用，促进整个社会良好价值的形成。

为了强调政府的道德责任，不少国家已经对政府道德责任进行立法，如美国在1987年，由国会批准，通过了由卡特总统签署的《政府道德法》，1989年又通过了《政府道德法改革法案》，进一步完善了以往通过的政府道德法的有关内容，并重点加强了廉政监督。还有英国政府颁布的《文官法典》、加拿大的《利益冲突章程》等。

就我国的实际情况而言，道德责任有着更为重要的意义。首先，对于政

① 韩志明著：《行政责任的制度困境与制度创新》，经济科学出版社2008年版，第71页。

② ［美］珍妮特·V. 登哈特、罗伯特·B. 登哈特著，丁煌译：《新公共服务：服务，而不是掌舵》，中国人民大学出版社2004年版，第123页。

府来讲,其道德责任体现在:政府应该从自身做起,重视道德的有效约束功能,加强自身的道德体系建设,注重对公务员队伍道德素养的培养。其次,对于政府公务人员来讲,应主动树立“为人民服务”的意识和“公仆”意识,恪守公务员的行为规范和职业道德。

第三节 承担行政责任的要求与方法

一、承担行政责任的基本要求

1. 承担行政责任要求行政活动处于负责任状态

责任的确定依据行政行为的性质和种类,根据不同的行政行为,需要明确相应的责任。行政组织须对自己实施的行政行为承担责任,同样行政人员也应该为自己的行为及所属机构的行为负责,不论职位的高低,也不论工作的性质,有行为必有责任[①]。承担的责任依行政性质的不同而异。

2. 承担行政责任要求有明确的责任主体

从行政组织的角度来看,行政组织是一个庞杂的系统,包括不同的级别、管辖不同的地域以及具有不同职权的众多行政工作人员。组织和人员必须划清权限、职责分明,才能使每一个行政行为都能准确地判明究竟为谁的责任,从而实现责任者与实际责任承担者的直接挂钩。因此,要求行政组织承担责任,一个首要前提是必须有明确的责任主体来承担应当的实际责任。

3. 承担行政责任要求权力与责任一致

承担行政责任要求行政组织的各种活动与责任相连,不允许无责任的行政活动的存在。权力和责任是行政活动的两大主要方面。行政活动的实施是以行政权力为前提,在授予权力的同时应当明确相应的责任。权力意味着责任,所拥有的权力越大,则所应承担的责任就越重,处于权力高位者,必须对其掌握的权力的效果负最终责任。以责任的承担控制权力的运行,是制约权力的重要方式之一。

4. 承担行政责任要求建立实现责任的法律制度

一旦行政组织的活动违反法律规定,责任即从法律规定转化为实际状态,必须采取一定的路径进行救济。行政诉讼制度、行政复议制度、行政赔偿制度等,都是实现政府行政责任的重要法律制度。在私人行政领域,各项责任追究制度,如重大决策责任追究制、用人失误责任追究制、重大事件责任追究制等实现责任的基本制度应当建立,并运用到行政管理实践当中。

---

① 张树义主编:《行政法学》,北京大学出版社 2005 年版,第 48 页。

5. 承担行政责任要求构建行政责任的监督机制

权力导致腐败,绝对的权力导致绝对的腐败。为防止腐败,必须让权力受到约束和制约,接受责任的制约和束缚。从世界各国的行政实践来看,一个真正的责任组织是建立在有效的责任监督机制基础之上的。

二、承担行政责任的基本方式

(一) 惩戒性的行政责任承担方式

1. 通报批评

主要通过名誉上的惩罚对行政组织起一种警戒作用,通常由有权机关以书面形式作出,并予公布。一般是在责任主体的违法责任确定以后,由上级行政组织或行政监察机构通过组织文件、报刊媒体、会议等途径对下级行政组织实施的行政违法事实、影响以及处理结果予以公布。

2. 停止违法行为

是行为上的惩戒性行政责任。对于持续性违法行政行为,如果行政管理对象向有关机构申请法律救济时侵害仍在继续,行政责任的追究机关有权责令停止违法行政行为。

3. 撤销违法决定

指由有权机关通过法定程序确定行政组织的决定违法以后,做出禁止性命令,要求行政组织不得再以相同的理由做出与被撤销的决定相同的决定。行政组织对其违法行政行为有主动撤销的义务,行政管理对象也有请求上级行政组织将其撤销的权利,上级行政组织或人民法院亦可直接依法撤销违法行政行为。

4. 撤销违法的抽象行政行为

抽象行政行为是指行政组织制定法规、规章、决定、命令等行政规则的行为。当有权机关确认某项抽象行政行为违法以后,做出否定有关行政规范性文件效力的决定,据此,行政组织有关的抽象行政行为不再具有法律效力,并不得作出同样的抽象行为。

5. 行政处分

这是行政公务人员承担行政责任的最主要形式,是国家行政机关依照行政隶属关系对违法失职工作人员施以的惩戒措施。行政处分共有六种形式,《公务员法》第五十六条规定,处分分为：警告、记过、记大过、降级、撤职、开除。

(二) 补救性的行政责任承担方式

1. 承认错误,赔礼道歉

这是行政组织承担的最轻微的一种补救性行政责任。在行政组织的违法责任确定后,由行政组织的主要负责人以口头形式或书面形式向行政管理对象承认错误并表示歉意。

2. 恢复名誉,消除影响

这是一种精神上的补救性行政责任,适用于行政组织的违法行为已对行政管理对象造成名誉上的损害,并产生不良影响,其履行方法取决于名誉受损害的程度和影响的范围。具体方法有:(1) 通过报刊更正其所作的决定;(2) 向有关单位寄送更正决定等书面材料;(3) 以会议的形式公开进行;等等。

3. 返还权益,恢复原状

当行政组织剥夺行政管理对象的权益属违法行政或不当行政时,造成其合法权益的实际损害,行政组织在撤销或变更行政行为的同时,还必须返还权益。这里的权益包括财产权益和政治权益(如职务)。当行政组织的违法或不当行为给行政管理对象的财产带来改变其原有状态的损害时,一般由行政组织承担恢复原状的行政责任。具体分为三种情况:(1) 返还原物,指由行政组织将收缴罚没的财产返还所有人;(2) 恢复行政管理对象的其他权益,如恢复原职;(3) 恢复原状,由行政组织采取修理、拆除障碍、重新建造等方法使被毁损的财产恢复原状的责任形式。

4. 履行职务

这是一项行为上的补救性行政责任,针对行政组织不履行或拖延履行行政职务,由有权机关确认其构成了行为上的失职,并要求其依法履行职务的责任方式。行政管理对象可以提出申请,也可以根据法院的判决或上级行政组织的决定要求行政组织履行职责。

5. 纠正不当的行政行为

这是一种行为上的补救性行政责任,主要针对行政不当。行为人有义务纠正不当的行政行为,行政管理对象有权要求行政组织纠正不当行为,上级行政组织有权要求下级行政组织纠正不当。

6. 行政赔偿

这是一种纯粹财产上的补救性行政责任。行政组织违法的行政行为造成行政管理对象合法权益的损害,应依法赔偿损失,适用于无法恢复原状的情况。行政工作人员承担赔偿损失责任时,兼有惩罚性和补救性的责任承担方式,其特点在于并不直接向受害人赔偿,而是先由行政组织承担赔偿责任,再根据求偿权向有故意或重大过失的公务人员追偿已赔偿的款项的部分或全部。

7. 行政补偿

这是行政组织合法行政责任的主要形式,是指基于公共利益的需要,行政组织在管理国家和社会事务的过程中行使合法行政权力而致使行政管理对象合法权益遭受特别损害,依据公平原则,在平等协商的基础上,对遭受损害的行政管理对象予以合理补偿。行政补偿与行政赔偿的主要区别在于产生的基础不同,前者是以行政组织的合法行政行为为基础的,而后者则是以行政组织的违法行政行为为基础的。

三、行政责任的实现机制

(一) 行政责任实现的内部机制

1. 行政责任意识

行政责任意识主要是行政人员自身对行政责任的感知、认识、接受和认同,并融入具体行为当中,使之成为职业道德观念和人格品质的重要一部分。在以民主、法治为基础的价值体系下,行政责任意识对于保障行政责任具有内在的价值①。通过各种途径,将行政理念、行政价值、行政精神等价值观念输导给行政人员,使之形成一种负责任的行政态度、行政观念、行政习惯、行政作风,激发内在的使命感,强化行政责任意识。

2. 行政道德建设

中国传统文化中的“德治”观念强调内部控制,即讲“正人先正己”、“其身正,不令而行,其身不正,虽令不从”,现代行政道德文化是内在机制的重要组成部分。作为一个合格的行政人员首先要具有良好的道德品质和高尚的人格。

3. 行政组织文化

组织文化是指区别于正式组织制度的非正规的仪式、范例、信条和行为守则。良好的组织文化可以鼓励道德的行政行为。无论是公共组织还是私人组织,领导在组织文化的塑造中起着非常重要的作用。例如,海尔的张瑞敏对于海尔文化的塑造就是一个典型,他的行为对组织文化的形成最有影响力。

(二) 行政责任实现的外部机制

1. 健全法制,完善组织制度建设

首先,法律是一种刚性机制,行政管理的行为准则和规范具有强制性。对于行政事务的管理权必须最终源于法律。行政责任制度是政治法律制度的重要组成部分,需要健全法制,增强法律的权威性、可行性和可操作性,发挥实际效力,真正做到有法可依、有法必依、执法必严、违法必究,约束行政权力,规范行政行为,从而保障行政责任。

其次,组织制度是控制行政人员行为的重要环节。无论是泰勒的科学管理,还是韦伯的官僚制,都充分说明了组织制度对组织成员的重要作用。

---

① 韩志明著:《行政责任的制度困境与制度创新》,经济科学出版社 2008 年版,第 222 页。

责任制把责、权、利联系并统一起来，有利于增强责任感，有助于责任的实现①。责任制的落实，首先要把集体责任具体到个人，完善行政首长负责制，以使每一个行政人员都切实承担起个人责任，达到权有其责、权责相当、各司其职、各负其责、违责必究；其次明确划定部门间的职责权限，改变职能不明、责任不清的状况；最后，辅之以相应的赏罚机制，促进责任的最终实现。

2. 行政问责制

第一，行政问责制的含义及特征。行政问责制是指在行政管理活动中，问责主体对负有行政职责的行政人员的违法、失职及不当行为进行监督、质询并要求其承担否定性结果的一种机制。它本质上是一种责任追究机制，是一项重要的事后监督制度，是维护现代组织信用的重要制度。

行政问责制有如下特征：

一是适用对象仅限于特定的行政人员。作为被问责的对象，行政人员在履行责任中必须要为自己的失职承担相应责任。各级行政部门及其工作人员、日常行政部门及其工作人员都属于行政问责的客体，必须对自己在职位上无所作为或者渎职的行为承担责任。问责是分层次的，对不同级别的行政人员分别问责，承担不同的责任。

二是问责的内容针对一切与职权或职务行使有关的失范行为。可以划分为一般责任、重大责任、行政腐败（渎职）。一般责任是指效能低下，影响工作安排的行为所担负的责任；重大责任是指责任意识淡薄，给国家、人民利益和公共财产造成损失或不良影响的行为所承担的责任；行政腐败是指不依法履行职责，造成不良影响或者经济损失的行为所承担的责任。

三是具有法律保障。西方发达国家的行政问责制已经形成一整套比较完善的运行机制和法律体系，保障问责制的顺利施行。美国的宪法、《政府道德法案》、《政府阳光法》、《政府伦理法》、《揭发者保护法》等为监督政府及官员提供了法律依据。日本的《国家公务员法》和《国家公务员伦理法》对国家公务员行为进行约束和规范。韩国对公务员的问责通过“惩戒”来实施。

第二，行政问责制中“责任”的主要内容。依照目前我国的有关法律制度，结合现有的行政问责理论与实践，“责任”内容可以概括为以下四个方面②：

一是政治责任。也叫宪法责任，是指行政组织及其工作人员因行使行政权不当，依照宪法规定而应当承担的责任，一般是由行政首长首先来承

① 谢军著：《责任论》，上海人民出版社 2007 年版，第 213 页。

② 吴建依、胡谟敦著：《关于行政问责的理论与实践探讨》，《社会科学研究》2008 年第 6 期。

担的。

二是领导责任。行政首长对职权范围内的事务有完全的决定权，应该承担由此所产生的各种责任。问责制的目的是要责任与权力对等，每一个责任主体各负其责。

三是法律责任。是指法律规定的责任主体即行政组织工作人员因违反法定职责而由专门的国家机关依法追究或主动承担的否定性法律后果。无论是行政首长还是一般行政人员，都必须对自己违反法律规范、没有履行相应职责的行为负相应的法律责任，这种责任还包括民事责任、刑事责任。

四是道义责任。是指行政组织及其工作人员依法行使行政权给行政管理对象造成损失后，出于道德和良心的考虑，对受损害的相对人所承担的一种责任。这种责任不同于法律责任、政治责任和领导责任，不具有强制性。

第三，行政问责制在中国的发展。自 2003 年以来，“问责风暴”一浪高过一浪，许多政府官员在各种问责事件中受到处分，或被免职或引咎辞职等。中央和地方都出台了一系列的规章制度保障问责制落到实处。2001 年出台了《国务院关于特大安全事故行政责任追究的规定》；2002 年中共中央颁布实施了《党政领导干部选拔任用工作条例》，对领导干部的免职、辞职和降职专门做出了规定；2004 年中共中央办公厅印发了《党政领导干部辞职暂行规定》(中办发〔2004〕13 号)对领导干部“因公辞职”、“自愿辞职”、“引咎辞职”、“责令辞职”进行了严格规范，详细列举了 9 种应该引咎辞职的情形，使官员引咎辞职有法可依、有章可循。2006 年《公务员法》以及 2007 年《公务员行政处分条例》的颁布实施，使问责制逐步走向法治化。

从行政问责的实施情况来看，发端于 2003 年的“非典”期间，时任卫生部部长、北京市市长的两名省部级高官和上千名各级政府官员因隐瞒疫情或防治不力而被查处，标志着我国行政问责制的全面推行。“引咎辞职”成为中国的一个正式政治术语，始自 2002 年 12 月 31 日重庆市彭水县原副县长因其任内频发的恶性交通事故，向县人大常委会提呈的辞职申请。此后又一名省部级高官、中石油总经理因重庆开县井喷事故引咎辞职。2008 年 9 月，我国特大事故频发，问题奶粉事件、山西襄汾溃坝事故、深圳特大火灾、黑龙江鹤岗火灾、登封市煤与瓦斯突出事故等一系列重大事故造成了惨重的人员伤亡，社会影响巨大，激起了又一轮问责风暴，导致有关高级官员引咎辞职或遭免职问责。2008 年标志着行政问责开始走向常态化。

第四，私人行政下问责制的适用。从最广义的定义讲，问责制是指关于特定组织或个人通过一定的程序追究没有履行好分内之事的权力使用者，使其承担政治责任、道德责任或法律责任，接受谴责、处罚等消极后果的所有办法、条例等制度的总称。较之于公共部门，除了权力的公共性以及政治性之外，企事业单位组织中的权力拥有者、高层领导同样具有承担领导责任、道德责任、法律责任的义务，如果没有履行好职责和义务，应当受到责任追究。对于企业而言，因为其追求利润最大化，行政领导承担最重要的是经济责任甚至行政责任。由此看来，问责制在私人行政领域同样适用。比如2008年轰动全国的“三鹿奶粉事件”中三鹿集团股份有限责任公司董事长在第一时间被免职；2009年四川成都“6·5”公交车燃烧重大事故之后，成都公交集团公司总经理、成都公交集团北星巴士有限公司董事长引咎辞职。

总而言之，问责制的探索和发展，对于强化各级领导干部的责任意识，规范其行政行为，使其正确履行职责，切实转变工作作风，提高行政效率等都起到了一定的积极作用。因此，行政问责制是有效实现政府责任，建立和完善责任政府的必由之路和理性选择①。

3. **健全监督机制**

第一，内部监督。首先，行政监督的范围广泛，既包括上下级之间、平级之间的监督，还包括领导与工作人员之间的相互监督等。其次，监督方式有待改变，从单一的监督方式向多种方式转变，加强监督力度。实践中一般采用事后监督和局部性监督，往往造成遇到重大决策失误却无人负责的局面。因此需要形成多向性的民主监督。再次，提高行政监督机构的地位，保持相对独立性。监督机构具有相对的独立性和权威性，是监督机构发挥作用的前提条件。

第二，外部监督。外部监督主要包括法律监督和社会监督。(1) 健全法律监督体系，需要加强行政立法、执法。首先，加强行政监督的立法建设，完善行政运作的规范与程序。行政监督的重点包括行政过程与结果两个方面。法律应详尽规定行政组织及其人员的行为、承担的责任，行政权力运作的原则、方法、程序以及有关国家机关、公民、社会组织等如何监督行政活动等。其次，加强对行政执法的监督。只要公民、法人或其他组织认为行政组织的行政行为侵犯了其财产和人身权利，并在法院提起诉讼，法院都应当受理。此外，还应充分发挥监察机关和审计机关的监督职能。(2) 加强社会监督力度，注重舆论监督和群众监督。首先，改革开放以来，舆论监督作用越来越得到重视。传播媒介在行政监督活动中发挥了有力的作用。强化舆论监督，加强新闻立法，为舆论监督提供法律依据和保障，从而建立和完善舆论监督的体系。其次，来自社会各界的监督是最有效的权力制约机制。实行群众监督，一要加强经常性的群众监督和引导。端正行政工作人员对群众监督的认识，增强接受群众监督的自觉性。二要使广大人民群众拥有知情

① 张康之等编著：《公共行政学》，北京大学出版社2007年版，第87页。

权。知情权是保证监督及时而有效实施的基础。三要推行政务公开，增强行政活动透明度，真正做到“权为民所用，利为民所谋，情为民所系”。阳光是最好的防腐剂，透明本身就是一种监督。行政公开是实行社会监督重要的前提条件。

四、培养行政责任心的基本方法

责任心，是指一个人对自己的所作所为负责，对他人、集体、社会、国家乃至整个人类承担责任和履行义务的自觉态度，简而言之，即对事情敢于负责、主动负责的态度。任何组织都追求组织绩效最大化，责任心是其实现最终目标的重要路径。以政府为代表的公共部门追求公共利益，公务人员必须具有责任心，行政领导更要承担起对政府行为的结果负责的任务，接受公众监督，维护公众利益；以企业为代表的私人组织以追求利润最大化为经营目标，不论是普通的职员，还是大权在握的领导者，都应有责任心，员工被动的行为、领导拖拉的作风，都会成为企业发展的绊脚石。总之，责任心在一个组织当中发挥着举足轻重的作用，组织的持续发展依赖于有责任心的成员。身为组织中的一员，每个人都有责任、有义务、责无旁贷地去做好每一项工作，促进组织科学、和谐地发展。因此，培养责任心是至关重要的。

(一) 勇于担当责任，不推脱不逃避

首先，始终坚持“责任重于一切”的信念。根据组织行为学，组织和成员之间是相互依赖的关系，水涨船高，只有组织发展壮大，才会有成员们施展才华和实现自我价值的平台，个人的福利也会相应提高。其次，明确责任，对于自身职责范围内的职务决不推诿、拖拉。只有责任界限模糊时，才容易互相推脱责任。认清责任，才能更好地承担责任，职位越高越要自觉地承担责任。再次，敢于承担，积极面对现状。人生在世孰能无过，即使工作出了问题，只要能敢于站出来承担责任，勇于改正错误，那么仍然是令人尊敬的。

(二) 实事求是，做好本职工作

“在本位，尽本分”，这是工作的最基本要求和基本体现，要求认真地坚持按时、按质、按量地完成上级布置的任务，如实地反映下级的具体情况，保持政令畅通，勤奋踏实，保证工作的实绩实效。热爱工作，谨遵组织的规章制度，令行禁止，坚持实事求是，用一丝不苟的态度对待工作，就一定可以在平凡的工作岗位上谱写出辉煌的篇章，从而实现个人价值和组织目标。

(三) 尽职尽责，让责任成为习惯①

1. 主动负责，体现忠诚

衡量一个人的尺度，不是职位的高低，也不是岗位的差别，而在于是否

---

① 宿春礼等主编：《责任胜于能力》，石油工业出版社 2006 年版，第 61—72 页。

有责任心,是否尽职尽责。组织的利益和生存需要责任心和忠诚度来维护。

2. 脚踏实地,勤奋刻苦

在这个充满机遇和挑战的社会里,要想脱颖而出,就必须付出更多的勤奋和努力,勤勤恳恳地工作,刻苦训练专业技能。

3. 立即行动,付诸实践

在行动中调整和实践规划,承担肩负的责任,从而实现目标。

(四) 注重细节,负责任从细节做起

“细节决定一切”,列宁曾说过“要成就一件大事业,必须从小事做起”,充分展示了细节的力量及其重要性。做事细致认真的态度,是出于一个人内在的责任心。关注细节是每一个员工的责任,在所执行的职责内认真做到客户无小事,公司无小事。普通员工必须注重工作中的每一个细节,力求完美地履行职责;领导人负责主导全局,担负着重大的责任,专心于任务的细节能够帮助达到对工作情况了如指掌,促成工作计划圆满完成。现代社会分工的细化和专业化要求精细化的管理,担负起责任,做好自己的工作,就是从细节做起。

(五) 履行职责,发扬敬业精神

从某种意义上说,职责具有强制性,要求我们在履行职责的过程中不能瞻前顾后、患得患失,而应当不折不扣地完成自己的职责。敬业就是敬重自己的工作,将工作当成自己的事,其中糅合了使命感和道德责任感,是一种责任精神的体现和延伸。任何一家想在竞争中取胜的公司都必须设法使每个员工敬业,没有敬业的员工就无法给顾客提供高质量的服务,就难以生产出高质量的产品。当把敬业变成一种习惯时,就能从中积累更多的知识和经验,更有效地履行职责,更好的为人民服务。

【知识要点】

1. 行政责任是政府及其构成主体行政官员(公务员)因其公权地位和公职身份而对授权者和法律以及行政法规所承担的责任。

2. 在现代社会中,行政责任越来越成为国家政治生活的一个重要方面,从而使明确行政责任产生了不同于以往的重要意义,这可以从两个方面来看:一是行政权能的扩展;二是政府自身的变化。

3. 行政责任的功能,就是指国家设置、运用行政责任所可能有的积极的社会作用。可以分为行政责任对具体行政主体及其工作人员的功能、一般行政主体及其工作人员的功能、行政相对人的功能、潜在相对人的功能。

4. 行政责任具有以下特征:行政责任是一种责任,一种义务,是一种任务,是一种监督、控制和制裁行为。

5. 构成要件是指一定客观存在得以成立的基本条件。行政责任的构成要件包括行政责任的主体(承担者),行政责任行为,行政责任结果和因果关系。

6. 依照责任的性质和范畴,行政责任可以分为政治责任(主要指公共行政领域内)、法律责任、管理责任和道德责任四种类型。建立责任政府和责任企业,实现行政责任,就必须要使各级政府官员承担起政治的责任,使各级官员和企业行政管理人员承担起法律的责任、管理的责任和道德的责任。

7. 承担行政责任是行政机构的基本要求和行政人员必备的基本素质。承担行政责任要求行政活动处于负责任状态,具有明确的责任主体,权力与责任保持一致,并且要求建立实现责任的法律制度和构建相应的监督机制。

8. 承担行政责任的方式是指行政法律规范所规定的责任人担当由违法行为而引起的否定性法律后果的形式。基本可以分为惩戒性的行政责任承担方式和补救性的行政责任承担方式两种。

9. 惩戒性的行政责任承担方式包括：通报批评、停止违法行为、撤销违法决定、撤销违法的抽象行政行为、行政处分等方式。补救性的行政责任承担方式包括：承认错误、赔礼道歉,恢复名誉、消除影响,返还权益、恢复原状,履行职务,纠正不当的行政行为,行政赔偿以及行政补偿等方式。

10. 责任的实现机制是各种承担责任方式的总和,即旨在实现责任的一套制度安排或确保责任实现的途径。行政责任的最终实现需要有相应的内部机制和外部机制的保证。

11. 行政责任实现的内部机制是通过责任主体对自己责任的认识和对自身行为的控制来实现,包括行政责任意识、行政道德建设和行政组织文化。行政责任实现的外部机制是通过法律、制度、舆论、教育等外部因素来引导社会成员承担起使社会有序运转和发展的责任,包括：健全法制,完善组织制度建设;行政问责制;健全内部和外部监督机制。

12. 行政问责制是指在行政管理活动中,问责主体对负有行政职责的行政人员的违法、失职及不当行为进行监督、质询并追究相应责任的机制。其适用对象仅限于特定的官员,问责的内容是针对一切与职权或职务行使有关的失范行为,并具有法律保障。行政问责制中“责任”包括政治责任、领导责任、法律责任和道义责任。

13. 责任心是指一个人对自己的所作所为负责,对他人、集体、社会、国家乃至整个人类承担责任和履行义务的自觉态度,即对事情敢于负责、主动负责的态度。培养行政责任心的基本方法有：勇于承担责任,不推脱不逃避;实事求是,做好本职工作;尽职尽责,让责任成为习惯;注重细节,负责任从细节做起；履行职责，发扬敬业精神。

【思考题】

1. 什么是行政责任？
2. 行政责任的作用及分类？
3. 什么是行政责任的功能？基本分类？
4. 行政责任有哪些特征？
5. 什么是行政责任的构成要件？包括哪几个方面？
6. 简述行政责任的分类。
7. 简述承担行政责任的基本要求。
8. 承担行政责任的基本方式主要有哪些？
9. 简述行政责任的实现机制。
10. 什么是行政问责制？其特征是什么？包括哪些责任内容？
11. 培养行政责任心的基本方法有哪些？

【阅读参考】

“三鹿奶粉事件”背后的责任问题

[**案例背景**①]

甘肃等地报告多例婴幼儿泌尿系统结石病例，该事件引起政府相关部门高度重视。2008年9月11日晚中国卫生部指出，近期甘肃等地报告多例婴幼儿泌尿系统结石病例，调查发现患儿多有食用三鹿牌婴幼儿配方奶粉的历史，经相关部门调查，高度怀疑石家庄三鹿集团股份有限公司生产的三鹿牌婴幼儿配方奶粉受到三聚氰胺污染。卫生部专家指出，三聚氰胺是一种化工原料，可导致人体泌尿系统产生结石。石家庄三鹿集团股份有限公司11日晚则发布产品召回声明，称经公司自检发现2008年8月6日前出厂的部分批次三鹿婴幼儿奶粉受到三聚氰胺的污染，市场上大约有700吨。

三鹿婴幼儿奶粉事件发生后，国务院启动国家重大食品安全事故Ⅰ级响应机制，成立应急处置领导小组，由卫生部牵头，国家质检总局、工商总局、农业部、公安部、食品药品监管局等部门和河北省人民政府参加，共同做好三鹿牌婴幼儿配方奶粉重大安全事故处置工作。对患儿诊断治疗、问题奶粉封存回收、相关企业停产整顿、事故责任查处、所有奶制品检验和相关行业整顿等问题做了重大部署，同时对地方政府以及负有监管职责的主要

① 本部分改编自《南方周末》，http://www.infzm.com/content/17335。

部门领导依法实行了严肃的责任追究。9 月 16 日,在前一阶段事实调查认定的基础上,依据《国务院关于特大安全事故行政责任追究的规定》《党政领导干部辞职暂行规定》等有关规定,对部分"三鹿奶粉事故"负有领导责任的相关人员作出组织处理,免去石家庄市委主要负责人职务,同意质检总局主要负责人引咎辞职的请求。在 16 日晚结束的三鹿集团股份有限责任公司董事会议上,按照董事会章程及程序,罢免了田文华董事长一职,解聘其总经理职务。

2008 年 9 月 17 日国家质检总局近日发布公告,决定撤销石家庄三鹿集团股份有限公司免检资格和名牌产品称号。据悉,2008 年 3 月以来,三鹿集团先后接到消费者反映,有婴幼儿食用三鹿婴幼儿奶粉后,出现尿液变色或尿液中有颗粒现象。6 月中旬以后,三鹿集团又陆续接到婴幼儿患肾结石等病状去医院治疗的信息。事发前,已有多家媒体进行过相关报道。卫生部党组书记高强指出,三鹿集团在相当长的时间内没有向政府报告,在这个问题上,三鹿集团应该承担很大的责任。

[时评] 从三鹿奶粉事件谈责任的承担①

三鹿奶粉事件爆发后,政府采取一系列措施积极应对,包括启动国家重大食品安全事故Ⅰ级响应,成立由卫生部牵头、质检总局等有关部门和地方参加的国家处理三鹿牌婴幼儿奶粉事件领导小组。石家庄市政府分管农业的副市长、三鹿集团股份有限公司党委书记等人被免职。他们应该承担责任,免职是应该的。

面对重大突发事故,我们在惊叹"伤亡惨重"和"损失巨大"的同时,很自然会想到的是"追究领导责任"。既要追究企业领导和部门领导的责任,又要追究政府领导和上级领导的责任。我们应该看到,任何一起事故的酿成,几乎都是由两种责任所导致,一种是领导的责任,一种是具体人的责任。具体人的责任虽然多是具体的和局部的责任,但却往往是最初的和直接的责任。所以我们在问责领导的同时,也应该呼吁民众树立应有的责任心。

河北三鹿集团婴幼儿奶粉事件,就是一个典型的案例。从目前调查的情况看,三鹿奶粉之所以使 6 200 多名婴幼儿患病,主要是有人往奶粉里掺加了化工原料三聚氰胺。近日,此案取得重大进展。涉嫌犯罪的正定县耿氏兄弟,已被检察机关批准逮捕。

事情似乎很简单,因屡次交奶检验不合格被拒收,造成一定的经济损失,后得知向牛奶中掺加化工原料三聚氰胺,可增加蛋白质检测指标。于是

① 新华网新华时政,http://news.xinhuanet.com/politics/2008-09/18/content_10071928.htm。

耿氏兄弟自 2007 年底开始,从行唐县一化工商店购进三聚氰胺,勾兑后掺入销往三鹿集团的牛奶中。以后每天生产、销售这种掺加三聚氰胺的牛奶约 3 吨。耿某接受警方讯问时供认,他本人清楚“三鹿集团要的是纯的鲜牛奶,不能掺任何东西,而且这些牛奶就是要加工给人吃的,化工原料不是人吃的东西”。当被警方问及是否知道这种行为的后果时,耿某说:“没问过,也没想过,只知道对人体无益。”耿某同时承认,他本人和家人从不食用这种掺加了三聚氰胺的牛奶。(9 月 16 日《中国青年报》)

事实很清楚,耿氏兄弟往鲜奶中掺加三聚氰胺,就是为了赚钱。这年头,赚钱不容易,赚大钱更不容易。据说,从 2004 年开始,耿氏兄弟就投资建了一个挤奶厅,并且自养了 300 多头奶牛,连老婆女儿都发动起来。但因为质量问题,他家的奶经常交不出去,整车整车的倒掉。于是他就想出这么一个怪招,加了三聚氰胺,所有的奶都能顺利的交出去了,钱也源源不断收到自己手中。

钱确实是个好东西。正如鲁褒的《钱神论》所言:“失之则贫弱,得之则富昌。无翼而飞,无足而走。解严毅之颜,开难发之口。钱多者处前,钱少者居后;处前者为君长,在后者为臣仆。君长者丰衍而有余,臣仆者穷竭而不足。”所以有些人便把赚钱作为人生最大的奋斗目标。早晨想的是钱,晚上想的是钱,生产想的是钱,销售想的是钱。只要能赚钱,什么都敢干。

他们忘了,还有一件比钱更重要的东西,就是责任。你生活在这个世界上,就得对这个世界承担责任。领导有领导的责任,民众有民众的责任,富人有富人的责任,穷人有穷人的责任。作为一个生产者,不掺杂,不使假,不违章,不留隐患,就是责任。你对别人负责,别人才能对你负责;你维护别人的安全,别人才能维护你的安全。

【思考题】

1. 请结合“三鹿奶粉事件” 分析该事件的责任主体及责任承担方式。
2. 请结合案例分析行政责任的构成要件及基本功能。
3. 从本案例出发,试析行政问责制在行政实践中的适用。

第五章　行 政 能 力

本章基本问题

行政能力是指顺利实现行政管理活动所必需的主观条件。行政能力是直接影响行政效率，并使行政管理目标顺利达成的直接作用力，对组织要素的配置具有导向作用。本章主要讨论研究行政能力的内涵、构成及其作用，阐述行政服务、应急处置、行政创新三种能力。

第一节　行政能力概述

一、行政能力的概念

行政能力，是指社会组织在法律范围内，通过不断的组织学习，实现自身资源最佳组合而形成的旨在实现组织目标的能力。行政能力包含三个核心要素：组织资源及其配置方式、组织目标和组织学习。

（一）组织资源是行政能力的物质载体

不同的社会组织具有不同的资源和资源组合方式。组织资源的类型、数量、质量以及资源配置方式影响行政能力的实践和发展。例如，企业和政府具有不同的组织资源和资源配置方式，使得两者在行政能力建设和效益方面存在差异。

（二）组织目标是检验行政能力效用的根本标准，并为行政能力建设指明方向

如果组织的行政能力无助于实现组织目标，那么行政能力也就不存在任何价值。例如，在国际金融危机情境下，既有的行政能力结构可能已经无法帮助企业渡过难关，此时企业可能更加需要创新，这就导致企业在行政能力建设方面发生改革。

(三) 组织学习是保障行政能力不断适应组织需求的重要途径

组织资源、外界环境、组织目标等影响行政能力的关键因素是不断的发展变化的,这就要求组织通过不断的组织学习实现行政能力的动态发展。例如,在工业社会,政府的职能主要体现在稳定社会秩序、保护合法财产,那么政府的统治行政能力就占据主导地位;在信息社会,政府的行政服务能力则取代统治行政能力成为核心能力。

二、行政能力的特点

(一) 系统性

1. 组织的行政能力是由多种能力构成的一个能力体

例如,政府行政能力就涉及资源汲取能力、宏观调控能力、社会管理和服务能力等多个方面;相对于企业而言,企业行政能力也包含诸如生产能力、创新能力等多个能力种类。

2. 组织的特定行政能力可能是一个复杂的集合体

例如,企业创新能力就是以企业的科研能力、团队合作能力、市场分析能力等为基础,是一个复合式行政能力。

(二) 动态性

行政能力的动态性是指特定空间下组织的行政能力并不是静态不变的,而是随着组织内外环境、内外资源以及时间的变化而发生动态变化的。行政能力的动态性表现为整体行政能力结构的调整、特定行政能力在整个组织能力中地位的变化、新的行政能力的产生、传统行政能力的式微等多个方面。

(三) 空间性

组织产生于特定的社会背景中,组织的行政能力必然受制于特定的社会空间。例如,社会主义国家和资本主义国家其行政能力建设的目标、建设方式、建设资源等方面都存在巨大差异;同样,在不同社会体制下,企业的行政能力也存在明显的差别。

三、行政能力的分类

(一) 根据行政能力的复杂性,划分为简单行政能力、半复杂行政能力和复杂行政能力

1. 简单行政能力

简单行政能力是由单一技术和几个人构成的能力,例如计算机网络维护能力、文件处理能力就是涉及个别人员、单一技术的简单组织能力。

2. 半复杂行政能力

半复杂行政能力主要由一些相互交织的技术和较大的组织单位构成的能力,例如生产能力、制造能力就是涉及单一组织部门以及相关技术的半复

杂能力。

3. 复杂行政能力

复杂行政能力主要由涉及不同部门和组织单位的许多人员构成的复杂能力,例如行政服务、应急处置以及行政创新等会涉及组织的各个部门、组织的各种要素,是几种复杂能力类型。

(二) 根据组织的性质,划分为私人行政能力和公共行政能力

根据社会组织性质,社会组织主要划分为以营利为目的的企业和以公共服务为目的的公共组织两种类型。企业和公共组织具有不同的资源基础、资源组合方式、组织目标以及组织更新方式,这就导致企业(私人)行政能力和公共行政能力在能力建设主体、能力结构、能力建设等方面存在差异。

(三) 根据组织的行政职能,行政能力包含多种能力类型

对于企业而言,企业职能有多种划分方式,其中经典划分是法约尔提出的五项职能划分。根据法约尔的五项职能划分①,企业行政能力包括计划能力、组织能力、指挥能力、协调能力和控制能力。

对于政府而言,不同国家在不同历史时期承担不同的职能。当前,我国政府主要承担经济调节、市场监管、社会管理以及公共服务四项职能,据此,政府行政能力就包括经济调节能力、市场监管能力、社会管理能力和公共服务能力。

(四) 根据行政能力的地位,划分为基础行政能力、核心行政能力和亚核心行政能力

1. 基础行政能力

基础行政能力是指关系到组织的正常运行的一种能力。例如,企业的生产能力、销售能力就是其基础能力,而政府的汲取资源能力、政策制定能力、政策执行能力则是其基础能力。在现代社会,无论是企事业单位还是政府组织,基础行政能力集中体现在行政服务能力之上。

2. 核心行政能力

核心行政能力是指关系到组织发展的一种能力。市场的新陈代谢是企业无法回避的市场规律,如果企业自身的新陈代谢不能适应市场的变化,被淘汰出局就是无可避免的命运。同样,对于政府以及事业单位而言,其职能定位、公共服务类型、管理体制、组织文化等因素不能与社会需求相匹配,也必然导致内发性或诱致性改革。因此,行政创新能力已经成为关涉到组织发展的核心能力。例如,当前我国经济改革的核心在于创新,而政府本身自

① 亨利·法约尔著:《工业管理与一般管理》,机械工业出版社 2007 年版,第 45 页。

改革开放以来都处于自身变革之中。

3. **亚核心行政能力**

亚核心行政能力是指虽不能像核心能力那样决定组织发展的空间与潜力,但缺失这一能力,会致使组织陷入发展的困境的能力。在现代社会,不确定性、复杂性构成了组织生存的内外环境特征,任何一次突发危机都可能影响到组织的正常发展;同时,因技术的发展、经济全球化带来的时空压缩更增强了事件之间的关联性。这就导致行政应急处置能力成为组织一种必不可少并在关键问题上左右组织命运的能力。例如,2008 年美国的金融危机对于中国的加工产业乃至政府而言就是一次突发事件,由工厂业务的缩小致使工人下岗待业、出口贸易的缩减,进而到国内消费的递减、经济发展的放慢,再到整个社会的就业压力增加、社会的不稳定因素增多。

第二节 行政服务能力

从某种程度上说,任何组织竞争的基点都是服务,要想找出一个服务对其无足轻重的行业是极其困难的。

一、行政服务能力概述

(一) 服务的内涵与特征

1. **服务的内涵**

服务,既是一种理念,也是一种提供时间、空间和形式效用的或多或少具有无形特征的活动、过程和表现。它是在服务提供者与服务接受者互动的过程中完成,不发生所有权的转移,直接或间接地导致服务接受者空间和时间状态、心情、感受、满意度等的变化以及使接受者所拥有的物品形态发生让其满意的变化,同时使得服务提供者在这一过程中实现组织效益。

2. **服务的特征**

一是无形性。服务作为一个过程,不是实物,往往不可看到、触摸或感觉。

二是消费的差异性。没有完全一致的服务,服务的内容与水平随着顾客发生变化。

三是生产与消费的同时性。服务的生产与消费不是像有形商品那样是隔离的,而是同时发生。

四是不可储存性。服务作为一种活动或过程,是已逝和不能被存储的。

五是人作为产品的一部分。服务作为服务提供者和接受者之间的互动关系,需要顾客参与。

六是质量控制困难。服务生产和消费的共时性使得服务的质量很难控制。

七是顾客评价困难。服务的无形性使得顾客对服务质量的评价具有更多主观性。

八是服务的不可分和不可加性。服务的无形性和已逝性决定服务是不可分的,也不可以累加。

(二) 行政服务能力及其特点

1. 行政服务能力

作为组织的基础能力,行政服务能力是指组织以服务为价值导向,通过资源配置以最大限度的实现服务提供者与接受者之间互动过程中的效用最大化,以满足顾客需求,实现组织目标的能力。

2. 行政服务能力的特点

一是基础性。现代经济体系是以服务为中心。掌握服务的精髓,加强服务管理,理解服务竞争在国内外市场中如何为企业产品和服务获取并确立持久的竞争地位,对企业的生存发展奠定基础性作用。同时,对于政府而言,提供服务已经是一个不证自明的命题,争论的焦点已经转移到"以怎样的方式更有效地提供服务"。

二是战略性。服务作为维持企业和顾客长期互动关系的战略性要素,也是规范政府和事业单位改革的核心理念。因此,从组织的生存发展来看,行政服务能力建设是一项战略任务,行政服务能力也是一项战略能力。

三是难控制性。无论是企业服务,还是政府服务,都是在服务提供者和接受者的互动过程中产生,服务的生产与消费同时进行。这就使得行政服务能力往往体现在组织和服务接受者之间的互动过程中,因此相比于其他行政能力更加难以控制。

四是复杂性。关涉组织和服务接受者双方且处于过程中的行政服务能力,不仅仅取决于组织一方,而且受制于服务接受者。所以,无论是从行政服务能力的资源构成、影响因素,还是建设策略都较为复杂。

二、行政服务能力研究的必要性

(一) 对私人组织而言

1. 服务业迅猛发展的内在要求

服务业作为一种新的产业类型,已成为发达国家以及发展中国家的重要产业支柱。世界范围内的服务市场的不断增大,使得服务在经济中的主导型日益增强。企业的行政服务能力作为发展企业服务业的内在能力,必然走向企业能力建设的舞台前沿。

2. 行政服务能力是其他产业类型组织能力建设的必要内容

目前,传统的产业已经认识到进行市场竞争需要提供优质的服务,而不仅仅是生产产品。像汽车、计算机、软件等制造业以及信息技术产业都非常注重组织行政服务能力建设，由此才可能实现产品供给与顾客需求的相匹配，进而保障稳定的可发展的市场份额。

3. 行政服务能力带来利润

当前，行政服务能力作为关系到企业发展的基础行政能力，其建设的现状、效能如何将直接影响企业目标的实现程度。企业行政服务能力是实现企业利润的战略作用力。

（二）对公共组织而言

1. 行政服务能力是落实服务型政府建设的内在要求

服务型政府是政府改革的大趋势。衡量服务型政府建设的关键指标就是政府的行政服务能力。当前世界各国政府改革的宗旨就是提升政府的整体服务能力。

2. 公共组织的公共利益价值取向决定

公共组织的价值取向是最大限度的实现公共利益，而行政服务能力是实现公共利益的最直接作用力。因此，行政服务能力是由公共组织的“公共”性质决定的。

3. 行政服务能力是公共组织合法性的保障

行政服务能力决定公共组织能否为服务对象提供满足其需求的公共服务。服务对象对公共组织提供的公共服务的评价直接影响公共组织的合法性。

三、影响行政服务能力建设的因素

（一）观念问题

服务是一种新的观念。组织的惯性往往并不能给予这一新观念以正确的理解，使得组织要么忽视服务的价值，要么狭隘的理解服务，就必然影响组织的行政服务能力。

（二）行政服务能力与服务需求的适配程度

服务的生产和消费的同步发生，决定行政服务能力无法实现有效的库存，以应对顾客需求的波动和因此存在的不确定性，进而影响行政服务能力与服务需求之间的适配程度。行政服务能力与服务需求适配比例的高低决定行政服务能力建设的效用。

（三）资源数量和质量

行政能力是建立在组织资源的基础之上，组织资源涉及物质储备、人力资源、组织结构、组织文化、组织学习、顾客偏好等多个方面。其中任何一方面的资源匮乏或存在严重缺陷都会影响组织的行政服务能力。

（四）外部环境

组织生存的外部环境，比如地理环境、社会文化以及法律制度等会对行政服务能力产生积极或消极的作用力。例如,美国政治社会体制和中国政治社会体制的差异,很明显的对企业和政府的行政服务能力建设产生了不同的作用效果。

(五) 服务类型

综合性服务、专业性服务以及生产性服务在行政服务能力的需求以及建设上具有不同的内容。另外,根据服务的性质,服务又可以划分私人服务与公共服务,显然这两种不同的服务会直接影响到组织的行政服务能力建设。

四、提升行政服务能力的策略

(一) 提升私人行政服务能力的策略

1. 正确认识服务创造价值的观念

在现实中,服务往往被认为只存在于具体的服务行业,而不存在于生产、制造领域,这种观点使得私人行政失去了发展的更大可能空间及其潜在的市场价值。因此,需要纠正对服务的认识误区,树立“服务不仅仅作为一种具体的产业可以创造,同时作为一种理念贯穿到企业的每个角落”的观念,才能更加有效地进行行政服务能力建设。

2. 界定组织的宗旨与使命

私人行政的宗旨和使命是确定优先次序、制定战略、编制计划、进行工作安排的基础,是进行管理工作设计,特别是进行管理结构设计的出发点。因此,企业的宗旨和使命是行政服务能力建设的价值前提,也是横向行政服务能力效用的根本标准。企业的宗旨和使命,不是由公司的名称、规章来界定的,而是由顾客购买的商品或服务来界定的。在界定私人行政的宗旨与使命时,面对的首要问题就是“谁是我们的顾客？顾客在哪里？我们能给顾客带来什么”？

3. 确立可执行的组织目标

企业的宗旨和使命作为行政服务能力建设的价值规范,需要通过具体的可执行的目标来指导行政服务能力建设。具体的可执行的组织目标,为行政服务能力建设指明了方向,也为评估行政服务能力效用提供了具体指标。

4. 进行服务的需求管理

首先,了解需求。顾客的性别、年龄、收入、职业以及生活方式等特征都会从不同方面,以不同方式影响顾客对服务的不同需求。企业通过界定自身的宗旨与使命,也必然在顾客范围上有了一定程度的明确性,此时可以通过市场调查方法更加详细的把握顾客需求的服务类型、期望的服务水平。

其次,影响服务需求。企业不能直接控制顾客的服务需求。顾客服务需求受到很多因素的制约，包括价格、竞争者的服务能力和价格、潜在顾客的收入水平以及服务的便捷程度等。尽管如此，企业仍然可以通过以下一些方法去影响服务需求。一是定价，通过价格影响顾客的服务需求；二是使用服务预约系统预约需求，这一服务系统已经为许多服务企业采用，对于企业预测解决服务高潮具有很好的价值；三是开发互补性服务项目来扩大和吸引需求，再加上有力营销和价格优惠，会很大程度上影响服务需求，比如夏日滑雪；四是预先告知，通过告示、广告和信息等方式会很好的实现企业与顾客之间的服务需求沟通，减少因信息不对称而产生的供需不对称现象发生的几率。

5. **储备服务能力和调整服务能力实现具体服务的有效供给**

首先，物质储备。主要是对行政服务能力的有形设施、设备及产品的储备。这种形式的储备具有刚性，很难调整，但是充分的物质储备却是行政服务能力调整的必要条件。同时，因为物质储备会随着时间的推移而产生折旧，因此，物质储备应注意利用率问题。

其次，服务技能储备。服务技能或员工技能是员工提供服务所必需的能力和技能的综合或统称，一般可以分为技术技能和处理人际关系以及协调、沟通、解决问题的应变技能两部分。服务技能的储备原则是既有储备又不浪费资源。企业要在已有劳动力条件下对技能储备进行控制，需要严格管理工作时间内的过剩服务能力，确保在消费者需要时能快速反应。同时要有应急计划和保障措施，启用钟点工、临时工等方便雇用或辞退的劳动力资源，以满足突然到来的需求。另外，还应提高员工个人的技能储备水平，增加重新调配工作的可能性和灵活性。服务企业员工技能的形成和储备重在培养和培训。

再次，员工技能管理。员工的技能管理应尊重实际，充分发挥专业化战略或多样化战略的优点，在已有员工的技能总量和质量基础上，尽可能充分地利用员工技能，提高服务能力。尤其对于那些直接以技能劳动为主要服务内容的服务企业来说，最主要的资源就是员工的技能和时间。

6. **通过组织学习实现服务创新**

私人行政在认识到服务的价值，并注重服务的有效供给问题的同时，还要进行不断地学习，才能开辟新的服务，实现服务能力的新陈代谢。私人行政通过创造新的服务内容、服务方式来发掘顾客的潜在服务需求，乃至创造服务需求，一方面创造了私人行政价值，另一方面也获得产品的竞争优势。

（二）公共行政服务能力提升的策略

1. **明确公共产品与服务的消费者、生产者和提供者（或安排者）的内涵**

首先是消费者。公共产品与服务的消费者是指接受公共产品和服务并完成公共产品与服务消费过程的人或组织。组织，也是由人组成，所以终极意义上的公共产品与服务的消费者，是指特定区域的居民。

其次是生产者。公共产品与服务的生产者，是以直接生产产品，或者直接向消费者提供服务的形态存在的。生产者可以同时是提供者(安排者、埋单者)，比如公共行政组织直接投资举办企业生产公共产品的情形；也可以不是提供者，而仅作为生产者，比如公共行政组织采购非国有企业产品或服务时后者所处的情形——私人企业如果与公共行政组织签订合同，承担公共园林树木修剪和草坪维护的任务，这时私人企业即是这种公共产品服务的生产者。

再次是提供者(安排者)。公共产品与服务的提供者也可称为公共产品与服务的安排者，是指派生产者给消费者的主体，也是支付的主体(埋单者)。公共行政组织承担公共产品与服务的提供者之责，是由公共行政组织合理职能定位所决定的。公共行政组织作为资源配置的主体及资金支付主体，其身份既可以是提供者与生产者合一，也可以是提供者与生产者的分离。在一般情况下，公共行政组织的提供者与生产者身份分离，可以达到资源配置效益和公众福利最大化的目标。

市场经济环境下，强调对提供者与生产者是合一还是分离做合理选择，其意义是十分明显和十分重要的。例如，公共行政组织可以通过征税来获得资源(收入)，通过付费(支出)来购买公司的服务来保持市区人行道的清洁，这样做的结果通常要比公共行政组织自己维持一个专门的“清洁队”的效果为优。我们知道，计算机作为公共行政组织的办公设备属于公共产品，但公共行政组织通常没有必要为此专门成立计算机制造厂，而只需通过对相互竞争的制造厂商的招标采购来取得所需的品种即可，这样可以节省行政管理成本。

2. 以提供有效公共服务为目标，创新公共产品与服务的制度安排

根据公共产品与服务的生产者与提供者的不同，可将公共产品提供的制度安排分为四大类型。

一是生产者是公共行政组织，提供者也是公共行政组织。即公共行政组织同时扮演了提供者(安排者) 和生产者的角色。公共行政组织的服务，包括公共企业所提供的服务，如国有的自来水公司、电力公司、污水处理厂等的服务；还包括通过公共行政部门间协议的方式来为公众提供公共服务，即公共行政组织可签订协议付费给其他的公共行政组织，以提供涉及本辖区居民的公共服务。

二是生产者是公共行政组织部门，提供者是私人部门。提供者是私人部门，生产者是公共行政组织部门的制度安排，只有一种特例形式，即公共行政组织出售服务。

三是生产者是私人部门，安排者是公共行政组织。这种情况涉及较标准的公共行政组织采购、特许经营、补助等形式。(1) 合同承包。合同承包是公共行政组织和私人企业之间签订的关于产品和服务的合同。此时，公共行政组织是安排者，而非公共行政组织企业是生产者，安排者付费给生产者。例如，在英国，1988 年的《地方政府组织法》要求，六种基本的市政服务必须经过竞争性招标来安排，包括生活垃圾收集、街道清洁、公共建筑清扫、车辆保养维修、地面维护和饮食服务等。合同承包方式提供的产品和服务应当符合这样一些条件：其一，通过合同承包方式提供的产品与服务能够清楚地界定出来。其二，要存在几个潜在的竞争者。其三，公共行政组织能够监测承包商的工作绩效。其四，承包的条件和具体要求在合同文本中有明确规定并保证落实。(2) 特许经营。特许经营是指公共行政组织将垄断性特权给予某一私营企业，让它在特定的领域里和规定的时间段内提供特定服务，通常是在公共行政组织机构的价格管制下进行。在特许经营的制度安排中，公共行政组织是安排者，私人组织是生产者。(3) 补助。即公共行政组织通过补助来促使私人部门为公众提供准公共产品与服务。其方式有资金补助、免税或税收优惠、低息贷款、贷款担保等。

四是生产者和安排者均是私人部门。这类情况大致有志愿服务、自我服务等特例。志愿服务，即通过志愿者的劳动或支付向那些需要帮助的人提供公共产品与服务，它是对公共行政组织直接提供不足的一种补充。志愿者既可以自己直接提供服务，也可以通过雇用和付费给私人企业来提供服务。例如，我国通过志愿服务建立的希望小学。自我服务，又如，“养儿防老”式的自我保障服务等。

3. 构建公共部门之间、公共部门与社会之间的合作服务网络关系

一般认为，在现代市场经济条件下，政府部门、市场主体、第三部门及自愿组织都成为公共服务的供给主体。在公共服务供给中要进一步合理定位不同主体的角色，从而以最佳的规模和最低的成本提供最为优质的公共服务①。在合作网络中，第一，各组织之间相互依赖，这意味着政府部门、私人部门与志愿组织界限的改变与模糊化；第二，网络成员间的持续互动，组织网络成员间频繁的互动关系意味着资源交换与共同目标协商的重要性；第三，协商和博弈的互动方式，网络成员间的互动关系是基于信任以及网络成员间相互认同的规则；第四，相当程度的自主性，网络状态是处于自我管理的情境；第五，网络内多元主体之间相互学习。

① 田永贤：《公共服务供给的组织间合作网络》，《东南学术》，2008 年第 1 期。

4. 关注服务型公共组织建设

服务型公共组织是指在现代民主政治与宪政体系下所建立的一种以公民为本位,通过提供公共服务与公共产品,满足公民公共需求,承担公共责任,从而提升公民公共生活质量、促进人自由发展的现代公共组织模式。服务型公共组织的建设关键要强化 7 种要素的组合。

首先是职责结构、决策、制度“3 个硬要素”的有机结合。职责结构,即政府部门与非盈利公共部门的组织形式、职能分配、工作内容要有清晰的界定,并形成有机的协作关系;决策,涉及政府组织与非盈利公共部门的各种资源、项目方案、发展目标的安排和计划;制度,涉及政府组织与非盈利公共部门工作的方式、方法和流程手续。

其次是公务人员、服务价值观、服务文化、社会公众参与“4 个软要素”的相互融合。公务人员,即政府部门中从事行政工作的人员,以及他们的工作经历和工作技能;服务价值观,政府的价值导向是唯一的,即为公众服务;服务型文化,政府努力塑造与服务价值导向相吻合的服务氛围,最终被反复强化为一种文化认同;社会公众的参与,公众需求成为政府决策的一个不可或缺的重要方面。

第三节 行政应急处置能力

一、行政应急处置能力概述

(一) 突发事件及其特征

1. 突发事件的定义

“突发性事件”,是指预料之外发生的、能够在短时间内对一个组织的基本价值和行为准则架构产生严重威胁,并且需要在短时间内和不确定性的压力下快速作出决策的事件。

2. 突发事件的特征

一是突发性。突发事件的发生虽然有一个量变到质变的过程,但其发生往往不在人们的预见范围内,使人一时之间无力应对。

二是影响的持续性。突发事件对组织产生的影响可能不仅仅在于其爆发的短暂时间,在时间、地域范围内都会扩散,并且会在较长一段时间内对组织造成影响。

三是影响的社会性。一次事件的发生不只对组织内部产生影响,而且会对组织的社会形象及未来发展产生影响。

四是危害性。不论什么性质和规模的突发事件,都必然会不同程度地给组织造成一定危害,而且往往会具有“连带反应”,有可能引发次生或衍生事故，导致更大的损失和问题。

五是高度的不确定性。危机事件的发生往往有复杂的背景并且是各方面因素长期累积的结果，而且其发生的时间、地点、导致的后果等一系列因素也是不确定的。

六是双重性。突发性事件对一个组织而言可能是挑战，更多的是机遇。发现、抓住潜在的成功机会，组织将会有意外收获；而错误地估计形势，并令事态进一步恶化，则会使组织面临更大的困境。

（二）行政应急处置能力及其特征

1. 行政应急处置能力

行政应急处置能力，就是指组织面对其内外部环境发生的突发性事件，调配相关力量，进行快速反应、协调和处理，以期能够有效地消除不利影响、减少损失的能力。

2. 行政应急处置能力的特征

行政应急处置能力除具有行政能力的基本特征外，还具有以下特征：

一是亚核心地位。行政应急处置能力是在现代社会，随着组织生存环境的日益不确定性，组织面临的与其生存发展相关的突发性事件发生的频繁性而产生的一种日益受到组织重视的一种行政能力。这种能力伴随着突发性事件对组织过程的冲击力度的增大，逐渐成为影响组织目标实现的一种关键能力。

二是极强的针对性。行政应急处置能力总是针对特定的突发事件进行知识积累、资源配置，不同的突发事件其知识基础、物质基础是不同的。比如，自然灾害与社会突发事件就会采取不同的应急处置方案，体现不同的应急处置能力。

三是成功率不是百分之百。再强大的行政应急处置能力也不能确保突发事件的成功解决，化危难于无形之中。这就要求，组织不要因为自身建立了应急处置机制，就放松警惕，行政应急处置能力需要不断地建设。

二、行政应急处置能力建设的作用

（一）有利于科学地认识行政应急处置能力

尽管对行政应急处置能力的重视，始于外在的突发事件，但其意义不止于解决危机，还包括思考组织怎样避免自身成为诱发突发事件的因素，使得组织与社会和谐共存，降低突发事件发生的几率，以及如何化解危机，以获得良好的组织效应。

（二）减少资源损失

一方面，建立完善的应急机制可以最大限度地减少突发事件中人、财、物的损失；另一方面，科学的应急体制能够更好地整合应急处置的资源，在应急处理过程中以最小的代价收到最大的成效,最大限度地维护组织和社会公众的利益。

（三）提升行政服务能力

具备良好的应急处置能力的组织,能够在突发状况下依然保持理性,把压力转变为变革的推动力和催化剂,并且从容地从紧急情况中发现自身的薄弱环节,从而使其成为新的发展领域。换言之,趋于完备的应急处置体制使组织拥有更多发展和创新的机会,完善自己的结构、功能,提升行政服务的能力。

（四）塑造良好的组织形象

突发事件的发生会给组织和社会公众造成大面积的灾难和痛苦,使事件本身成为社会公众关注的焦点,社会上普遍存在震撼和恐慌心理。如果应急不当,组织将会逐渐丧失来自公众的认同和行为支持这一基础条件,造成极大的形象损伤。反之,良好的应急处置能力能够使组织在应急处理过程中塑造良好的外部形象,赢得公众的认同和赞赏,获取难得的“信任票”,从而变“危机”为“契机”,为今后的发展蓄积资源。

三、突发事件的主要来源

（一）工作场所中的突发事件

无论是在企业,还是在政府工作场所,都可能产生突发性事件。例如,深圳富士康员工接连跳楼突发事件,河北大学李刚事件。工作场所中的员工发牢骚、明显的威胁信号以及已经存在的职场暴力是预防工作场所突发事件的重要线索。

（二）健康领域的突发事件

当前,流行性疾病和传染性病毒已经成为引发突发事件的重要因素。2003年“非典”、2009年甲型H1N1等都是健康领域典型的突发事件。目前,世界各国政府以及社会组织都针对性地建立应对这一领域突发事件的应急措施。

（三）自然灾害突发事件

近几年,因自然灾害而带来的危机日渐增多。2005年美国卡特里娜飓风、2006年印度尼西亚海啸、2008年中国汶川地震、2011年日本地震等自然灾害所造成的损害让世界各国政府深刻反思人类的行为以及政府应对自然灾害的能力。

（四）工业和环境领域突发事件

2011年日本大地震引发的核电站危机大过这次地震带来的损害;我国由食品安全、空气污染引发的恐慌所造成的影响也不可低估。工业在创造物质财富的同时,也给人类的生活带来不安全的隐患。

（五）恐怖主义突发事件

2011 年重大新闻之一就是本·拉登被击毙。近几年，引发地区性战争的重要因素就是恐怖主义。当前，世界主要国家都将打击恐怖主义作为国家的重要任务，这根源于恐怖主义威胁着每一个社会个体的生命安全和社会的基本秩序。

（六）政治改革领域的突发事件

20 世纪后半叶，因政治改革而引发突发事件的频率较高，尤其是在发展中国家。进入 21 世纪之后，和平与发展仍然是世界趋势，各国的政治改革由激进转为平和，但不能排除政治改革而再次引发突发事件的可能性。

四、提升行政应急处置能力的策略

（一）明确应急处置能力建设的原则

1. 时间第一原则

突发性事件具有紧迫性、破坏性大的特点，因此必须在其发生的第一时间内分析形势，作出决策，以期能够减少损失，安抚公众，以防事态向着更坏的方向发展。要做到这一点，必须有畅通的信息渠道和清醒的应急意识，并且善于在紧急情况下抓住关键因素，以最精简高效的组织快速实现有效处置的目标。

2. 以人为本原则

突发性的事件往往会对人的生命、财产安全构成威胁，因此，在应急处置过程中，最重要的是抢救生命与保障人们的基本生存条件。遵循这一理念，就是要做好预控工作，危急状况发生时，尽最大力量保护公民的人身安全和财产安全，还要注意以人的后续发展为考虑重点。

3. 真诚坦率原则

突发事件具有高度的不确定性和信息缺失的特点，对于外部公众而言，往往会产生许多猜疑，甚至是谣言，这些都不利于事态的控制和处理。在应急处置过程中，要建立及时的信息公开制度，一方面能防止谣言四散和不良影响扩大；另一方面，又能够获得公众的理解和支持，减少非常态状态下组织活动的阻力。

4. 公众参与原则

应急处置作为组织中特殊事务的处理，单靠组织内部的人员是难以完满解决的。因此要在决策、资源的筹备到具体执行整个处理过程中调集公众广泛参与，这样不仅能够提高应急处置的效率，而且能够在处理过程中使组织树立良好的组织形象，获得公众的信任与支持，更好地化解矛盾和危机。

（二）提升私人行政应急处置能力的基本策略

1. 企业在组织定位上要嵌入社会体系

企业在社会中的角色定位本身就是突发事件的诱因。例如，生产安全事件、食品安全事件、污染事件等突发性事件往往根源于企业狭隘的利益定位，造成企业与其赖以生存的社会产生冲突。所以，企业要避免突发事件，首先就要树立正确的价值定位，最重要的就是企业与其生存的社会体系实现利益相嵌。

2. 建立突发事件预警机制

首先，增强危机意识和危机感。危机意识和危机感是企业应对突发事件的前提要素。危机意识和危机感有助于企业始终处于自查状态，为应对突发事件做好充分准备。

其次，建立信息系统。信息系统的建立，有利于企业把握、留意关键的信息，一方面辅助企业将突发事件的发生率降到最低点；另一方面有助于企业针对突发事件做出更加科学的决策。

3. 构建应急管理体系

首先，建立一个统一领导、分工负责的应急管理机构。应急管理机构的职能在于制定应急处置的战略、政策和规划，进行突发情况下的信息管理活动，对组织所要面临的风险进行科学评估和预测，在常态管理中，负责突发事件的预防和预警工作，在紧急状态下，负责领导、协调与调度工作，负责应急处置的监督管理工作，对组织成员、利益相关者及社会公众进行应急处置的教育和培训等。

其次，建立有效的信息管理与沟通机制。信息是化解危机的核心资源，掌握关键信息往往决定应急管理的成败。沟通不仅仅可以获得信息，同时良好的沟通还有利于消灭谣言、有效控制事态发展，有利于加强应急管理中的协调工作，起到稳定局面、警示、教育、监督等多种作用。

再次，储备充分的物质和财政资源。充分的物质准备和财政资源支持是突发性事件能否得到有效处理的关键，因为这方面的缺陷往往是导致事态产生和扩大的一个重要因素。企业应该将应急处理所需要的资源储备纳入企业预算当中，以便在危机到来之时，能够从内部着手，快速应对。

4. 培训员工的应急处置意识及能力

首先，员工应急意识培养。(1) 消除对“稳定压倒一切”的片面认识，在日常工作中随时做好应对危机的准备。(2) 学会在常态管理中预见危机，加强应急处置能力。(3) 培育组织成员的责任意识，使其在突发状况发生时敢于承担责任。

其次，员工应急处置能力培养。(1) 员工要勤于学习，掌握突发事件管理的知识。(2) 要勇于实践,在实践中锻炼应对突发事件的技能。

5. 通过组织学习,增强行政应急处置能力

组织通过经历突发事件的应急处置以及学习其他组织的应急处置,将会使应急处置能力成为组织的一种日常优秀品质,使自身的应急管理体系更加实用。企业开展组织学习的方式,既可以通过服务外包的方式,也可以通过组织内部建立学习小组进行自查,以实现对员工的应急处置能力培训、发现组织应急处置能力建设存在问题,进而改良组织行政应急处置能力。

6. 增强企业与政府、社会之间的沟通与合作

从突发性事件的类型来看,企业面临的诸多社会性突发事件,往往涉及消费者、其他社会组织、政府等多元利益主体。由于解决突发事件的时效要求,这需要企业积极与政府以及其他社会组织进行沟通,建立应对突发事件的合作机制,以更有效地解决突发事件,降低成本。企业可以通过建立面向社会的信息公开机制、面向政府的信息沟通机制实现三者之间的沟通与合作。

(三) 提升公共行政应急处置能力的基本策略

1. 增强全社会的应急处置意识

社会主体对危机意识的增强,将有利于形成一种社会性的危机管理氛围,使政府在这一氛围之下都不会轻易忽视对突发事件的管理。同时社会主体的危机意识的增强也会使自身在不同场合下,都有助于化解危机,而不是危机下的恐慌或不知所措。我们可以通过多种方式来培育全民的危机意识以及应急处置能力:把应对各种突发事件的基本知识和技能的教育作为素质教育的一个组成部分;利用各种形式对社会公众进行应急管理知识和技能的传播和教育,如通过定期出版物、宣传品、互联网、展览、专题讲座等;突发状况下动员社会力量化解危机,在实践中提升其应急处置能力。

2. 完善危机预警机制和应急管理体系

经济的全球化和虚拟网络的冲击使世界各国政府都面临一种不确定的社会环境。目前各国政府都非常重视危机管理,并根据突发事件的种类制定了不同的危机预警机制和应急管理体系。我国政府自上而下已经形成了一套系统的危机管理体系,当前的主要任务就是在实践中检验和完善既有的危机管理系统。

3. 加强政府与社会之间的沟通合作

对于政府而言,针对公共性突发性事件,更需要政府向社会实现信息公开,并在信息沟通的基础上实现政府整合社会资源解决危机。当前加强政府与社会之间的沟通合作,主要在于完善信息公开制度。

4. 寻求和积极促成应急处置管理的多边合作和国际合作

随着全球经济一体化的趋势和信息技术的发展，世界成为一个"地球村"，这对各国政府的应急管理职能带来了发展机遇，并提出了严峻挑战。在此背景下，加强全球合作、利用国际力量应对各种全球性危机也就显得极为必要了。因此，我们要积极争取国际性的组织和地区性的组织在资金、人员、技术、教育和培训以及道义上的支持，同时加强与国际组织在信息方面的沟通，以全面提升行政应急处置能力。

第四节　行政创新能力

一、行政创新能力概述

(一) 创新的内涵

根据组织性质的不同，创新在企业和公共部门中存在不同的理解。

对于企业来说，创新一般被理解为"以某种形式发生的变化，主要体现在产品、程序、定位以及模式创新四个方面"，创新的目的是为企业创造价值，实现企业的利润需求。对于公共部门来说，创新必须是一些值得去做的有价值的事情。公共部门的创新必须是一种原创性的破坏行为，这种破坏行为要能够创造公共价值。创新在公共部门中并不像在企业中获得"组织品质"、"日常优秀实践准则"的待遇，而是更多的体现为一种"大胆的举措"的"非正常现象"。

(二) 行政创新能力及其特征

1. 行政创新能力

尽管创新在企业和公共部门中存在不同的内涵，但是从创新的过程来看，都是通过资源重组实现不同的创新内容。因此，作为组织核心能力的行政创新能力，就是指组织通过组织学习，打破既有的资源组织模式，进行新的组织资源再配置，以实现组织目标的能力。

2. 行政创新能力的特征

一是地位的核心性。组织的生存发展建立在社会的外部需求之上，外部需求的变化意味着组织要不断地调整组织资源的组合方式，以适应新的需要或者通过积极地调整开创新的外部需求。在日益复杂的充满不确定性的环境下，行政创新能力已然成为决定组织发展的关键能力。

二是破坏性。行政创新能力总是在打破既有的模式基础上进行的新的建设，模仿、复制不是创新。正是因为如此，创新往往面临来自方方面面的障碍，所以组织更加倾向于复制别人的创新成果。

三是高风险性。创新并不一定能够获得成功，但却打破了组织生存的原有基础。正因为如此,组织的每一次创新投资都可能决定组织的生死存亡。

二、行政创新能力研究的必要性

(一) 对私人组织而言

1. 企业生存和发展的动力

新产品能够帮助企业占领和维持市场份额及增长该部分市场的收益,同时研发新产品也是一项重要的能力,能够帮助企业适应不断变化的外在需求。而程序创新则对于企业的发展扮演着重要的战略角色。例如,在20世纪末,日本在汽车、造船业和家用电器等制造领域有较高的能力,这源于日本坚持程序创新这一贯格调的结果。

2. 为企业获取战略优势

创新可以帮助企业创造附加值更高的产品,创新的内容可以形成知识产权,创新也可能帮助企业打破既有的市场份额分配比例。产品服务的复杂性、受法律保护的知识产权、重新安排的市场分配规则都将为企业赢得战略优势。

(二) 对公共组织而言

1. 公共部门发展的历史就是创新的过程

公共部门不同于私营企业的一个核心特征就是其“公共性”。公共性意味着公共部门不能够像企业那样具有责任的内部性取向;公共部门不会像企业那样在运营不善的情况下申请破产。公共部门必须是运行良好的,能够满足社会的不断变化的要求,不断地创造公共价值。也就是说,公共部门从来就没有安静过,它总是在不断的争吵、争议中进行着变革。从长期来看,政府改革的过程就是创新过程,政府的进步实质也是创新的结果。

2. 行政创新能力建设有利于创新成为公共部门的日常品质

从历史过程来看,虽然公共部门总是处于周期较长的创新过程中,但具体到特定的历史时期,我们总是会发现,公共组织的创新并不像企业那样被视为组织的一种正常行为。创新成为公共部门的日常品质将有利于公共组织变革范式的变化,有利于解决关于公共部门改革的不同观点的无休止的争论,有利于化解公共部门创新的必要性与创新的艰难性之间的困境。

三、行政创新能力建设的目标定位

(一) 私人行政创新能力建设的目标定位

私人组织的行政创新能力建设就是创新管理,提高创新成功的几率。“事实证明,目前的创新管理研究不能单纯的固定在像科技、市场和组织变革互动这样的某一个领域上。良好的研发管理可能促进科技创新的效率并提高科技创新能力,但是却不能保证科技转化为生产力的效率,因此也就保证不了商业或是金融活动的成功。即使是最昂贵、最复杂的市场研究也无法确定潜在的新产品和新服务。扁平化组织结构和精简化的业务流程可以提高目前的产品和服务效率,却不能确认出新产品和服务或是提高它们的效率,有时反而因为科技和市场的变化而使产品过剩”。这也就是说,创新管理应当致力于提供技术、市场和组织变革管理相结合的统一的管理框架,应该努力寻找有利于创新管理的结构和程序之间的联系,以及在具体技术和市场环境下的创新机会,为认识创新管理提供一个综合的视角,通过这种综合视角的创新管理才可能提高创新的成功几率。

(二) 公共行政创新能力建设的目标定位

公共组织的行政创新能力建设就是打造创新型组织,营造创新的环境。一般来说,有关公共组织创新问题的研究性著作,其论述的并不是如何设计创新型组织,而是如何使某次创新活动得以完成,完全描述创新型组织设计的论著是没有的。然而,公共部门需要的不仅仅是一次创新成功,更重要的是能够使创新在组织中遍地开花。鉴于创新问题的研究现状,公共部门的行政创新能力建设只能期望建立一套合理的和有益的组织生存理想状态系统。也即,在其他因素不变的条件下,创造对组织创新有利的条件状态。

四、提升行政创新能力的策略

(一) 提升私人行政创新能力的策略

1. 管理创新型组织

要成为管理创新组织,必须做到:

第一,缔造创新的愿景,营造创新氛围来打破思维定势,开创创新局面。

第二,构建适合组织需要的组织结构。

第三,技术主持者、项目发起人以及过程把关人构成成功创新的关键主体。

第四,员工培训。培训有助于员工获得创造设计新颖、质量上乘的产品或服务的能力,让员工知道“怎么做”,而且为改革项目的推行注入了强力润滑剂;培训还有助于员工养成良好的学习习惯,这是构建学习型组织的基础。

第五,创新是组织所有员工的事。由于对这种创新方式潜在能量日益增长的认识,管理问题已经从是否尝试员工参与转移到如何使员工进行参与了。

第六,创新团队管理。团队比个人更容易产生新的观点,在问题的解决上也更具有灵活性。

第七,外向定位。成功创新型组织需要培养一种外向定位的意识,企业需要建立一种有助于时常沟通交流的联系,为问题的解决和共同的创新提供有效信息。

第八,建立一种有助于解决冲突和提高不同层面交流的透明度和频率的机制。这对于创新成功是非常重要的,尤其是由于许多问题的解决需要组合不同知识背景的人员,而他们却散布在企业的不同部门中。

第九,创新是一种学习周期,包括试验、应用、反思和巩固的过程,需要构建一个学习型组织。

2. 创新的战略定位

首先,国家定位和竞争定位。企业所处的国家环境以及市场竞争环境对创新战略具有重要影响。企业植根于的国家创新系统,在一定程度上决定了企业在应对机遇和挑战时的选择范围。同时,与竞争对手相比,企业的市场定位在一定程度上决定了它们面临的以创新为依托的机遇和挑战。

其次,打破狭隘的技术路径依赖。企业现在和未来可能的技术知识状况及企业已有的技术生产方式这两个因素制约着企业的创新战略,使得企业的创新具有路径依赖。创新作为一种破坏性行为,需要企业从产业发展和国家经济政策双重视角进行创新的战略定位,打破狭隘的技术路径依赖。

再次,创新组织流程。企业所遵从的组织过程,联系企业不同职能部门间的战略信息。而战略信息又是企业制定创新战略的基本依据。因此,在现代企业组织流程再造过程中,企业更加注重利用现代信息技术实现企业职能部门之间的信息互通,为企业创新奠定基础。

3. 创新管理的执行

一是获取信息。创新的过程始于搜集各种触发信号,这些信号可能是关于技术的、市场的、竞争对手的,还可能是关于政策的转变或者环境管理及新的社会潮流等。有许多方法可以帮助有效寻找关键的信息:确定市场边界,了解市场的动态性,发现趋势点,监控目前技术发展的趋势,市场预测,技术预测,整合对未来的预测,从各个方面的学习,利益相关者参与等。

二是进行战略制定。这一阶段,组织要解决以下任务:建立对战略分析起支持作用的规程;建立有助于策略选择的程序;进行资产组合管理,可以使用利益测量技术、经济模型以及资产组合模型来解决这一问题;建立联合,包括内部团队的建设以及外部的合作;战略流程监控,发现问题。

三是获取创新知识。这一阶段是综合现有知识和新知识,为创新问题提供解决方法,它包括技术知识的产生及市场知识和技术转移。具体方式有默许知识、内部知识研发、外部网络联系等。而对技术转移需要建立在选择能力、协商能力、实施能力、建立和维持外购技术网络的能力以及学习能力之上。

四是实施阶段。这一阶段将观念转化成产品、服务或程序。应做好：实现创新项目的“良性操作”，实现设计者、制造者、销售者及使用者的早期互动参与，实现企业内部的协同作业，根据任务建构合理的项目结构，实现有效运作的团队作业，团队内部实现项目设想的共享，具有先进的支持工具——计算机基础工具、快速成型技术和方法、质量功能开发、设计规程以及产品数据管理。

五是投放市场。与技术开发过程相对应的是识别、开发和准备新产品或服务的推广市场。这一阶段的项目运作包括：顾客测试，市场测试市场开发战略的制定，市场营销计划的制订，开发一个支持性组织，内部市场推广——变革管理。

六是促进学习和再创新。所有变革过程的最后阶段应该是对这个计划的回顾和从中获取知识的过程。企业可以通过建立创新信息系统、创新过程交流会、学习小组学习会等各种方式促进创新学习。

4. 向市场学习

首先，技术和市场都相当成熟，关键在于如何与竞争对手的产品和服务产生差别化，当然也可以运用标准的营销技术。

其次，现有的技术投放到市场，即产生组合创新，关键在于重新细分市场，确定潜在市场和客户。

再次，新产品投入市场，关键又在于要明确新产品相较现有产品的独特优势，从而根据行为特征识别目标用户。

最后，市场和产品都很复杂，关键是要找出产品开发者和潜在用户的关系。

5. 企业从合作中学习

为了发展和取得商业利益，几乎所有的创新都需要某些合作式的筹备活动。通过合作，至少可以为企业带来以下好处：降低技术开发和市场进入的成本，降低开发风险和市场进入风险，在生产中取得规模效益，降低新产品的开发和商业周期，促进相互学习。尽管合作也存在着泄露信息、失去发展控制权或所有权、偏离目标轨道的风险以及合作的方式受制于合作双方的动机、偏好、技术和市场法则，但是从企业之间建立的网络关系来看，合作显然已经被理解为处理不同市场和技术日益增加的复杂性和相关性的一种尝试。

（二）提升公共行政创新能力的策略

1. 树立创新型组织的观念

公共部门的创新往往集中在针对某个问题而期望进行的一次创新行

为,结果是以利益的均衡为代价实现折扣型创新。从发展的视角来看,组织需要创新成为一种日常的优秀品质,而不是一次惊天动地的行为,因此,将行政创新能力的视角定位在创新型组织建设上,树立创新型组织观念本身就是一次创新。

2. 建构合适的组织结构

第一,保持精简的组织。无论从常规的角度、还是从非常规的角度来看,多数生存创新组织相对而言都是机构精简的组织。完全扁平化的组织结构无法做到,但强调组织的精简却有利于追求利用现代技术、流程再造等创造精干的组织。

第二,组织权力的下放。创新型组织都特别擅长于将权力下放到组织的一线,因为那里才是组织与外部世界接触的地方。不幸的是,公共部门却往往只赋予高层以创新的自由,且他们拥有权力却难以履行其应有的职责。因此,构建创新组织需要打破这种权力控制习惯。

第三,减少内部合作障碍。只有组织相信创造力在组织中随处可见,那么它才会减少内部合作障碍,努力创造机会以便使员工能够共享创意、交流信息、建立友谊关系,形成合作伙伴关系。

第四,创造进行试验的空间,为创新活动准备潜在基金。创新必须付诸行动,才可能发现创新的价值,而创新试验可以在同时实现此目的的同时减低创新的成本。比如组建一个特殊任务小组以完成解决难题的思考任务,成立一个特别单位以在组织外部环境中搜索潜在的创意。

第五,准备好应对压力。压力对于创新型组织来说,既是不可避免的,也是保持正确的组织使命的必要条件。创新作为一种破坏性行为,承担压力是必然的。所以,公共部门在进行创新之前,必须从经济、政治、知识等各方面做好应对来自各方面的压力。公共部门应对内外压力的关键在于强有力的政治支持和较为成熟的创新理论。

3. 领导者是组织创新的关键

第一,善于创造创新愿景,告诉组织成员出于何种正当理由进行创新。

第二,有利于创新的领导者的个性特征有很多,其中一个比较重要的是领导者必须具有较好的灵活性。

第三,沟通能力在领导者的创新愿景和组织的总体使命之间起着必要的连接作用,沟通也是可以帮助组织和外部环境之间连接的必要工具。

第四,领导一个创新型组织并不是一件容易的事,它需要体力和脑力方面的韧性。

第五,领导者在创新发展的不同阶段,面临着不同的任务,也就需要不同的创新技巧来有效地完成创新过程。对于培养理想的领导能力,方法很多,以下十种做法可以借鉴：改革领导作风;明确决策人;号召创意;允许失败;充分沟通;关注创新的先后顺序;告诉组织如何说“不”以及为何说“是”;恪守信念;保持敏锐的直觉;保持个人生活与组织工作的平衡。

4. 创新行为依赖于良好的管理机制

第一,使命管理。使命管理的目标不是制定一个完美的使命陈述报告,而是要确定组织的服务对象、组织价值观、组织目标以及当组织目标实现之后组织做些什么。使命管理包括战略管理、未来预测、评估以及与组织外部环境的接触。

第二,薪酬和人事管理。薪酬在提高组织绩效方面发挥着促进作用,对于创新的作用并不是很明显的,但是薪酬上的受挫必然会影响组织的绩效,进而影响组织创新。人事中的提升、工作安排、情况的复杂性以及时间延误等这些常见的人事机制都会影响组织创新。

第三,学习管理。学习管理不仅仅局限于学习机制的建设(学习机制是指一套具体的、有助于帮助组织进行学习活动的行为体系),更重要的是建设学习型组织(指的是一个整体的组织的特征,包括组织环境、科层制、领导层以及管理机制)。

第四,创意管理。组织并不能坐等创意的出现,它可以创建规范的机制以催生创意的出现,这些机制包括设立建议箱、开展战略规划活动以及开展正式的新创意竞赛。

第五,预算管理。创新型组织必须在资产保值压力与进行风险投资的必要性之间进行平衡,这意味着,至少要做一些努力以创建一种保险机制,从而能够在创新活动耗尽组织资源并威胁到组织生存前,终止创新活动。

第六,责任与治理管理。为确保员工对其行为负责,组织可以采用遵从型责任模式、生产力责任模式以及绩效型责任模式。采用何种模式,在很大程度上揭示了一个组织的运营方式。在创建理想的管理机制中,以下方法值得借鉴：淡化薪酬;测量绩效;庆祝成功;拥有快乐;使管理机制服务于组织使命,而不是相反;严肃管理;减少风险的危害性;倾听受众;倾听组织;继续学习。

5. 营造创新环境

第一,以使命为中心。明确的组织使命,使组织清楚在外部环境中正在做什么,应该做什么。组织使命是组织一切行为成功的前提。

第二,做适度之事,积累创新资源。创新中的一个关键问题就是要把握一个度,即一方面是要做出足够的努力使主流思想得以改变,而另一方面又不至于用力过度,以免使特定的创新行为触发导致外部环境不愿让步这一不利因素的出现。

第三,接受变化。所有的组织都会面临动荡局面或冲击状态。对于公共部门而言,一方面要接受现实的变化,这样才能为调整心态、采取新的行为做好思想上的准备;另一方面要不断地训练将艰难的环境压力转化为创新的有利时机。

第四,与市场联手。市场不应该被视为对公共部门产生压力的要素,市场本身就是一个重要的外部资源。公共部门应当将市场看作是可以利用的渠道和可供开发的资源。

第五,减少外部合作障碍。合作对于实现组织目标的重要作用,已经为越来越多的组织认同,第三部门的出现、政策网络理论在一个方面上都是在论证合作的重要意义。而公共部门的创新因其"公共性"以及涉及的层面的多样性而使得创新需要与外部建立积极的合作关系,进而促进组织创新的成功。

第六,关注成果。通过关注成果,可以帮助组织与外界建立良好的互动关系。组织关注的不是资金和精力用得如何好,而是它们所花费的资金和精力以及它们所从事的行动怎样对现实世界产生影响。通过关注影响,获得更多的外部信息、外部支持,进而调整组织的战略部署。

第七,改变传统观念。传统观念往往认为外界环境与组织之间是一种敌对的状态,其实组织与外界环境之间完全可以建立一种良性互动、合作的关系,组织可以视外界环境为一种可以利用的资源,可以视外界环境可以进行改变的,以利于组织的创新。

【知识要点】

1. 行政能力是指社会组织在法律范围内,通过不断的组织学习,实现自身资源最佳组合而形成的旨在实现组织目标的能力,包含组织资源及其配置方式、组织目标和组织学习三个核心要素。行政能力具有系统性、动态性、空间性特征。

2. 行政能力具有四种划分方式。根据行政能力的复杂性,行政能力分为简单行政能力、半复杂行政能力和复杂行政能力。根据组织的性质,行政能力划分为私人行政能力和公共行政能力。根据组织的行政职能,企业行政能力包括计划能力、组织能力、指挥能力、协调能力和控制能力;政府行政能力就包括经济调节能力、市场监管能力、社会管理能力和公共服务能力。根据行政能力的地位,行政能力划分为基础行政能力、核心行政能力和亚核心行政能力。

3. 行政服务能力是指组织以服务为价值导向,通过资源配置以最大限度的实现服务提供者与接受者之间互动过程中的效用最大化,以满足顾客需求,实现组织目标的组织能力。行政服务能力具有基础性、战略性、难控制性、复杂性特征。

4. 影响行政服务能力建设的因素主要有：观念问题；行政服务能力与服务需求的适配程度；资源数量与质量；外部环境；服务类型。

5. 提升私人行政服务能力的策略：正确认识服务创造价值的观念；界定组织的宗旨与使命；确立可执行的组织目标；进行服务的需求管理；储备服务能力和调整服务能力实现具体服务的有效供给；通过组织学习实现服务创新。

6. 提升公共行政服务能力的策略：明确公共产品与服务的消费者、生产者和提供者(或安排者)概念内涵；以提供有效公共服务为目标,创新公共产品与服务的制度安排；构建公共部门之间、公共部门与社会之间的合作服务网络关系；关注服务型公共组织建设。

7. 突发性事件是指预料之外发生的、能够在短时间内对一个组织的基本价值和行为准则架构产生严重威胁,并且需要在短时间内和不确定性的压力下快速作出决策的事件。突发性事件具有突发性、影响的持续性、影响的社会性、危害性、高度的不确定性以及双重性等特征。

8. 行政应急处置能力,就是指组织面对其内外部环境发生的突发性事件,调配相关力量,进行快速反应、协调和处理,以期能够有效地消除不利影响、减少损失的能力。行政应急处置能力具有亚核心地位、极强的针对性、成功率不是百分之百的特征。

9. 行政应急处置能力建设的重要性：有利于科学地认识行政应急处置能力；减少资源损失；提升行政服务能力；塑造良好的组织形象。

10. 行政应急处置能力建设的科学原则：时间第一；以人为本；真诚坦率；公众参与。

11. 提升私人行政应急处置能力的策略：企业在组织定位上要嵌入社会体系；建立突发事件预警机制；构建应急管理体系；培训员工的应急处置意识及能力；通过组织学习,增强行政应急处置能力；增强企业与政府、社会之间的沟通与合作。

12. 提升公共行政应急处置能力的策略：增强全社会的应急处置意识；完善危机预警机制和应急管理体系；加强政府与社会之间的沟通合作；寻求和积极促成应急处置管理的多边合作和国际合作。

13. 行政创新能力是指组织通过组织学习,打破既有的资源组织模式,进行新的组织资源再配置,以实现组织目标的能力。行政创新能力具有地位的核心性、作用的破坏性以及高风险性特征。

14. 私人行政创新能力建设的必要性与目标定位。私人行政创新能力是企业生存和发展的动力,为企业获取战略优势。私人行政创新能力建设就是创新管理,提高创新成功的几率。

15. 公共行政创新能力建设的必要性与目标定位。公共行政创新能力贯穿公共部门发展的整个过程,有利于创新成为公共部门的日常品质。公共行政创新能力建设就是打造创新型组织,营造创新的环境。

16. 提升私人行政创新能力建设的策略: 管理创新型组织;创新的战略定位;创新管理的执行;向市场学习;企业从合作中学习。

17. 提升公共行政创新能力建设的策略: 树立创新型组织的观念;建构合适的组织结构;领导者是组织创新的关键;创新行为依赖于良好的管理机制;营造创新环境。

【思考题】

1. 根据行政能力的概念,试比较私人行政能力与公共行政能力的异同。

2. 试阐述私人行政服务能力建设的策略。

3. 谈谈你对行政应急处置能力作用的理解。

4. 试比较私人行政创新能力和公共行政创新能力目标定位的区别。

5. 试阐述私人行政创新能力建设的基本策略。

【阅读参考】

请根据私人和公共应急处置能力建设的相关知识,评析响水县政府应对本次突发事件的举措。

江苏响水县化工厂谣言事件[①]

2011 年 2 月 10 日凌晨,因为“谣传”江苏响水县生态化工园区发生爆炸事件,导致上万名群众惊慌出逃,引发多起车祸,导致 4 人死亡、多人受伤。

一、谣言

2 月 9 日晚 10 时许,刘某给响水生态化工园区新建绿利来化工厂送土过程中,发现厂区一车间冒热气,在未核实真相的情况下,即打电话告诉其正在打牌的朋友桑某,称绿利来厂区有氯气泄漏,告知快跑。桑某等在场的二十余人,即通知各自亲友转移避难。这则谣言的传播链条无形中就此形成。

二、万人大逃亡

2 月 10 日凌晨 2 时左右,不少群众开始大规模逃亡。

---

① http://news.163.com/11/0215/10/6SU67E6N00014AED。

2月10日凌晨,联防队员潘东被电话惊醒。电话那端,叔叔的语气异常急促:“不得了了,赶紧跑吧,化工厂要爆炸了,公路上好多人都在逃命呢!”这让潘东感觉有些不妙。他匆忙起身,给镇派出所的值班同事打了一个核实电话:“都说是化工厂那边出事了。”

此时,院门外传来一阵嘈杂声,潘东开门一看,眼前的一幕让他惊呆了:各种各样的车,私家车、摩托车、电瓶车、自行车,一辆接一辆,裹挟着满脸惊恐的人流涌向响陈公路。潘东无意中瞥了一眼手表,时间是3时40分。此时,不论是响陈公路还是邻近的326省道,几乎都已被出逃的人群和车流挤满。

潘子文开着自家改制的农用车停在潘东家门口,招呼潘东上车一起走。刚出门,潘东儿媳发现忘给孩子带些吃的了,顺手把孩子递给潘子文妻子,自己折回去取,潘东儿子则回去拿钱。潘东在院里收拾着东西,想着车流如此之慢,便示意让堂叔先开车,家里人随后赶上。路过的一些村民看到潘子文的车斗是空的,索性坐了上去,不一会儿车斗里挤了十几个人。

离潘东家四五米远的地方有座小桥,是通往响陈公路的必经之路,河水深1.6米至1.7米。车子刚行至桥边,由于桥窄路滑,车子瞬间翻到河水中。听到惨叫,潘东和儿子立即从屋里冲了出来。父子两人在刺骨的河水中不停摸索,在救起几位妇女后,终于摸到了被河水湿透的孩子。潘东的母亲把手指放在孩子嘴里,发现孩子还能轻轻咬动,一家人顿时觉得孩子还有救。潘东疯了似的给120打电话,得到的回复是“路上被堵死了,过不来”。直到通知110,警车才将车祸伤员陆续送往卫生院。潘东骑着摩托车去了卫生院,孙子死亡的噩耗随即传来。在这场车祸中同时遇难的还有潘东的堂叔潘子文、潘子文的母亲以及潘子文年仅9岁的儿子。

三、辟谣

化工园区管委会负责安全的张副主任从值班处得知后,立刻从家赶往园区。“当时,经过我们仔细排查,园区内没有任何一家企业发生氯气泄漏并有爆炸迹象。我们不断跟村民解释,可根本没人听。”在难掩恐惧的村民面前,园区工作人员的劝阻显得无济于事,“要爆炸”的传闻犹如一只无形的手推搡着他们仓促踏上逃离之路。没有人再关心传闻是否属实,他们宁肯笃信从叔叔、侄女、小舅子、好友,甚至租房的房客处打来的紧急电话。不少村民证实,这导致当时的通信网络一度瘫痪,手机很难打通。

早上5时,在转移的路上,民警拿着大喇叭高喊:“这是谣言,请大家回家。”一些人停了下来,掉头回家,另一些人则继续往前走。2月10日6时左右,离家的人们相互告知没事后,又一窝蜂地返家。

2月11日下午6时,响水县政府对企业安全检查已达90余次,检查了

81 个重点危险源点，当场纠正未持证上岗等违规行为 7 起，开展环境巡查 25 次，检查生产企业 17 家，发现环境隐患 7 个，并现场责令整改。

四、群众的回应

如果有一天还有人说这里的化工厂要爆炸，会不会再发生万人大逃亡事件？

在记者几天来的走访中，从双港镇到陈家港镇，不少村民的回答则是："还得跑，我们宁愿相信这是真的，保命要紧。"

五、事件背景

陈家港生态化工园区成立于 2002 年 6 月，占地 10.5 平方公里。园区内现有 48 家生产企业，其中 4 家是上市企业，占盐城市上市企业数量的一半。园区每年收入 100 多亿元，上缴税收 4 亿元，占到响水县每年财政收入的 1/6 左右。目前，化工企业进入园区的门槛是投资规模 1 亿元以上。

这样一个当地纳税大户，却屡发安全事故。2007 年 11 月 27 日上午 10 时 11 分，位于园区内的联化化工有限公司发生一起爆炸事故，造成 8 人死亡，多人受伤，直接经济损失约 400 万元。另据报道，2010 年 11 月 23 日上午，园区内的大和氯碱化工有限公司发生氯气泄漏，导致下风向的江苏之江化工有限公司 30 多名员工中毒。

"空气中常能闻到一股难闻的气味，不少人家门前菜地里年年都能收获的大白菜如今一种下去就死。"一位马姓村民告诉记者，自园区内的工厂陆续建起后，这种恐慌就一直在心头挥之不去。"园区就像一个定时炸弹，整天让人提心吊胆，不知道什么时候会出事。"

第六章　行政运作

本章基本问题

行政运作是指行政体系的管理过程，包括行政决策、行政执行、行政协调、行政控制、行政监督诸环节。如果说，科学的决策是提高政府行政效能的关键，那么，有效的行政执行则是实现组织目标的重要手段。在行政组织的活动中，各级政府组织之间、政府组织内部上下级之间、同级行政部门之间不可避免地会产生各种各样的矛盾和冲突，这就需要采用科学的协调手段来解决行政运行中出现的问题。当组织在管理运行中出现问题和偏差的时候，就必须运用有效的控制技术和方法来确保组织整体目标和计划的顺利实现。行政监督是行政运作体系的重要环节，通过有效地运用行政监督机制，增强行政监督实效以保障行政机关准确、全面、有效地依法行政。本章逐一对行政决策的方法及程序、行政执行的过程、行政协调的模式与方法、行政控制的过程和技术方法、行政监督的功能和方式进行分析和阐述。

第一节　行政决策概述

一、行政决策的概念和特点

（一）行政决策的概念

在现代社会中，决策不仅可以运用在政府领域，企业的各项经营行为都会涉及决策活动。从一般意义上而言，决策可以分为两类：一类是为企业未来发展、改进而进行的决策；另一类是为解决当前问题而进行的决策。从战略的角度来看，我们更强调对未来改进性决策的科学管理，因为这一类决策质量的高低将直接关系到企业制订、完成各项计划的正确性和及时性。

行政决策是指国家行政机关工作人员在处理国家行政事务时，为了达到预定的目标,在系统分析主客观条件及掌握大量信息的基础上,运用科学的理论和方法,对所要解决的问题或处理的事务作出的决定。

(二) 行政决策的特点

行政决策作为决策的一个特定存在形式,具有一般决策的共性,同时行政管理的权力运行的特殊性,决定了行政决策具有区别于其他决策形式的特征,主要表现在以下几个方面:

1. 行政决策的主体是公共组织或私人组织中占据合法职位的工作人员

行政决策是行政权力的运用,体现的是公共组织或私人组织的意志和利益。除此以外的任何机构和个人,一般不拥有行政决策权力。

2. 行政决策的广泛性和多样性

行政决策的内容涉及整个国家和社会的一切公共事务,包括政治、经济、科技、文化和社会等各个领域。

3. 行政决策目标的非营利性

行政决策是以公共事务为决策对象,目的是实现对社会公共事务或组织内部事务的有效管理,以更好地确立各种社会关系。

4. 决策实施具有强制性

行政决策是行使管理社会公共事务或组织内部事务的一种职能,行政决策一旦做出,便具有权威性和强制性,具有普遍的约束力。

二、行政决策的类型

根据不同的划分标准,可以对行政决策进行不同的分类:

(一) 按照决策的重要性程度,可以把决策分为战略决策和战术决策

战略决策是指为解决行政管理中影响全局、具有长远意义的重大问题进行的决策活动,具有规划性、法规性等特点。战术决策是指为解决行政管理中局部性、阶段性、技术性的问题所进行的决策活动,也称为辅助性决策。它是实现战略决策的手段。战略战术划分具有相对性。例如,地方行政决策对中央行政决策来说是战术决策,但对基层决策来说又是战略决策。

(二) 按照决策问题出现的机会,可以把决策分为程序化决策和非程序化决策

程序化决策涉及的是例行问题,是针对一些经常出现的问题进行决策,有一套可以遵循的程序。如管理者日常遇到的产品质量、设备故障、现金短缺、供货单位未按时履行合同等问题。非程序化决策涉及的是例外问题,是指对过去没有出现过的一些问题或对极其重要和复杂的问题进行决策。如管理者所处的组织结构发生重大变化、重大投资、开发新产品或开拓新市场、重要的人事任免以及重大政策的制定等问题。这种类型的决策既无决

策的惯例可遵循,又无规章制度的具体规定,必须依靠决策者的智慧和胆略进行创新。

在现实的管理活动中,程序化决策、非程序化决策和管理层次及问题类型有一定的关系。低层管理者主要处理熟悉的重复发生的问题,他们所面临的问题属于程序化决策。而上层的管理者,他们所面临的问题大多属于例外问题。因为低层管理者常常自己处理日常决策,而把他们认为无前例可循的或困难的决策向上呈送。与此类推,管理者将例行的问题决策授予下级,以便将自己的时间用于解决更棘手的问题。

(三) 按照决策主体的不同,可以把决策分为集体决策和个人决策

集体决策是指多个人一起做出的决策。在政府组织中主要由享有决策权力的行政领导集体,通过会议和集体表决的方式通过决策方案。个人决策是指单个人做出的决策。在政府组织中由行政首长单独执掌决策权力,其他行政官员虽有建议、批评、讨论决策方案的权力,但决策方案的选择最终以首长的拍板定案为终结。

相对于个人决策,集体决策的优点主要包括:(1) 能更大范围地汇总信息;(2) 能拟定更多的备选方案;(3) 能得到更多的认同;(4) 能更好地沟通;(5) 能做出更好的决策;等等。但集体决策也有一些缺点,如花费较多的时间,容易产生“从众现象”和责任不明等问题。

(四) 按照决策的时间先后顺序,可以把决策分为初始决策和追踪决策

初始决策往往是指决策者在众多备选方案中经过理性的分析判断选择的最佳方案。但这里需要指出的是,决策在付诸实施后,一旦客观情况发生重大变化,或发现原有决策在主观估计中有重大失误,如不及时做出修改补充就可能危及原有决策目标的实现或使原有决策陷于崩溃,因此就必须对原有决策进行重大的或根本性的修正。这种修正性的决策就是追踪决策。

(五) 按照决策本身的形式,可把决策分为确定型决策、风险型决策和不确定型决策

确定型决策是指有一个确定的决策目标,面对一种可确定的决策条件,每个决策方案的后果是可以确定的决策活动。如企业管理中的库存决策、生产任务的最佳分配等都属于此类决策。风险型决策是指有一个确定的决策目标,决策者对决策环境条件不能完全控制,但还能测定出其出现的概率,对决策后果有一定把握,但仍须承担风险决策活动。如产品的决策、企业投资规模与投资方向的决策都属于此类决策。不确定型决策是指在不稳定条件下进行的决策。在不确定型决策中,决策者在决策时没有或只有相当零散的统计资料,对未来将发生的情况无任何概率可循,只能根据自己的主观经验进行判断。

三、行政决策的程序

行政决策的程序是当代行政决策理论中的一个十分重要的研究问题。判断一个决策是否民主化和科学化的重要标准在很大程度上取决于整个行政决策程序是否科学,行政决策过程是否民主。在现代行政决策过程中,决策程序的划分归纳起来主要可以分为以下几个阶段:

(一) 发现并确定问题

任何决策都是从发现问题开始的,对决策问题的确认、分析是行政决策的起点。这就要求管理者必须具备正确的识别机会或诊断问题的能力。对管理者而言,能否获取精确而完整的信息是决策活动能否顺利开展的重要依据。

1. 识别机会

由于决策所面临的内外部环境存在许多复杂和不确定性因素,这就要求决策者必须具备正确的识别机会或诊断问题的能力。决策者经常要关注来自组织外部和内部的各种信息,了解组织实际状况和想要达到理想状态之间的偏差,以便于决策者发现潜在机会和问题。

2. 及时获得决策所需要的相关信息

对于决策者而言,评估机会和问题的精确程度有赖于信息的准确性。但有时即使收集到的信息是高质量的,在解释和运用的过程中也会发生偏差。可能会出现这样一种情况:随着信息持续地被误解或有问题的事件一直未被发现,信息的偏差程度会加重。例如大多数重大灾难或事故都有一个较长的潜伏期,如果有关征兆被错误地曲解或不被重视,从而未能及时采取行动,最终导致灾难或事故的发生。这就要求决策者坚持获取高质量的信息并仔细地去分析和解释,就会提高做出正确决策的可能性。

(二) 确定决策的目标

1. 目标的划分

行政决策的目标是指决策主体通过决策实施达到的一种结果。在制定决策目标的时候,可以把目标作一个划分,一种是必须达成的目标;一种是希望达成的目标。所谓必须达成的目标,是指对该项决策有决定性影响的目标或基本目标,如果这一目标没有达到,则表明这项决策出现失误。所谓希望达成的目标,是指对该项决策有一定影响,但不是决定性的,这一目标没有达到不会从根本上导致该决策的失误,但这一目标达到则可大大增强该项决策的正确性和有效性①。

① 摘自张国庆主编:《公共行政学》(第三版),北京大学出版社 2007 年版,第 251 页。

因此,在行政决策目标的制定过程中应尽可能把必须达到的目标与希望达成的目标统一起来,这样既可以使行政决策目标成为可以实现的现实目标,同时又能使管理者不放弃对理想目标的追求。

2. 要处理好不同目标之间的关系

当然决策的目标往往不止一个,而且多个目标之间有时也会有矛盾,这就给决策带来一定的困难。要处理好多个目标的问题,可以做到以下三点:(1) 尽量减少目标数量,把要解决的问题尽可能地集中起来,减少目标数量;(2) 把目标按重要程度的不同进行排序,把重要程度高的目标先行安排决策,减少目标间的矛盾;(3) 进行目标协调,即以总目标为基准进行协调。

(三) 拟定决策方案

确定决策目标后,就要设计具体的决策方案以实现这些目标。决策方案的设计可以分两步:

1. 初步设计,也叫轮廓设计

初步设计就是尽可能从不同的角度、不同的途径提出多种多样的方案设想。决策的本意就是选择,如果只有一个方案,决策也就只能变成一种形式。在拟定方案过程中避免出现“霍布森选择”①。这就要求行政决策的设计者充分利用创造性思维方法,广开思路,大胆设计。因此,创新原则就成为初步设计中最重要的原则。

2. 决策方案的精心设计,也叫细部设计

精心设计就是将轮廓设计中提出的较为合理的方案,进一步充实,使之具体化。这里主要包括对方案所采取的具体步骤、方法、成本与效益等都应该做出比较详细的规定和说明。这进一步要求决策者必须倾听各方的意见,集思广益,对决策方案进行可靠的分析和严密的论证。

(四) 对决策方案的评估

决策方案的评估就是对决策方案进行可行性分析。所谓决策的可行性是指某项决策的目标、方案是否可以实施进行科学地论证。对决策方案的评估内容主要包括:经济的可行性——方案实施的经济条件、成本效益分析;技术的可行性——方案实施所应具备的技术条件、技术手段及设施;环境可行性——方案实施所涉及的社会文化环境。因此,对决策方案的评估是最终选择最佳方案的基础。

---

① 关于“霍布森选择”有一个典故:1631 年,英国剑桥商人霍布森贩马时,把马匹放出来供顾客挑选,但附加上一个条件,即只许挑最靠近门边的那匹马。显然,加上这个条件实际上就等于不让挑选。后来,管理学家西蒙把这种没有选择余地的选择讥讽为“霍布森选择”。引自张传禄:《防止“霍布森选择”》,《当代贵州》2011 年第 3 期。

（五）选择决策方案

在对决策方案做出有效评估后，行政决策过程就进入了选定决策方案的关键阶段。一般而言，行政领导者在进行决策方案的选择时应按照公共利益最优化原则来选择，必须满足社会各阶层的利益诉求和愿望，预测他们对政策可能的反应和承受能力。

在现实的行政决策中，任何决策方案由于受到决策者主客观条件的限制，不可能达到最优化，因而在选择方案时，只要方案能达到满意的目标即可以作为选择的依据。此外，在进行行政决策时，要多选几个备选方案，以便随时根据情况变化做出相应的实施和调整。

（六）决策的实施

决策的实施是决策过程中至关重要的一步。在方案选定以后，管理者就要制定实施方案的具体措施和步骤。一般而言，方案在实施过程中要注意做好以下工作：1. 制定相应的具体措施，保证方案的正确实施；2. 确保与方案相关的各种指令能被所有有关人员充分接受和了解；3. 应用目标管理方法把决策目标层层分解，落实到每一个执行单位和个人；4. 建立重要的工作报告制度，以便及时了解方案进展情况，及时进行调整。

（七）决策的评估反馈

在决策的实施过程中，决策执行者会发现许多新的问题。为了使决策更加完善，决策执行者应将决策在实施中出现的问题及时地反馈给决策中心，以便决策中心对原有的决策进行必要的修正。特别是当发现原有决策出现失误或不适应新的环境变化时，决策中心在接到反馈信息后应及时进行追踪决策，以避免出现重大失误。因此，决策完善的过程也是一个决策实施中的信息反馈、决策修正和追踪决策的过程。

四、行政决策的基本方法

行政决策方法是指行政决策者及决策支持系统在制定行政决策过程中运用一系列现代化的科学理论，针对决策的每一过程所采用的方法、手段、技术的总称。

（一）定性决策法

定性决策法又称主观决策法，是指在决策中依靠决策者或有关专家的智慧来进行决策的方法，这是一种“软技术”。定性决策法主要包括：

1. 头脑风暴法（Brainstorming）

头脑风暴法又称畅谈会法。该方法通常是将对解决某一问题有兴趣的人集合在一起，在完全不受约束的条件下，让与会者敞开思路，畅所欲言地发表自己的意见和想法。1935 年奥斯本在其著作中提出了实施头脑风暴法的四项原则：(1) 在会上，对别人提出的意见不许进行反驳或下结论；

(2) 欢迎和鼓励个人独立思考，广开言路，以便集思广益；(3) 追求数量，所提的意见或建议越多越好；(4) 寻求意见的改进和联合，可以补充、发展和完善相同的意见，从而使某一方案更加完备。

2. **德尔菲法**(Delphi Technique)

德尔斐法由美国兰德公司在 20 世纪 40 年代提出，它是按照规定的程序，背靠背地征询专家对决策问题的意见，然后集中专家的意见做出决策的方法。该方法的最大优势在于能让专家在不受他人影响的情况下自由地、独立地发表意见。当然这种方法也存在一些问题，如专家常常难以回答自己并不在行的问题；最终专家可能会屈从于专家集体的意见；匿名回信会降低一些专家对预测的责任感。

3. **列名小组法**(Nominal Group Technique)

列名小组法要求列名成员不直接接触，即使围桌而坐，也只是用书面方法提意见，接着由小组组织者将每个人的意见综合成一份材料公布，公布时隐去提意见者的姓名，然后再进行公开讨论。

4. **时间序列分析法**(Time Series Analysis)

时间序列分析法是一种归纳式外推或后推预测法。它主要根据事物从过去到现在随时间而变化的形态，为今后该种事物的演变趋势作预测。其分析的步骤包括：(1) 收集过去的资料，至少要收集过去 3—4 年的资料，最好是过去 10 年的资料；(2) 分析资料，涉及事物在过去长时期内的变动趋势、年度或季节性变化特点，最关键的是要发掘事物的长期趋势；(3) 根据时间和事物变化之间的相关性来建构数学模型；(4) 利用所建立的模型推测事物未来的长期趋势并进行适当的修正。该方法最适于对事物相对稳定发展状况下的预测分析。

(二) 定量决策方法

定量决策方法又称为“硬方法”，是指在决策中运用数学化、模型化、计算机以及相应的电子数据处理系统和行政信息系统等现代化手段，对决策问题进行定量分析，选择出最佳的方案，从而提高常规决策的时效性和决策的准确性。定量决策方法主要包括：

1. **数学模型**

数学模型一般适合于程序化决策。凡属于常规性、例行性的行政决策可以编成计算机程序，每次不必重新设计数学模型。通过此方法可以大大提高行政决策的效率，但由于现代行政活动日益复杂，数学模型所要求的基本变量如决策问题、决策环境和时间因素等都很难完全量化，因此它并不是万能的。

2. **决策模拟**

决策模拟，即在决策方法拟定以后，给它创造一定条件，通过某种方式的实验,以有形的结果对方案进行分析、评估和修改,最后全面付诸实施。决策模拟是一个专业性技术很强的决策方法,在实际运用中有很多限制,特别是不少行政活动难以进行实验模拟,但无论如何,它为决策优化开辟了广阔的前景。

(三) 确定活动方向的决策方法

1. SWOT 分析法

SWOT 分析法,即态势分析法,20 世纪 80 年代初由美国旧金山大学的管理学教授韦里克提出,主要是帮助决策者在组织内部的优势(Strengths)和劣势(Weaknesses),以及外部环境的机会(Opportunities)和威胁(Threats)的动态的结合分析中确定相应的生存和发展战略的一种有用而简单的决策分析方法。

2. 经营业务组合分析法

经营业务组合分析法由美国波士顿咨询公司建立,其基本内容是大部分企业都有两个以上的经营单位,每个经营单位都有相互区别的产品——市场片,企业应该为每个经营单位确定其活动方向。经营单位组合分析法以“企业的目标是追求增长和利润”这一假设为前提,对拥有多个经营单位的企业来说,它可以将获利较大而潜在增长率不高的经营单位所产生的利润投向那些增长率和潜在获利能力都较高的经营单位,从而使资金在企业内部得到有效利用。

五、行政决策陷阱与障碍的应对

(一) 行政决策陷阱与障碍

当今社会环境复杂多变,决策者往往同时面临信息不足或信息太多的境况。由于人类的认知能力有限,决策的压力剧增,人们在处理信息的顺序、数量与种类等方面往往有选择性,也习惯将决策问题简化或自动过滤掉许多信息,因此可能会不自觉地陷入一些决策陷阱之中,从而影响到决策的质量和效果。决策陷阱可能会出现在决策过程的各个阶段,具体表现为以下五个方面:

1. 决策者的过度自信

所谓过度自信,是指决策者因为经验的积累对某个领域的相关决策非常熟悉,而在实践活动中逐渐归纳出自己处理事情的经验法则。由于决策者对许多类似问题做过决策,便自认为自己是相关决策问题的专家,而跳过了许多本应具体分析的决策环节,其结果必然导致决策的失误。

2. 框架效应

所谓框架效应,是指在决策方案的选择过程中,由于问题呈现的方式在决策者心中已有一定的架构，导致决策者未经谨慎思考就将决策的中心放在一个错误的标的问题上，其结果必然导致决策方向的错误，错失了选择最佳方案的时机。大家一定会非常熟悉《庄子·齐物篇》中提到的“朝三暮四”的故事。从前，有个养猴子的老翁要分栗子给猴子们时说：早晨吃3个，傍晚吃4个。不料猴子们觉得早晨分得少就生气了。老翁就改口说：好吧！那就早晨吃4个，傍晚吃3个。猴子们因为早上吃得比原来多，全都高兴了。其实总数未曾变动，猴子们却为不同的呈现方式而一喜一怒①。所以，当决策问题呈现的方式做出适当变化时，决策者容易受框架效应影响而忽略了问题的本质。

3. 忽视性偏差

忽视性偏差，是指决策者在收集资料的过程中，对自己预设的与决策相符的信息给予较大的权重，而对自己没有预设的信息则消极地予以排斥或忽视一些不利于其做出决策的信息，仅选择性地吸收其所要获取的信息。忽视性偏差最有可能发生在那些组织最高决策者身上，他们在日常工作中需要接见的人、所接受的信息往往都由其信任的下属来安排过滤，以致决策者可能被这些亲近的下属操纵，造成决策过程中的偏听偏信，最终影响决策的质量。

4. 难以权衡不同层次的目标

在决策过程中，决策者往往会面临许多重大问题的抉择。正如“鱼和熊掌不能同时兼得”一样，对决策者而言，有时对重大问题的抉择是非常困难的。因为决策者要权衡不同层次的目标，这恰恰是决策者很难做到的。例如，选民在做出决策时，往往很难权衡意识形态层次的目标和一般公共政策的目标。如果一个政治候选人这时站出来讲一些涉及政治性的议题，相信马上会吸引许多支持者和反对者的注意。这样就会使政治候选人利用提高议题的层次和冲突，从原本不利于自己的议题层次上超脱。虽然有些决策者经常用群体思维来强调自己在决策过程中没有偏见，但决策者在无意识中可能已经陷入了群体思维的偏见之中。

5. 没有找对决策的问题

决策者在决策过程中首先要找到真正需要决策的问题，然后再进一步提出目标及解决问题的思路和方法。但事实上，在决策过程中我们不难发现，即使决策问题的方向找对了，有时候决策者在没有深入细致地探求问题的本质之前，便草率地依据目前已经收集的信息对方案进行比较、衡量，然

---

① 摘自简祯富著：《决策分析与管理——全面决策质量提升的架构与方法》，清华大学出版社2007年版，第36页。

后就贸然地做出决定。这样决策的方向就明显发生了错误,不可能达到决策的目标和效果。

（二）行政决策陷阱与障碍的应对

在对决策过程中可能产生的陷阱问题进行分析之后,决策者必须在决策中积极寻求决策障碍的对策之道。

1. 充分认识人类认知能力的有限性,避免在决策中过度自信

要从决策中避免过度自信,决策者必须清楚地意识到人类的认知能力以及在获取决策信息和知识上的局限性。美国诺贝尔经济学奖获得者西蒙教授在决策过程研究中发现,由于人们的认知能力是有限的,因此在现实环境中要想获得完全理性的、最佳的决策模式是非常困难的。基于决策本身受主客观条件的限制,西蒙提出了“有限理性决策模式”,即一个决策方案的选择,其执行的结果如能达到令人满意的效果,那就是一个好的决策。这就要求决策者把每一个决策问题都当成一个新的问题,不要过于相信自己过去的经验和判断,依据系统化的决策分析步骤,谨慎、迅速并有效地做出决定。

2. 突破框架效应,看清决策问题的本质

由于框架效应现象具有一定的普遍性,决策者的选择行为往往会受到决策信息呈现方式的影响,从而背离了决策者的基本信念和价值期望。例如,一个政府现在想通过减少税收的方法刺激消费,可以有两种做法：一种是减税,直接降低税收水平;另外一种是退税,就是在一段时间后返还纳税人一部分税金。从金钱数额来看,减少5%的税和返还5%的税是一样的,但是在刺激消费上的作用却大不一样。人们觉得减收的那部分税金是自己本来应该得的,是自己挣来的,所以增加消费的动力并不大;但是退还的税金对人们来说就如同一笔意外之财,刺激人们增加更多的消费。显然,对政府来说,退税政策达到的效果比减税政策要好得多。这就要求决策者打破既定的问题呈现方式,在充分收集信息资料的基础之上,提出各种决策可能的方案,以更好地了解决策问题的实质,为最终选择满意的决策方案创造良好的时机。

3. 尽可能避免决策中出现的各种偏差

由于在决策过程中决策者容易受到各种主客观因素的影响,因此为了使决策者能更好地做出科学的决策,群体决策模式是一个不错的选择。虽然,群体决策可能会使决策的效率降低,并容易使个人的意见受到他人的左右,但群体决策的一大优势就在于有利于认知偏差的减少。

4. 正确衡量不同层次的目标

对决策者而言,决策面临的问题不可能是单一的,往往是一个相互

关联的集合。日本就是通过这样一个概念集的研究，认为铁路能够挽救汽车和飞机所造成的混乱状态，减少环境污染，改变经济区发展疏密不均的情况，确定在发展公路、水运和航运的同时，开拓铁路运输，从而不惜耗费2万亿日元之巨，花了10年建成东北铁路新干线。如果没有对事物本质的、整体的认识，没有对客观事物运动规律的认识，没有建立起要解决的主要问题本质的概念集，用“只见树木，不见森林”的思想方法来决策，就不能找到方向。所以建立概念集本身就是一种创造性思维，而一个重大决策或一个新问题的定性分析，又必须对问题所涉及的各方面，进行深入细致的加工制作，从而获得决策目标，确定要解决的矛盾问题。

5. **找准决策的问题，合理预设决策目标的路径**

作为决策者不仅要在政策执行中把握好问题的具体操作规程，更重要的是在面对一个决策问题时，找到决策的关键点。因此，决策者必须清楚地认识到起初拟定的方向只是一种假设，随着相关信息逐渐搜集完备，必须随时检验决策问题解决的过程是否仍然保持在原来设计的路径上。如决策问题在执行过程中已偏离了原来方案所设计的路径，这就要求决策者在决策执行过程中，一边执行，一边反馈，真正使决策最终能达到令人满意的效果，减少决策因方向、目标的偏差而造成的失误。

第二节　行 政 执 行

行政执行是各类组织最基本的活动，各种公共政策、法律法规或组织内部的重大决定等都是通过行政执行活动来完成的。可以说，行政管理学研究的各种问题最终都要涉及行政执行活动，因此，行政执行是现代行政管理理论研究中最早提出并延续至今的课题之一。

一、行政执行的概念和特点

(一) 行政执行的含义

行政执行是指政策执行主体为了实现公共政策目标，通过各种措施和手段作用于公共政策对象使公共政策内容变为现实的行动过程。

(二) 行政执行的特点

由于国家行政组织的特殊性，整个行政执行过程呈现出既复杂但又井然有序的形态。这一过程主要有以下六方面的特点：

1. **依法行政**

依法行政是行政执行最基本的特点，是由行政组织作为一种执行机关的地位决定的。

2. 政策执行

行政执行不仅是执法过程,同时也是执行政策的过程。政策执行的内容比依法行政的内容更深入、更广泛,突出了政策或决策者在行政执行中的重要影响。

3. 法律和政策原则的具体化

依法行政和政策执行是法律原则和政策原则具体实施的过程,包括具体化和对象化两个方面。行政执行的过程使法律和政策的原则规定越来越具体,越来越有对象指向性,最终在某项具体工作或某个具体个人身上体现出来。

4. 逐级决策和实施

法律和政策原则的具体化和对象化是通过逐级实施的过程完成的。如我国现行工资制度的具体实施需经过国务院、省市部委、市地司局、县、基层单位,最终落实到具体的个人。因此,行政执行活动是一项具体的、细致的和规范性的工作。

5. 法律和政策原则灵活性

由于法律原则和政策原则不可能完全概括现实中的具体问题,因此在实际的执行过程中,允许在不违背基本原则的情况下,有一定的灵活性。但政策规定和政府规章在执行过程中灵活性运用的范围越大,产生偏离政策原则的可能性也就越大。

6. 执行效果与具体执行者的素质和绩效有直接联系

由于行政执行者的素质、能力不同,同样的法律和政策原则会有不同的执行效果。因此政策执行者素质和能力的高低在很大程度上影响了政府组织的效能。

二、行政执行的过程

行政执行是一项复杂的管理活动,为了有效地做好执行工作,就必须制定行政执行工作程序,并做到各个环节之间的有效协调。行政执行工作的基本程序包括行政执行的准备阶段、实施阶段和总结反馈阶段。

(一) 行政执行的准备阶段

为了更好地完成行政执行的任务,必须事先做好充分的准备工作。依据行政活动进行的先后次序,可以包括:

1. 制订工作计划

制订工作计划就是把行政执行活动通过计划的方式固定下来,使之成为规范和衡量行政执行活动的依据。行政计划主要包括行政执行任务的目的和要求、完成工作任务的时间、地点、手段、方法、步骤以及人力、物力、财力的分配与安排等。

2. 筹备执行

首先是思想动员。即通过宣传教育等方式使执行人员对某项即将被执行的决策有一个清楚的认识,从而在思想上达成共识,并变为自觉行动的过程。行政决策作用的对象主要是公民,所以要通过各种渠道广泛深入地开展宣传活动,以此获得民众对政府政策的理解和支持。

其次是物质准备。物质准备是行政执行顺利进行的经济基础和重要保障。物质准备主要指必需的财力和必要的物力两方面的准备。执行者应根据政策执行中的各项开支编制预算,并经过有关部门的批准,以落实经费。

再次是组织准备。组织准备工作是行政执行的保障机制,组织是决策执行的主要力量和责任承担者。组织准备主要包括两方面的内容:(1) 确定行政执行机构。对于常规性、例行性决策的执行,应由常设的执行机构承担。但如果遇到非常规性或紧急而重大的决策,则可组建临时性的执行机构,但一般在决策目标实现后及时撤销。执行机构的确定应做到权责明确、分工合理。此外,执行机构的设置还要有良好的沟通协调机制,可以建立团队合作型的执行机构。(2) 选人用人。这是组织准备工作中的一项重要内容。对决策执行者的素质要求具有专业管理方面的知识、技术和实践经验,具有较强的政策理解能力、沟通协调能力,善于用人、善于处理人际关系,讲求工作效率等。

(二) 行政执行的实施阶段

实施阶段是行政执行过程中最为关键的实质性阶段。行政决策的贯彻落实主要由指挥、协调、沟通和监控等具体环节组成。这些具体环节使计划逐步付诸实践,最终实现决策的基本目标。

为了使决策在实施过程中有更好的效果,应做到以下两点:

1. 注意充分的授权

这里的授权是指赋予执行实际工作的人员充分的权力,充分调动行政人员工作积极性和创造性。当然,行政上级在下授权力的同时,也应在工作中给下级一定程度的工作指导和帮助,使他们更好地开展工作。同时在决策执行过程中,还要经常进行沟通交流,增进彼此的了解。

2. 对决策执行过程中的各环节实行严格的监督管理

唯有如此,才能确保决策实施的各项活动能够得到保质保量的完成,降低行政系统的执行成本,最终达到较为理想的实施效果。

(三) 行政执行的总结阶段

这是行政执行的最后一个阶段,也是为制定新的决策做准备。对行政执行活动的总结工作主要包括三方面：

1. 对执行情况的检查

对执行情况的检查可以运用定性和定量分析相结合的方法，检查核实行政执行中任务完成的质量是否达到了预期的目标，以及决策实施工作的进度和效果等。

2. 对执行情况的评定

执行情况的评定，即依据一定的要求和标准，在情况检查的基础上，对执行部门和执行人员的工作给予一定的事实判断和价值评判。评定要以事实为依据，而不是以领导者的主观意志为依据。这里需要注意的问题是：由于对执行情况的评定往往涉及评判者本身的主观意识、组织乃至社会的道德价值传统，因此不确定性较大。

3. 对行政执行情况的分析和总结

在行政执行中既有成功的经验，也有失败的教训。因此，从理论的高度总结经验教训，并把总结的结果反馈到决策中心，对今后的行政执行活动起到一个参考借鉴的作用，进一步提高行政决策的科学性。

三、行政执行的方法

行政执行方法主要有以下几种：

（一）行政方法

行政方法是指行政机关为履行政府管理职能，实现管理目标而采用的各种方式、手段、措施和技巧的总称。行政方法具有以下特点：

1. 权威性

行政机关以国家权力为基础，强调垂直领导关系和下级服从上级的权威性，从而保证政策执行在组织内部的顺利进行。

2. 强制性

行政机关要求各级行政人员必须服从上级命令和政策规定，坚决落实执行任务，做到令行禁止。强制性体现了政策在执行过程中应体现大多数人员的利益要求。

3. 具体性

决策执行的行政方法是就某一具体问题，完成某一具体任务而做出的，因此其内容、对象、时间、范围、限度、措施等都是具体的。

（二）法律方法

法律方法是指通过各种法律、法令、规章、司法、仲裁等工作，特别是通过行政立法和司法方式来调整决策执行过程中各种关系的方法。法律手段的运用，一是通过有关部门对违法行为进行制裁；二是政府机关通过制定和实施行政法规、制度等以调整社会关系并对政策执行活动进行控制和监督。

法律手段具有稳定性、规范性和程序性特点。依法行政是决策执行法治化、制度化、规范化的根本条件。

(三) 经济方法

经济方法是指根据客观经济规律和物质利益原则,利用各种经济杠杆,调节政策执行过程中各种不同经济利益之间的关系,以促进政策顺利执行的方法。行政执行主体将政策与物质利益挂钩,强调权责一致,权利与义务统一,以调整政策执行及目标群体的行为,调动政策执行人员的积极性和主动性,尽可能减少政策执行中的阻力。

(四) 思想政治教育方法

思想政治教育方法是注重人性,把各种政策内化为人们的信念,引导政策对象自觉地、主动地执行公共政策。目前常用的思想政治教育方法包括制造舆论、说服教育、协商对策、批评与表扬等方式。

(五) 技术方法

技术方法是指采用先进的科学技术和科技产品,如办公自动化和电子政务等来执行公共政策。目前我国政府网站的内容主要有网上发布信息、网上采集信息、网上采购、网上工程招标、网上征税等。政府网上工程的实施,有利于实现政务公开,建立政府与公民之间的互动机制,也提高了政府公共政策执行的能力和效率。

第三节　行 政 协 调

行政协调是行政学研究中的一个重要范畴。它是在行政运作过程中通过讨论、协商、调整的方式,推行国家政务,体现国家意志的一种行之有效的手段。

一、行政协调的概念和特点

(一) 行政协调的含义

行政协调的含义有广义和狭义之分。广义的行政协调包括行政组组内部的协调以及行政组织与行政环境之间的协调。狭义的行政协调仅指行政组织内部各方面的协调。如果具体到某一个单位,其行政协调范围大致有三个方面:

1. 本单位内的协调

本单位内的协调主要是通过具体工作计划和对工作执行所需人员、设备、物材、工具等资源的适当分配来实现。

2. 上下级单位的协调

对下级来讲,工作计划实施前应报上级主管单位及时了解工作进度和有关情况，计划实施后应将工作的经过及成果报告上级主管单位。对于上级来讲，在工作计划实施的前、中、后期更要适时了解下级情况，随时进行协调。

3. 与其他单位的协调

行政机关在实施工作计划前，应主动与其他有关单位联系，告知其所掌握的情况和内容，并及时与其共同协商有关问题。

（二）行政协调的特点

行政协调是行政管理中一个重要的运行职能，与企事业管理中的行政协调相比，具有以下特点：

1. 广泛性

行政协调贯穿于整个行政管理的全过程。无论哪一层次、哪一环节，都离不开行政协调。

2. 层次性

行政协调的主体均有层次性，必须在自己职权范围内进行协调。

3. 权威性

行政协调者根据国家机构的授权或其法定地位的权力，以国家强制力为后盾，依据国家政策法规，对非对抗性矛盾进行协调，这就要求被协调者必须服从协调的决定。

4. 灵活性

行政协调活动往往涉及各部门各单位和管理相对人的利益，因此，必须根据不同层次、不同事项，在总政策精神的指导下，采取灵活变通的方法和手段使各方面工作得以顺利开展。

5. 相对性

行政协调的范围并非是无所不包的。只有法律赋予行政机关自由裁量范围内出现的问题，才可通过行政协调加以解决。如因同等效力的法律之间相抵触而引起的事件，行政机关就不能通过协调来解决，而只能提请立法机关来裁决。

二、行政协调的原则

行政协调原则是从行政协调实践中检验和总结出来的对各类行政协调行为的本质与必然联系的概括，是行政协调行为的准绳。

（一）依据法规、方向明确的原则

行政协调要根据党和国家的方针、政策、法规来引导被协调各方统一认识。事实证明，依靠政策法规，协调就有明确的方向，协调的效能也就越高。

（二）统筹兼顾、平衡冲突的原则

统筹兼顾是协调各方面关系、解决重大问题的一条准则。具体表现在两方面：(1) 从整体利益出发，坚持局部利益服从整体利益，眼前利益服从长远利益，同时又兼顾局部的和眼前的利益；(2) 从总目标出发，兼顾子目标，处理好总目标与分目标、分目标之间的关系。

矛盾冲突的形式和产生原因各不相同，消除和缓解冲突的途径也不同，关键是找到冲突点，消除冲突，实现平衡。

(三) 求同存异、灵活权变的原则

行政协调中的求同存异指在保持政策法律的严肃性，保持管理目标一致性的前提下，允许工作上的灵活性和创造性。求同存异具体要求包括：

1. 寻求异同

因为“同”为协调的基础，“异”为要解决的问题。

2. 留同化异

即强化共同点，转化差异点。

3. 存异求同

即当有些差异一时难以转化的，可通过强化共同点，允许但限制差异点的办法使关系协调。

(四) 客观公正、实事求是的原则

协调的基础是深入调查，分析协调事项各方，依据法规在所授权范围内，采取相应措施。这就要求协调者要具有客观公正的意识和能力，坚持真理谋求共同利益，才能达到真正的协调效果。

三、行政协调模式

行政协调模式是指在行政协调过程中，根据行政协调的内容确定行政协调的基本模式。主要可分为以下几种：

(一) 政府内部协调模式

政府内部协调模式指政府系统的各单位和成员之间的协调活动，包括整个政府行政系统内部的纵向协调、横向协调。

1. 政府内部纵向协调

政府内部纵向协调指政府系统内部有上下级隶属关系的政府机构、部门或成员之间的协调。具体包括：

一是上下级政府间的协调。各级政府按隶属关系要求，必定要与自己的上下级政府发生联系。因此上下级政府间的协调，一方面要求上级政府和政府各级部门，在协调与下级关系时必须深入下级政府了解情况，适当下放权力并加以正确引导和监督，充分调动下级政府以及各部门的积极性；另一方面，要求下级政府树立全局观念，主动与上级政府沟通，认真贯彻执行上级政府的指示和命令。

二是政府内部领导成员与下属成员之间的协调。领导成员与下属成员关系协调是完成任务、提高效率的保证。一方面领导成员要了解下属成员的要求,鼓励他们发表意见,激发下属成员的工作积极性;另一方面,要求下属尊重和维护领导者的威信,以取得领导者的信任和支持,使自己的合理建议和主张能及时得到上级领导的肯定和采纳。

2. 政府内部的横向协调

即政府系统内不相隶属的部门、单位、成员之间的协调。横向协调具体包括:

一是地方政府与地方政府间的协调。即某一地方政府与不相隶属的其他政府之间关系的协调。在市场经济条件下,各级地方政府之间应在平等合作、互惠、互利基础上,通过互访、互援等途径积极开展协调。

二是政府部门间的横向协调。即同一政府中不同职能部门、单位之间由于分工、职责、工作对象、信息沟通渠道等不同,免不了会产生矛盾,在组织共同目标指导下,可通过交流信息、指挥控制等各方面达到协调一致。

(二)政府外部协调模式

政府外部协调模式指政府机关与其他社会组织以及政府与社会环境之间的协调。政府生存、运行和发展都是在一定的外部条件下展开的,政府必须协调好与其外部条件的关系,以实现两者的动态平衡,实现良性循环。具体包括:

1. 政府与国家权力机关的协调

我国的立法机关由全国人民代表大会及其常务委员会和地方各级人民代表大会及其常务委员会组成。各级政府是立法机关的执行机关,政府活动必须依据立法机关制定的法律、政府的组成及预算必须由立法机关决定和批准。因此各级政府应认真贯彻立法机关各项决议,接受人大代表对政府工作的监督,主动协调好与国家立法机关的监督。

2. 政府与国家司法机关的协调

我国司法机关与政府均由同级人民代表大会产生。司法机关通过行使审判权和检察权依法对政府机关和人员实行监督,以保障政府依法行政,保护公民、法人和其他组织的合法权益。政府应积极为司法机关的工作创造良好的工作条件和社会环境,认真接受司法机关的监督并主动协调与司法机关的关系。

3. 政府与人民政协和民主党派的协调

在中国,人民政协和民主党派应积极发挥参政议政的作用。这就要求政府在做出重大决策前,主动征求人民政协的意见,同时欢迎和接受民主党派的监督,为民主党派活动创造条件以协调好彼此的关系。

4. 政府与人民团体的协调

人民团体主要包括工会、共青团、妇联等社会政治团体、居民委员会和村民委员会等基层群众自治组织以及其他宗教、体育、卫生、慈善团体等人民团体。政府必须支持各人民团体履行其社会职能,接受各人民团体的监督。

5. 政府与社会中介组织的协调

市场经济条件下,要求政府切实转变职能,正确处理政府、社会和公民的关系,还权力于社会。对社会来说,就必须发展社会中介组织,提高自我管理的能力。通过社会中介组织加强行业管理,在政府与企业之间发挥桥梁的作用。因此,搞好政府与社会中介组织的协调,是改善政府与社会之间的关系,维护社会经济良好秩序,加强企业管理的需要。这就要求政府必须加强立法,规范其对社会中介组织的管理和社会中介组织的行为,实现政府与社会中介组织的真正分离,为社会中介组织加强自我管理创造良好的社会环境。

四、行政协调的方法

行政协调的效果,不仅取决于遵循行政协调的原则,还取决于行政协调的科学方法。行政协调的方法,概括起来有以下八种:

(一) 利益平衡法

组织系统之间矛盾冲突在所难免,往往会涉及不同的利益群体。因此,在协调利益的过程中要注意掌握协调各方利益,并进行权衡分析,坚持公平、公正原则。在找到各方利益共同点的基础上尽量满足各方需要。

(二) 目标协调法

所谓目标协调法就是要求政府在制定总体目标或在修正决策、协调矛盾时,运用目标管理的方法把各方面的认识和利益统一到总目标中来,使子系统的目标服从于大系统目标的需要,使部门把大目标和自己的小目标紧密地联系起来,自觉地为大目标服务。

(三) 沟通协商法

各行政组织的内部和外部、上级和下级、同级之间,如在工作中经常进行行政信息沟通,就不容易产生冲突。因此组织中经常性的信息沟通非常重要。在信息沟通时尤其应指导全局,反映优良作风,优先整理加工不良因素等方面的信息,及时传递到各单位、各部门,各单位、各部门之间还要经常主动交流协商,求同存异。

(四) 会议协调法

会议协调法是最常见的一种协调方法。会议的形式可以多种多样,有上级组织召开的协调工作会议、有关各方面联合召开的联席会议等。会议内容也各不相同,有信息交流会议、意见征询会议,还有解决具体问题的会议等。

（五）说服式协调方法

说服式协调方法,即协调者对被协调者坚持以组织目标为准,进行启发引导,动之以情,晓之以理,沟通思想感情,使双方接受协调者的意愿和要求,以达到相互理解和支持。这种协调方法的好处是发扬民主,能激励双方为实现组织共同目标而努力,尤其能有效处理人际关系。

（六）紧急协调方法

紧急协调方法也可称为突发性协调方式,即由于被协调事项或被协调对象出现急剧出人意料的变化,协调者也要紧急行动,以使急剧的不协调现象尽快转化为综合平衡。这种协调方法要求协调者有胆识和魄力,反应敏锐,还要求信息沟通要灵敏。

（七）冷处理协调方法

冷处理协调方法也称为缓冲式协调方法,即当双方当事人冲突非常激烈,双方不可能自行协调,而第三方协调时机也不成熟的情况下,最好的解决方法是把事情暂时放一放,缓冲一下,从动态中寻求平衡的方式。这种方法多用于原则性不强的场合。优点是可避免矛盾进一步激化,能有充分的时间了解矛盾的原因等,以寻找更合适的办法调动双方的积极性。

（八）网络协调法

通过计算机互联网使行政组织中不同单位之间、单位中不同部门之间、人员之间彼此沟通,对组织的相关问题进行协调、沟通。这是信息化社会中新出现的一种行政协调方法。

第四节　行 政 控 制

行政控制是管理过程的一个重要环节,对于决策计划的实施具有重大意义。行政控制的目的在于指出计划实施过程中存在的问题和偏差,并及时加以纠正,以便在计划的行政工作状态和实际的行政工作状态之间实现一致。因此,行政控制对于做好行政执行工作就显得尤为重要了。

一、行政控制的概念和特点

（一）行政控制的含义

行政控制是指行政领导者和工作人员为了保证组织的目标以及制定的计划能够得以顺利实现,依据事先拟定的标准对下级的工作进行衡量、计量和评价,并及时纠正目标在实施过程中的偏差,以确保实际工作与目标、计划相一致而采取的措施。

(二) 行政控制的特点

现代社会组织的规模日益庞大,组织结构、组织活动日益复杂,这就要求充分运用控制系统来衡量组织的工作绩效。行政控制的特点主要表现在以下三个方面:

1. 整体性

整体性主要是由于行政控制的对象涉及组织的各个方面,组织中人员、资金、物材、绩效衡量都离不开控制。同时,管理控制应成为组织中全体成员的共同职责,毕竟良好的组织绩效需要在组织中贯穿自我控制的理念。

2. 动态性

由于环境在不断变化,为了使目标、计划适应变化的环境,保证组织目标和计划有效地实现,组织中的管理人员就必须通过控制活动及时了解环境变化的程度和原因,并采取有效的方法使组织活动控制在正常的轨道中。这就要求控制的标准、方法应不断地适应环境的变化,提高其适应性和有效性。

3. 强制性

行政控制从本质上就是一个信息反馈的过程,有效的行政控制可以及时地发现问题,并采取积极的措施不断改进工作,提升组织的管理水平和工作绩效。这就要求管理者必须在工作目标开展过程中,时刻把控制工作放在重要的位置,必须把控制作为一种强制性的手段贯穿在组织工作的各个环节中。

二、行政控制的过程

(一) 确定标准

由于计划是行政领导者进行控制的依据,所以从逻辑上说,控制过程的第一步应是制订计划。然而,由于计划的明细度和复杂性都不一样,领导者也不可能事事过问,因此就需要制定一些具体的标准。所谓标准就是评定工作业绩的尺度,它们是从整个计划方案中挑选出来对工作成效进行评判的关键点。

标准可以是多种多样的,其中最好的标准就是可考核的目标。由于人们所负责达到的最后成果是是否完成计划的最好的评定尺度,因而可以作为控制的最佳标准。它既可以用量化的数据来表示,也可以用可考核的定性形式或其他能清楚反映工作成绩的方式来表示。

(二) 衡量工作绩效

衡量工作绩效就是按照控制标准、衡量实际成效、检查执行情况是否与确定的标准相一致,找出执行中出现的偏差。事实上,按标准衡量绩效的方法并不总是行得通,因此理想的做法是:在偏差还没有真正出现之前就能事先找出偏差,并采取适当的措施避免偏差。对精明而又有远见的管理者而言,常常能预见到可能出现的偏差。但如果管理者缺乏这种预见能力,则需要尽早地揭示出已经发生的偏差。

(三) 纠正偏差

纠正偏差就是根据测评的结果,采取切实的措施和步骤,纠正执行过程中出现的偏差。纠正偏差是控制工作的最后环节,也是控制工作是否有效的表现。具体做法表现在以下四个方面:(1) 管理者应迅速采取纠正措施,通过重新制订计划或调整目标来纠正偏差;(2) 管理者可以运用组织职能重新分派任务或明确职责来纠正偏差;(3) 管理者还可以用增加人员,更好地选拔和培训下属人员,或是最终解雇、重新配备人员等办法来纠正偏差;(4) 管理者也可以用更高明的领导方法,如对工作做出更全面的说明和采用更为有效的领导方法来纠正偏差。

三、前馈控制与实时控制

根据管理过程在不同时间中采取的不同控制方式,可以把控制分为前馈控制和实时控制。

(一) 前馈控制

前馈控制是在管理活动开始之前进行的控制,是一种开环控制。管理过程理论认为,只有当管理者能够对即将出现的偏差有所觉察并及时预先提出某些措施时,才能进行有效的控制,因此前馈控制具有重要的意义。

在企业管理控制活动中,前馈控制的内容包括对人力资源、原材料、资金等的前馈控制。比如,人力资源必须适应任务要求,在数量和素质方面有能力完成指派的任务,并控制机构膨胀、人浮于事的现象,利用统计抽样来控制原材料的质量,通过合理的预算来控制资金的有效使用。当然,前馈控制在实施过程可能会存在一定的风险,具体表现在:

一是过时控制风险。组织管理活动中产生的偏差只有及时采取措施加以纠正,才能避免偏差的扩大,如果等到偏差已经非常明显,且已对组织造成非常严重的负面影响时,反映偏差的信息才姗姗来迟,这时就产生了过时控制风险,这一风险是根本性的,是没有选择前馈控制的风险。预测偏差的产生,可以通过建立组织系统中的预警机制来实现,必要时也可借助计算机来辅助建立预警系统。

二是过度控制风险。过度控制是指控制的范围、程度和频度超过了一定限度,以至于控制失效或失败。在日常管理活动中,管理者的控制应该是适度的——既能满足对组织活动的监督和检查需要,又无需与被控制对象发生冲突。此外,在控制过程中不仅要全面控制,同时要分清主次,对重点环节进行重点控制。最后，前馈控制是有成本的，收集信息、进行预测、预先采取措施等都需要费用。当然，控制也能带来一定的收益，因此只有收益超出成本时，控制才有必要，否则就会导致费用与收益的失衡。

三是刚性控制风险。组织在管理过程中可能经常遇到某种突发的、无力抗拒的变化，这些变化使组织计划与现实条件可能会发生很大的偏离。有效的控制系统应在这样的情况下仍能发挥作用，即控制是有弹性的而不是刚性的，弹性体现在设立应急机制、设计合理的控制系统等，以防刚性控制风险。另外，一个有效的控制系统还应该有战略意义，抓住影响整个组织绩效的关键因子，把握组织发展的宏观动向，避免出现战略失误。

（二）实时控制

所谓实时控制又称同步控制或现场控制，是一种主要为基层管理人员所采用的控制方法，主管人员通过在现场对正在进行的活动给予指导和监督，以保证组织目标和计划按规定的政策、程序和方法进行。它主要运用于正在执行的计划中，实时控制取得的实效在很大程度上取决于实时信息的获得，因此实时信息反馈对实时控制尤为重要。

实时控制是一种面对面的指导，目的是及时纠正工作中出现的偏差。实时控制的内容主要包括以下三个方面：(1) 向下级指示恰当的工作方法和程序；(2) 监督下属的工作，以确保计划目标的实现；(3) 当发现有不合格标准的偏差时，立即采取纠正措施。

由于实时控制一般在现场进行，因而管理人员的工作作风和管理方式对控制效果将产生直接的影响。这种控制模式也成为衡量主管人员管理水平和领导能力的重要标志。

四、直接控制与间接控制

根据组织控制使用的手段不同，可将控制分为直接控制和间接控制。

（一）直接控制

直接控制是相对于间接控制而言的，它是着眼于培养更好的管理人员，使他们能熟练地应用管理的概念、技术和原理，能以系统的观点来进行和改善他们的管理工作，从而防止出现因管理不善而造成的不良结果的一种控制方式。直接控制的优点在于有助于计划目标的有效完成，同时更好地明确个人的责任；能迅速有效地采取纠正措施从而使管理更加有效。

（二）间接控制

间接控制是指根据计划和标准考核工作的实际结果，分析出现偏差的原因，并追究责任者的个人责任以使其改进未来工作的一种控制方法，多用于上级管理者对下级人员工作过程的控制。

在实际工作中，产生偏差的原因是很多的。有时是制定的标准不正确，可对标准做合理的修订；或者存在未知的不可控的因素，如未来社会的发展状况、自然灾害等，因此而造成的失误是难免的。此外，管理人员缺乏知识、经验和判断力等，也会使工作出现问题。间接控制的优点在于可以帮助管理人员总结吸取经验教训，增加他们的经验、知识和判断力，提高他们的管理水平，减少管理工作中的失误。

五、行政控制的技术和方法

行政控制技术和方法可以分为预算控制和非预算控制两大部分。预算控制包括绩效预算、计划设计预算、零基预算等。非预算控制包括管理审计、计划评审技术、统计数据资料、专题报告和分析、亲自观察法等。

（一）预算控制

预算控制是通过编制预算并以此为基础，执行和控制组织的管理活动，在活动过程中比较预算和实际的差距及成因，然后对差异进行处理。预算管理在组织内部控制中日益发挥核心作用，它已成为管理控制的主要方法之一。

1. 绩效预算

绩效预算是以目标为导向、以项目成本为衡量、以业绩评估为核心的一种预算体制，是把资源分配的增加与绩效的提高紧密结合的预算系统。绩效预算模式区别于传统预算模式，将市场机制和竞争机制引入部门预算管理，使部门预算的编制、执行、调整紧紧围绕绩效而展开。在绩效预算管理中，公共部门不仅要实现经济利益，而且要更多地体现社会利益，更好地服务于社会和公众。

2. 计划设计预算

计划设计预算是由美国兰德公司首创的一种计划和控制技术方法。它把计划、设计和预算三个组成部分结合起来，成为一个完整的观念模式。计划就是决定组织的基本目标，并且选择达成这些目标的最好方案；设计就是制定需要完成方案的详细办法，以便最有效地执行方案；预算就是在行政部门和立法部门中，将计划、规划、项目转化为金钱的概算而加以评定的过程。这种方法充分运用系统分析法、运筹学和成本效益分析技术的优势，为决策者提供科学的决策目标和可行性的方案奠定了技术基础。

3. 零基预算

零基预算是指不考虑过去的预算项目和收支水平，以零为基点编制的预算。零基预算的基本特征是不受以往预算安排和预算执行情况的影响，一切预算收支都建立在成本效益分析的基础上，根据需要和可能来编制预算。零基预算能克服我国长期沿用的“基数加增长”的预算编制方式中的不足,不受既成事实的影响,一切都从合理性和可能性出发。实行零基预算是细化预算、提前编制预算的前提。

(二) 非预算控制

随着组织规模的扩大,分权管理的发展,对管理工作的综合控制显得日益重要。除了预算控制方法以外,管理控制中还出现了许多非预算控制方法,主要有以下几种:

1. 计划评审技术

计划评审技术,又叫网络规划技术。主要是利用概率统计方法分析行政现象,研究如何制定完整切实的计划,如何结合实际工作条件制订计划的每一个作业的起止时间,如何在工作进行中进行追踪反馈,使整个工作在尽可能短的时间内完成。

2. 管理审计

管理审计,又叫效率审计。这种方法不是从个人的角度去评价主管人员,而在于评价一个组织的整个管理系统。采用这种方法的根本目的是使被审计单位的资源配置更加富有效率。

3. 统计数据资料

对组织管理的各个方面所做的统计分析和明确提出的统计数据资料,对于控制来说都是非常重要的。事实上,任何一个管理人员都不可能去改变既成的事实,那么就有必要用统计报表来表明管理各环节目前的发展趋势,以便使决策者通过阅读报表推断出不同管理环节上工作的进展情况,这无疑对整个控制过程是有效的。

4. 专题报告和分析

专题报告和分析的方法有助于对具体问题的控制,虽然决策者可以从许多例行的数据报表中获得不少必要的信息,但对有关专门业务的信息掌握还是不足的。这就要求决策者专门聘用一些高素质的分析人员组成一个参谋小组,让他们专门从事对某项业务的调查研究和分析,前提是不再分派其他任务。更为重要的是,专题报告和分析具有非例行工作的特点,使人们能高度重视那些非一般性的问题,对改进和提升组织效率起到了关键性的作用。

5. 亲力亲为观察法

亲力亲为观察法是一种最传统、最直接的控制方法,它的基本作用就在于获得第一手的信息。主管人员通过视察,可以判断目标完成的质量情况,计划是否按预定进度执行,以及管理过程中存在哪些偏差和隐患等。此外,亲自视察本身就有一种激励下级的作用,它使得下属感到上级在关心着他们。所以,坚持经常亲临现场视察,有利于创造一种良好的组织气氛,也有学者把这种方法称为“走动管理”。

第五节　行 政 监 督

行政监督是国家行政监督的重要组成部分,也是现代行政管理的重要环节。它对于保证国家法律、法规的正确贯彻实施,促进政府机关及其工作人员廉政、勤政,提高行政效能,起着极为重要的保障作用。

一、行政监督的概念和特点

(一) 行政监督的含义

行政监督的定义有广义和狭义之分。狭义的行政监督是行政机关内部上下级行政机关相互之间存在的监督和行政系统内部设立的专门监督机关对行政机关所实施的监督。广义的行政监督是指一切行政机构的活动同时受到来自行政机构内部的监督以及整个政治体系包括立法机关、司法机关和利益机关、公民和社会舆论的监督。行政学所指的监督通常是狭义的行政监督,即行政机关系统内部的监督。

(二) 行政监督的特点

行政监督建立的国情背景不同,制度基础各异,但作为现代科学有效的行政监督,一般具有以下特点:

1. 权威性

在公共利益和私人利益存在差异的情况下,在权力所有者和权力行使者相对分离的情况下,监督意味着一种权力对另一种权力的监控和制约。行政监督主体的权威性应来源于宪法和法律所规定的监督权,这是行政监督最重要的权威基础。

2. 强制性

行政监督行为不同于其他的经济行为和交往行为,它不是建立在被监督者自愿的基础之上。在现代社会,许多国家为了增强行政监督的有效性,都赋予行政监督主体一定的处置权,其强制性的色彩更加浓厚。当然并非所有的行政监督主体都使用强制手段对行为对象实施惩罚,如新闻舆论监督就是通过在社会上形成一种氛围,以便引起有相应处置权的主体的重视或关注,从而在客观上促使问题的解决。因此,任何一种行政监督由于主体的不同,其强制程度也会有差别。

3. 独立性

现代的行政监督是建立在民主和法治的基础之上,民主和法治的本质要求行政监督的主体必须具有一定的独立性。一方面,民主政治的发展唤醒了人的主体意识性,对于一个负有重任的行政监督机构来说,同样也赋予了它相对独立的特征;另一方面,法治意识的张扬则为行政监督主体的相对独立性提供了法律保障。

4. 多样性

行政监督涵盖了所有的行政行为,从运作过程到行为方式,从实体到程序,从合法性到合理性,几乎无所不包,无所不及。正是行政监督的多样性,才体现出它的民主性、现代性和合理性,完善的行政监督体系的建立及其有效运作,可以使公共权力的运作指向公共利益,从而大大降低公共领域内腐败的发生率。

5. 整体性

尽管各种不同的监督主体具有自己的独立性,但从行政监督的运作和功能来看,它们又彼此联系,相互衔接,构成了一个具有共同特征的完备的行政监督体系。因此,在行政监督主体多样化的情况下,高效监督作用的发挥不仅离不开各种监督主体作用的充分发挥,而且也离不开各种监督主体的协调互补,从而发挥行政监督的整体合力。

二、行政监督的功能

行政监督的基本功能,主要指监督各级行政机关及其内部工作人员执行国家制定的各项行政法规、行政政策的情况,同时纠正和惩处违反行政规范、行政法律的行为。具体地讲,行政监督的基本功能主要有三种:

(一) 行政监察

行政监察是行政监督的基本功能。行政监察分为长期、中期、短期和专项监察。长期监察一般一年一次,目的是督查有关行政机关和行政人员在较长一段时间内行政工作中的整体执行情况,是最重要的行政监察。中、短期行政监察一般是上级行政机关根据先前制定的行政目标和行政任务,为了减少行政工作中的失误,详细地对下级行政机关的工作进行检查。中短期行政监察的优点是,一旦发现问题可以及时地拾遗补缺,适当调整行政工作的目标和任务。专项督察是就行政执行过程中某一方面的问题而进行的监督和检查,这种督察具有针对性和临时性的特点。

(二) 行政纠错

行政纠错功能作为事后监督,是一种被动的行政监督功能。这种活动旨在查处有关责任部门和责任人,通过调查研究从而有的放矢地制定切实可行的整改措施,弥补因行政执行不当而造成的损失。行政纠错的一个突出特点是,这种纠错行为往往是在发现问题之后进行的,因此它总是滞后于行政机关及其行政人员的行政行为。

(三) 行政防护

行政监督具有防护的功能和作用。行政监督作为政治监督其防护性功能表现得尤为突出。行政防护必须做到在行政监督中公正执法,既不放过违法、违规行为,又不制造冤假错案,切实发挥行政防护的功能。行政监督的防护功能不以某种专门的手段实现,而是运用行政法规和行政纪律的约束、行政规范的控制和严密的监督活动以及制止和处分违反行政法规的行为来实现的。传统的行政监督多凭借权力、纪律和惩罚措施的运用,而当代行政监督则注重用心理激励、思想沟通和人格感召进行监督。

三、行政监督的分类

我国行政监督的类型,按照不同的划分标准,主要可以分为以下四类:

(一) 按照监督的体系来划分,可分为内部监督和外部监督

内部监督是指行政机关内部的自我监督。即在有隶属关系的行政机关内部上下级之间、领导者与被领导者之间互相实行监督。外部监督是指行政组织系统外部力量对行政组织的监督,主要包括国家权力机关、政党组织、社会团体和公民的监督。

(二) 按照监督的主体来划分,可分为政党监督、国家监督、社会监督和公民监督

政党监督的实质是党对行政机关领导的监督,是通过制定党的路线、方针和政策来实现的。国家监督包括权力机关、司法机关和行政机关内部的监督,是指国家运用国家权力依法对行政机关实行的监督。社会监督和公民监督是指企事业单位、社会团体和全体公民对国家行政机关及其公务员的行政行为实施的监督。

(三) 按照监督的目的和方法来划分,可分为积极性监督和消极性监督

积极性监督是为促进行政机关完成某项任务、达成某种目标而实施的监督,一般采取检查督促的方法。消极性监督是为防止和纠正违法行为而实行的监督,一般采用申诉、诉讼等方法。

(四) 按照组织形式的标准来划分,可分为有组织的监督和无组织的监督

有组织的监督是通过各种有目的、有准备的形式进行监督,如各级政府向各级权力机关报告工作,人民代表行使质询权等。无组织的监督是指没有法定的组织形式,由公民自发检举、申诉、控告的方式来监督违法行政行为。

四、行政监督的方式和方法

行政监督方式是决定行政监督是否有效的一个重要问题。从各国的行政实践来看,行政监督的方式大致可分为以下四大类:

(一) 一般监督和专门监督

从行政监督的主体来看,行政监督的方式由一般监督和专门监督组成。

一般监督是指国家行政机关对监督对象所实施的监督，在这里国家机关包括从中央到地方的各级行政机构，上级行政机关对下级行政机关、上级主管部门或职能部门对下级相应部门、同级行政机关之间的监督都属于一般行政监督。专门监督是指专门行政机关根据行政法规，在一定的权限范围内，对行政机关的行政人员的某种行政行为实施的监督。例如，中国国家监察部对国务院所属的部、委、办、署、直属企事业单位及其行政人员实施的监督。

专门监督和一般监督有较明显的区别：从内容上看，专门监督侧重于违法乱纪的检查，而不是一般的工作或业务检查；从监督的对象上看，它主要是针对违法乱纪人员进行调查处理，而一般监督则是对行政机关的日常行政活动进行调查处理。

(二) 合法性和合理性监督

行政监督从目的方面来看，包括合法性监督和合理性监督两种形式。合法性监督是指行政机关依据行政法规对被监督对象的行政行为实施监督。合理性监督是行政机关对被监督对象行政活动在合法的前提下是否符合科学、效率、精简等原则而实施的监督。

(三) 经常、定期或不定期监督

从行政监督实施的时限上看，行政监督的方式可分为经常监督、定期监督和不定期监督。经常性监督是指行政机关对监督对象实施的日常监督。定期性监督是行政机关对某些被监督对象，根据一定的周期对其实施的常规性监督，如中国国务院所属各部门每两周需向国务院报送一次工作简报，接受国务院的行政监督。不定期监督又可分为临时性和规定性监督两种形式。临时性监督是为了了解被监督对象的工作情况而进行的突击抽查；规定性监督是行政法规明确规定的不定期监督，例如国务院所属各部门对国务院报送专题或临时报告，以接受国务院的检查监督。

(四) 事先、事中和事后监督

从实施监督的时间来看，行政监督包括事先监督、事中监督和事后监督三种形式。事先监督是指行政机关对某项活动或行为等在被监督对象实施之前，依照行政法规进行的监督，例如上级行政机关对下级行政机关人事安排或变更前实施的审查。事中监督是行政机关对已在实施过程中的行为或活动，根据行政法规进行的监督。事后监督是指行政机关对已结束的行为、活动或事项，依照行政法规进行的监督，例如上级行政机关对下级行政机关完成交办的事宜进行检查、验收。

【知识要点】

1. 行政决策是指国家行政机关工作人员在处理国家行政事务时，为了达到预定的目标，根据一定的情况和条件，运用科学的理论和方法，系统地分析主客观条件，在掌握大量有关信息的基础上，对所要解决的问题或处理的事务作出决定。

2. 头脑风暴法是由十多位专家组成会议的方式发表意见。当专家发表意见时，不可对其进行反驳，也不作结论，尽可能激发出最大的意见，意见越新奇越好，最后将个人提出的构思加以整理和修正。

3. 德尔菲法，即进行函询调查，然后将专家回答的意见加以综合整理，在隐名的情况下寄回各专家再度征求意见，然后再进行综合整理，由此循环往复，直至意见趋于集中。

4. 行政执行是指国家行政机关为了实现公共政策目标而进行的行政活动，是从决策方案的实际实施到目标实现的全部过程。

5. 行政执行包含的内容十分广泛，会受到各种因素的制约，必须遵循一定的原则和程序，主要包括行政执行的准备阶段、行政执行的实施阶段和行政执行的总结阶段。行政执行的准备阶段是整个行政执行活动的基础和前提，行政执行的实施阶段是执行过程中的关键环节，行政执行的总结阶段是行政执行的最后一个阶段，通过总结经验以及反馈信息的步骤，使得整个决策执行过程更为完善，执行质量也更有保障。

6. 行政协调是指行政机关及其行政工作人员运用各种方法，调整行政系统内部各组织之间、人员之间、行政运行各环节各阶段之间关系，以及行政系统与外部环境、管理对象之间的关系，以便和谐地实现行政目标的行为。

7. 行政协调模式包括政府内部协调和政府外部协调两大类。政府内部协调包括上下级政府间的协调、政府内部领导成员与下属成员之间的协调、地方政府间的协调和政府部门间的横向协调等。政府外部协调包括政府与国家权力机关的协调、政府与司法机关的协调、政府与人民政协和民主党派的协调、政府与人民团体的协调、政府与社会中介组织的协调等。

8. 行政控制是指行政领导者和工作人员为了保证组织的目标以及制定的计划能够得以顺利实现，依据事先拟定的标准或因环境变化及组织发展的需要而重新拟定的标准，对下级的工作进行衡量、计量和评价，并及时纠正目标在实施过程中的偏差，以确保实际工作与目标、计划相一致而采取的措施。

9. 直接控制是相对于间接控制而言，它是着眼于培养更好的管理人员，使他们能熟练地应用管理的概念、技术和原理，能以系统的观点来进行和改善他们的管理工作，从而防止出现因管理不善而造成的不良结果的一种控制方式。

10. 间接控制是指根据计划和标准考核工作的实际结果,分析出现偏差的原因,并追究责任者的个人责任以使其改进未来工作的一种控制方法,多用于上级管理者对下级人员工作过程的控制。

11. 行政监督是指依法享有监督权限的主体对国家机关和工作人员行使国家权力所实施的监督。行政监督的含义有广义和狭义之分。狭义的行政监督是以行政机关为主体的监督,所以又称为内部监督。广义的行政监督是指行政机构的活动受到来自行政机构内部的监督以及整个政府体系包括立法机关、司法机关、公民和社会舆论的监督。

12. 行政监督的基本功能主要包括行政监察、行政纠错和行政防护三个方面。行政监察是行政监督的基本功能,可分为长期、中期、短期和专项监察。行政纠错作为一种事后监督,是一种被动的行政监督。行政监督的防护功能是运用行政法规和行政纪律约束、行政规范的控制和严密的监督活动以及制止和处分违反行政法规的行为来实现的。

【思考题】

1. 简述行政决策的程序。
2. 简述行政决策的含义及类型。
3. 简述行政执行的概念和特点。
4. 行政执行的方法主要有哪些?
5. 简述行政协调的原则和模式。
6. 行政协调的方法主要有哪些?
7. 简述行政控制的过程。
8. 什么是前馈控制? 什么是实时控制?
9. 简述行政监督的含义和特点。
10. 简述行政监督的功能和分类。

【阅读参考】

某市市区竟有高尔夫球场①

高尔夫在香港又被称为“高尔富”——高档而且是富人的游戏。确实,这种游戏也只有贵族玩得起,一个 18 洞 72 标准杆的国际球场占地多在 1 平方公里左右。花几十万元买一个会员证,每次打球再花几千元,即使客满时,在球场上同时打球的人也不会超过 18 个人。可见,这是一种只有少数

① 陈瑞莲主编:《行政案例分析》,中山大学出版社 2001 年版,第 196 页。

人能以高价使用和支配大量土地资源的奢华游戏，以至于在人多地少但又有着千万高尔夫球迷的日本，许多人一辈子都没有真正上过一次球场。因为即使在高尔夫发源的西方，再豪华的球场也要受到市场规律制约，各国一般都选择在地价低廉的远郊或人口稀少但风景优美的旅游区，利用浅丘荒地建设高尔夫球场。可是，我国某市竟然能在市中心东湖公园中建设了一个占地0.9平方公里的国际标准高尔夫球场，让人咋舌。

据说，当时决策者在拍板这个项目时，认为可以实现经济效益与生态效益双丰收。就经济效益而言，可以引进几千万美元内外资，算得上是个大项目。现在看来，这个只有少数人使用的球场是否能持续地为政府提供与其投资价值相称的财政收入，至今仍然是一个大问号。至于说建高尔夫球场有大片绿地，具有明显的生态效益，有关专家则认为这种想法是不切实际的。因为要保证球场上“百慕达”草生长，必须定期喷洒大量的化学除草剂以抑制杂草，这会对土地和水体产生严重污染，具体地说，整个东湖的生态环境正被无情地侵害和破坏。

再回头看看现在的东湖公园，虽然地域广大，湖光山色，但因为公园的主体已经被铁丝网围起来专供少数人活动，所以老人们只能在车辆拥挤的湖边沿着狭窄的人行道小心散步。关于某市东湖高尔夫球场将来的发展使用方向问题，有两种不同意见：一种是继续与外商合作，允许在其中建设别墅，改善经营管理，争取创造更好的经济效益。另一种意见则认为这个球场处于市中心区这么重要的位置，从长远看应该作为城市公园，让公园绿地尽可能向市民开放，不再允许在其中建设别墅，严格控制场区的房屋建设，在与外商合作期满后即予以收回，恢复原来的公园用地性质。有人进一步提议，为提高城市普通居民的生活和树立良好的城市形象，有关部门应尽早编制公园整体规划。

【案例分析题】

1. 请运用决策的有关理论，分析建设东湖高尔夫球场这一决策的成败得失。

2. 关于东湖高尔夫球场将来的发展与使用问题，你同意哪一种意见？为什么？

第七章　行 政 方 法

本章基本问题

行政方法是公共组织或私人组织的职能部门及其工作人员，为了达成既定的行政目标，从组织环境和管理对象的实际情况出发，依据一定的管理思想和管理原则而采取的管理措施、手段、方法和技术的总称。行政方法种类繁多，类型各异。限于篇幅，本章着重阐述目标管理、标杆管理、全面质量管理及战略管理等具有代表性的方法。

第一节　目标管理方法

一、目标管理的概念和特点

（一）目标管理的概念

目标管理(Management by Objective, MBO)是美国管理学家彼得·德鲁克于1954年提出的，以目标为导向，以人为中心，以成果为标准，从而使组织和个人取得最佳业绩的现代管理方法。它以泰罗的科学管理和行为科学理论(特别是其中的参与管理)为基础，是一种全面的、综合的管理活动。

目标管理让组织中的各层次、各部门的管理人员共同参与到组织目标的制定中来，并由此确定各自的分目标，主动承担各自的分目标和责任，实现在完成目标过程中的"自我控制"，然后把这些目标作为经营、评估、奖励每个单位和个人贡献的标准。

目标管理方法的实质是以目标作为手段来激励员工的自我管理意识，激发组织人行动的自觉性，充分发挥其智慧和创造力，以期最终形成员工与组织共命运同呼吸的共同体。目标管理有三个要点：(1) 上下级共同确定目标；(2) 根据目标确定各自的责任；(3) 根据目标执行情况进行控制。

（二）目标管理的特点

目标管理的特点主要表现在以下四个方面：

1. 强调组织成员的参与

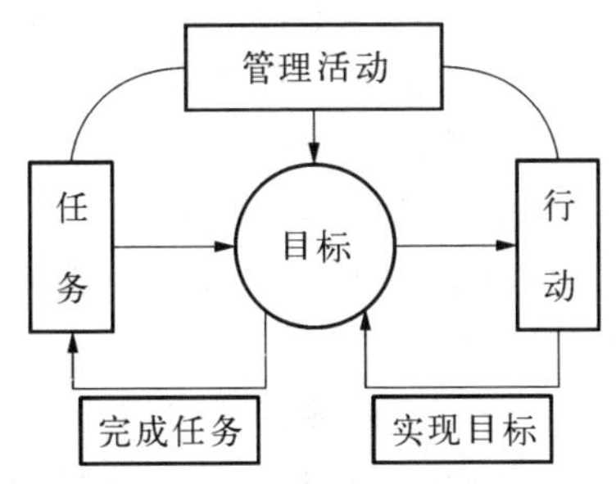

图 7－1 目标管理原理模型①

目标管理是一种开放式的管理，强调组织成员的参与，杜绝个人主义和独断专行。目标管理提倡民主、平等和参与的管理思想，不主张只强调上级下达的指令（或指定的工作，或指定的责任），这就是人们常说的“上级管布置任务，下级只管干”。如果上级没布置任务，下级也就不知道怎么干。组织中目标的实现者也是目标的制定者，上级应该和下级一起讨论和研究组织目标。首先确定出总的目标，然后对总目标进行逐级分解，逐级展开，通过上下级的协商，制定出各个部门和每个人的具体目标，使组织中的每个人都明确自己的工作目标，按目标导向原则来指导人们的行动，从而实现由被动管理转向主动管理。

2. 强调个人的自我控制

目标管理的理论基础建立在人性假设理论之上，提倡目标管理就必须相信“社会人”理论和 Y 理论，即人并非生来就是懒惰的，在适当的条件下，人们不但愿意而且能够主动承担责任；个人目标与组织目标能够统一；人对组织目标产生抵触和采取消极态度，主要是由于组织压力造成的；人对所参与的工作目标，能实现自我指挥和自我控制。

正如德鲁克认为的那样，组织人是愿意负责的，是愿意在工作中发挥自己的聪明才智和创造性的，如果我们控制的对象是一个社会组织中的“人”，则我们应“控制”的必须是行为的动机，而不应当是行为本身，也就是说必须以动机的控制达到对行为的控制②。

3. 强调分权和权力的下放

集权和分权任何时候都是一个组织的基本矛盾之一，唯恐失去对权力的控制是阻碍授权的主要原因之一。目标管理遵循授权理论，在目标确定以后，由上级释放一定的权力给下级，让其能运用权力去完成目标，顺利地达到“自主控制”、“自我管理”的目的。

推行分权和权力下放，能调动人的积极性与创造性，发挥主观能动性，

① 李祝文、韩云永、郭伦编著：《目标管理理论与实践》，解放军出版社 1986 年版，第 14 页。
② 引自韩晓虎、徐澄等：《新编管理概论》，清华大学出版社 2005 年版，第 42 页。

使整个组织的效率得到提高,充满生机。

4. **重视绩效,看重实际的效果**

目标管理看重的是实际的结果如何,以结果来判定和评价一个人。传统的管理方法评价一个人往往是根据印象、本人的思想情况和与同事的关系等定性的因素,因此结果是很不客观的,也是不科学的,很容易束缚组织成员的手脚。

实行了目标管理的组织,由于建立有一套完整的目标考核体系,每个人都有自己的目标,从而能按成员的实际贡献大小如实地评价一个人,这种定量的方法能客观公正地评价每个人,使组织目标和个人目标更密切地结合在一起,对增强组织的凝聚力起到了很好的作用。

二、实施目标管理的基本程序

(一) 制定目标前的准备工作

一个组织要想顺利地实现目标管理,必须在目标管理之前做一些准备工作以保证目标管理的推行。

首先,在组织的制度上,应该保证是支持目标管理的。在实施目标管理的时候,组织高层的支持是十分必要的,也是非常重要的,它关系到目标管理是否可以真正执行,同时它也是能够坚决执行目标管理的强力保障。在得到组织高层同意后,组织需要设立专门的部门来引进目标管理,这样有利于在组织中有效地推行目标管理,同时还能有效地调解各部门的工作。其次,进行组织结构的调整。(1) 传统的组织理论一般将组织分成两类,即"组织—员工",但在行为科学里,在组织和员工之间还有"部门"。如果部门发展得顺利,组织就会兴旺,个人也会活泼起来。一个部门最好的人数是6至8人,这种规模的部门人员间交流方便,关系较为和谐。部门可能会因工作形态等问题而编组困难。但如果想成功地推行目标管理,就需要建立面对面的关系。(2) 人数相同的组织,在组织结构上,有的是传统的科层式结构。为了适应目标管理需要,应该将组织结构变换成阶层更少的扁平式组织。(3) 组织成员之间不仅应具有与管理者直接联系的纵的连接面,而且还应该具有横的连接面。由于组织业务的高度复杂化,横的联系将更为有用,也就是说,公司需要练习像螃蟹一样横着走的方式对组织进行管理。能够把纵线与横线适当地糅合,更好地发挥"小部门"的作用。在推行目标管理前,应该让组织的员工接纳并支持目标管理的工作,同时对他们进行培训,这样目标管理的工作才能在组织中顺利地推行。

(二) 目标制定

制定目标包括制定组织的总目标,部门目标和个人目标,同时要制定完成目标的标准,以及达到目标的方法和完成这些目标所需要的条件等多方面的内容，同时建立组织的目标网络，形成体系，通过目标体系把各个部门的目标信息显示出来。与传统管理方法不同，目标管理强调组织目标制定过程中的民主参与，管理者强加给组织成员接受的目标并不是目标管理理论所讨论和制定的"目标"。制定目标的基本条件有以下五点①：

一是个人目标由每个人分别拟定，其方案必须由各自的直属上级决定。

二是目标不是上级强加的定额，要分别根据个人意愿来制定，使每个人感到是在为自己制定目标。

三是要把下级拟定草案同上级调整该草案的过程，作为上下级沟通关系的一个机会，要从创造良好的人与人之间的关系出发制定目标。

四是根据上级需要制定目标时，可要求下级成员参加，听取意见。

五是制定实现目标的可行方针。

在目标的制定过程中除了良好的民主氛围外，较通畅的沟通渠道也是必不可少的，上下级间互相沟通，听取和接受对方提出的意见和要求，并反映到组织目标的制定过程中，这样制定出来的目标才更加可行和可信。

（三）目标的实施

完成了目标的制定，就进入了目标的具体实施阶段。在实施的过程中，组织的管理者要遵循授权的原则，上级应该放手把权力委托给下级，下级在实施目标的过程中实现"自我控制"。而管理者则从日常的一般性的事物中解脱出来，重点考虑组织发展的长远规划以及解决实施过程中出现的一些紧急和意外情况。

同时，在执行目标时，首先需要对目标的实施情况时时进行检查和控制，让成员工作不至于偏离原定的方向；其次要向下级通报进度，便于互相协调；再次要帮助下级解决工作中出现的困难问题，当出现意外、不可测事件严重影响组织目标实现时，也可以通过一定的手续，修改原定的目标。

（四）检查结果，信息反馈和处理

(1) 考核成果

考核成果就是按照目标计划和要求，对目标实施的结果，即获得的目标成果进行考核，评价管理绩效。

(2) 实施奖惩

按目标成果和奖罚的预案，根据各人目标的完成情况实施奖励和处罚，做到奖惩兑现，以达到激励的目的。

(3) 总结经验，反馈信息

把在整个目标实施过程中的经验和存在的主要问题找出来，为制定下

① 丁煌编著：《行政学原理》，武汉大学出版社 2007 年版，第 269 页。

一期目标计划和指导今后的工作积累资料。

在考核之前还有一个很重要的问题,就是在实施目标的过程中,根据周围环境的变化会出现一些不可预测的问题,那么开始制定的目标可能不能完成,因此在实行考核时,要根据实际情况对目标进行调整和反馈。

三、实施目标管理的限制因素及主要障碍

在实际操作中,目标管理也存在许多的限制因素和障碍,主要有以下几方面:

（一）组织文化

目标管理是一种人性化的管理过程,它是以行为科学人性假设为理论基础的,其假设人们皆有责任感,对制定的目的能负起主动的角色,因此较适合于持 Y 理论的组织文化机构。但在实际中人是有“机会主义本性”的,尤其在监督不力的情况下,目标管理所要求的承诺、自觉、自治气氛难以形成。

（二）组织的类型

实施目标管理,公立组织较私营企业为逊。因为公立组织在制定具体可衡量的目标方面比私立企业组织要困难,而且公立组织的资金是依法而定的,使得依照绩效决定报酬,允许员工参与决策等的目标管理的条件全都无法实现,因而造成实施的失败。

（三）目标难以确定,过分强调短期目标

组织内的许多目标难以定量化、具体化,许多团队工作在技术上不可分解,组织所面对的内外环境的可变因素越来越多,变化越来越快,组织内部活动日益复杂,使得组织活动的不确定性越来越大。这些都使得组织的许多活动制定数量化目标是很困难的。硬性地将某些目标数量化和简单化的做法是危险的,其结果有可能将管理工作引入歧途。因此有些不能定量化的目标可以设定为定性化的目标,通过详细说明其特征和完成日期的方法来提高其考核的程度。

另外,目标管理时间期限也难以确定。由于长期的、准确的并且能够量化的目标很难确定,因此几乎所有实行目标管理的组织所确定的目标都是短期的,很少超过一年,短期目标容易导致组织采取以牺牲长期目标所得为代价的得不偿失的短期行为。因此,为防止短期目标所导致的短期行为,上级主管人员必须从长期目标的角度提出总目标和制定目标的指导方针。

（四）目标的设定可能增加管理成本

目标设定需要上下沟通、统一思想,这都是很费时间的。在实现目标的过程中,每个部门,每个人都只关注自身目标的完成,而忽略了相互协作和组织总体目标的实现,从而滋长本位主义、临时观点,产生急功近利倾向。

目标管理看起来简单,但要把它有效地付诸实施,则尚需各级主管人员对它有详尽的认识和了解。这就需要对目标管理的整个体系做耐心的解释工作:何谓目标管理?如何操作?为何要实施目标管理?目标管理对于考核管理绩效有何作用?最重要的是对参与目标管理的人有何好处。对目标管理的原理和方法的宣讲无疑会增加管理成本。

(五)缺乏灵活性

目标管理要取得成效,就必须保持其明确性和稳定性,如果目标经常改变,就难以说明它是经过深思熟虑和周密计划的,这样制定出来的计划是没有意义的。但是,计划是面向未来的,而未来存在许多不确定因素,这又使得必须根据现实的需要而对目标进行修改。然而修订一个目标体系与制定一个目标体系所花费的精力相差无几,结果可能是最终迫使主管人员不得不中途停止目标管理的过程。

(六)奖惩不一定都能和目标成果相配合,很难保证公正性,可能会削弱目标管理的效果

目标管理要经过最后的检查和评估阶段。对各级目标的完成情况,要事先规定期限,定期进行检查,检查的方法可灵活地采用自检、互检,以及责成专门的部门进行检查。检查的依据就是事先确定的目标。

对于最终结果,应当根据目标进行评价,并根据评价结果进行奖惩。通过对目标管理的检查和评估,我们就可以积累经验,吸取与借鉴一些教训,为目标管理工作打下基础。然而,各个部门的目标不同,难易程度不同,自然造成完成情况有所差别。奖惩不一定能和目标成果相配合,很难保证公正性,这就很容易削弱目标管理的效果。

掌握目标管理的局限性,对于有效地实施目标管理是相当重要的。目标管理在一些国家的管理发展中还是一种新的趋势,各类组织的主管人员还需不断探索,使之不断完善。

四、实施目标管理的原则及方法

(一)目标制定必须科学合理

目标管理能不能产生理想中的效果,首先取决于目标的制定。科学合理的目标是目标管理的前提和基础,脱离了实际的工作目标,轻则影响工作进程和成效,重则使目标管理失去意义。

(二)督促检查必须贯穿始终

目标管理在实施过程中,丝毫的懈怠和放任自流都可能贻害巨大。作为管理者,必须随时跟踪每一个目标的进展,防止下级在执行过程中偏离方向,发现问题及时协商,及时处理,及时采取正确的补救措施,确保目标运行

方向正确，进展顺利。

（三）严格成本控制

目标管理以目标的达成为最终目的，考核评估也是重结果轻过程。这很容易让目标责任人重视目标的实现，轻视成本的核算，特别是当目标运行遇到困难可能影响目标的适时实现时，管理者往往会采取一些应急的手段或方法，来修改目标或重新制定目标，造成时间和金钱的大量投入，这直接导致实现目标的成本不断上升。作为管理者，在督促检查的过程当中，必须对运行成本作严格控制，既要保证目标的顺利实现，又要把成本控制在合理的范围。

（四）考核评估必须公平、到位

任何一个目标的达成、项目的完成，都必须有一个严格的考核评估。考核、评估、验收工作必须选择执行力很强的人员进行，必须严格按照目标管理方案或项目管理目标，逐项进行考核并做出结论，对目标完成度高、成效显著、成绩突出的团队或个人按章奖励，对失误多、成本高、影响整体工作的团队或个人按章处罚，真正达到表彰先进、鞭策落后的目的。

第二节　标杆管理方法

一、标杆管理的概念及其特点

（一）标杆管理的概念

标杆管理（Bench Marking）起源于20世纪70年代末80年代初，由美国施乐公司首创，之后被越来越多地运用于各个组织中。施乐公司认为，标杆管理是“一个将产品、服务和实践与最强大的竞争对手或是行业领导者相比较的持续流程”①。

对于标杆管理的定义，国内外的很多学者给出了自己的见解。理查德·费希尔认为：“标杆管理是将自己所在的机构与其他具有杰出绩效的公司相比，从中找出新的理念和方法。”帕特里夏·基利认为“标杆管理是一个寻找、引进、实施最佳实践，以提高绩效的过程——包括使标杆管理具有独特性和不同于其他程序改进活动的主要理念，使其尽可能包含在我们探寻最佳实践时将要碰到的各种活动和目标中”②。标杆管理就是追求卓越的

① Robert C. Camp. 1989. The Search for Industry Best Practices that Lead to Superior Performance. ASCQ Quality Press, xii.

② 帕特里夏·基利等编著：《公共部门标杆管理》，中国人民大学出版社2001年版，第36—37页。

管理模式,并将其学习转化,以提高组织绩效的管理工具。

因此,标杆管理不是简单的比较,不是简单的绩效评估,而是一个动态的过程。归纳起来,标杆管理实际上就是明确自身与竞争者的优势和劣势,将最佳实践应用到组织当中,以改进工作程序,提高自身绩效。

标杆管理的分类有多种,具有代表性的有这样两种:

1. **第一种分类法**

第一种分为内部标杆管理、竞争性标杆管理和职能性标杆管理。(1) 内部标杆管理。顾名思义,就是组织以内部流程为标杆所进行的标杆管理。对于一些多元化的组织来说,确立内部标杆管理,可以激发其他部门的积极性,实现资源共享,进而整个组织的效率都会提高。内部标杆管理往往有一定的局限性和片面性,导致视野不够开阔,因此内部标杆管理应和外部标杆管理相结合。(2) 竞争性标杆管理。即将自己的产品、经营范围、服务等与自己的竞争对手进行比较,来创造更多的发展空间。这一类标杆管理是同行业之间的竞争,因此实行起来可能有些困难,同行的企业为了保护自身利益,会采取保守的信息外透方式,造成信息的不对称。(3) 职能性标杆管理。即将组织的特定职能与不限定行业的优秀实践作比较①。这类标杆管理的范围比较广泛,组织可以学习本行业之外的其他任何组织,将其成功经验应用于本组织。对于外行业来说,由于竞争性很小,因此获得信息相对来说不是很复杂。

2. **第二种分类法**

第二种分为流程标杆管理、业绩标杆管理和战略标杆管理。这类分法是克里斯托弗·博根在《竞争性标杆管理》中提出的。(1) 流程标杆管理。主要是以离散的工作流程以及运营系统为重点,比如账单处理流程、招聘流程、服务流程等。这类标杆管理就是从与自己组织同性质的组织中找到最有效的方法。(2) 业绩标杆管理。业绩标杆管理通过本组织的产品、服务等来评估自己在本行业中所处的竞争地位,主要关注质量、价格、服务等。(3) 战略标杆管理。这类标杆管理主要研究组织如何竞争,很少局限于组织内部,在日本运用得比较普遍。

(二) 标杆管理的特点

1. **标杆管理是一个动态的循环的过程**

标杆管理就是不断地将自己的组织与其他组织作比较,以吸收别人的优点来完善自己的过程。标杆确立之后不是一成不变的,会随着实践的改变而改变,当达到既定目标时,应重新审视标杆管理的目标,根据发展完善

---

① 沈莉:《标杆:通向竞争优势的业绩改进工具》,《财会月刊》2004 年第 3 期。

的情况,确立新的标杆,因此标杆管理必须是一个动态的过程。

2. 标杆管理更具体、明确、可行

标杆管理以度量标准和最佳实践为两大基础,比以前的管理方法更强调执行和量化,使组织的目标更加具体、明确、可行。标杆管理方法是通过一系列规范化的程序去寻找“标杆”,运用科学的指标体系明确自身所处的位置以及“标杆”的长处,扬长避短,使组织能够做到有的放矢,有针对性地去改进,一定程度上避免了实施过程中的不确定性因素。

3. 标杆管理注重实践

标杆管理是一种面向实践的以方法为主的管理方式,它是通过学习借鉴别人的成功经验,不断优化组织的流程,完善组织的目标和系统。它必须通过不断的实践,去寻找、甄别、实践,通过不断的学习实现自身的超越。可以说标杆管理为组织提供了一个学习最佳实践的机会。

4. 标杆管理具有广泛的适用性

首先,标杆管理适用于不同类型的组织,以及组织内部的方方面面,根据不同的组织性质开展不同性质的标杆管理。

其次,标杆管理既可以在相同性质的组织里开展,进行同行业学习;也可以进行跨行业跨领域的标杆管理。

再次,标杆管理目前的使用范围相当广泛,从最初用来衡量制造部门的业绩发展到不同的业务职能部门,再扩展到质量管理、成本管理、市场营销、人力资源管理和新产品开发等各个方面。

二、实施标杆管理的限制因素及主要障碍

目前,标杆管理的运用已十分普遍,但是在运用的过程中仍存在不少问题,限制标杆管理实施的因素成为各个组织在实践过程中的绊脚石。归结起来,标杆管理的限制因素及主要障碍主要有以下几点:

(一) 标杆主体的选择

在标杆管理的过程中,标杆主体的选择十分重要,标杆的选择是否合理,是否客观,是否适用,都会对组织有着很大的影响。因此,恰当地选择标杆管理的主体是迈出成功的第一步。在实施标杆管理之前,组织一定要明确标杆主体选择的标准——既不能好高骛远,也不能降低标准,要根据组织的实际情况选择合适的标杆,引入最佳实践。

在组织选择标杆的时候,既可以选择内部表现出色的部门作为标杆,也可以选择外部经营同类产品的组织,还可以是其他性质的组织。一些组织仅仅把标杆的范围局限在本组织的各个部门,只是将绩效表现出色的部门作为学习的标杆,不管适合与否,生搬硬套到其他部门中去。这会对其他部门的绩效产生负面影响。有的组织往往只把目光局限在与自己同性质的组

织中,盲目向本行业的佼佼者学习,殊不知,有的方法根本不适合自己的组织,反而因为这样而错过了许多其他行业好的实践经验,这对组织的发展无疑是不利的。因此,要拓宽自己的视野,跳出来看问题,把目光放长远,这样更有利于组织的更新、发展和进步。

但是,有的组织又过于看重外部标杆,将世界知名企业看作自己的标杆,盲目改进,将不适合本组织的实践经验引入进来,而对同行业中的成功者视而不见,结果造成组织绩效下降,优势变为劣势。

(二) 在标杆管理的过程中保持标杆不变

对于标杆最佳实践的学习是一个循序渐进的过程,不是一蹴而就的,更不是突击活动。标杆的选择不是一成不变的,随着组织目标的实现,标杆也随之发生改变。环境是不断变化的,各个组织也随时处于变化之中,今天的绩效成功者未必明天还是成功者,因此,标杆也要随着环境的变化而改变。这就要求组织有放眼全局、积极主动应对变化的能力,对于外界的变化能够做到及时调整,这样才不会因为信息滞后阻碍组织的发展。

(三) 过分注重结果而忽视实施的过程

有的组织仅仅把注意力放在成功的数据上,而不重视数据的来源。标杆管理实施的目的是通过学习其他组织的实践经验来提高自己,因此要对数据进行过程分析、理解,弄明白标杆主体产生绩效的过程并向其学习。这里所指的学习,不是学习成功的数据以及标准,而是学习如何产生这些数据的。组织在学习最佳实践的过程中,不要指望立“杆”见影,在学习提高自己绩效的同时,融入组织文化,使组织得到内在的提升。

过分重视结果的直接后果就是把标杆管理看成简单的绩效评估。进行业绩评估只不过是标杆管理的一个重要步骤,业绩评估只是给组织提供一个改进工作程序的数据标准。把业绩评估看成标杆管理的最终目标是与标杆管理的本质背道而驰的。

(四) 标杆管理容易使组织缺乏创新性

标杆管理鼓励组织间相互学习,造成竞争战略的趋同,组织的产品、服务等方式大同小异,组织间的差异日益缩小,标杆管理的有效性受到限制。有的组织为了赶超标杆管理,往往陷入标杆管理的怪圈:落后—标杆—再落后—再标杆[①]的管理陷阱中,无法通过创新来提升自己,使自身依赖于标杆主体,这对组织的发展无疑是不利的,也违背了标杆管理的初衷。学习标杆管理要坚持在学习中创新,找出自己与标杆主体的差距,从自身特点出发,结合自身的实际情况,不断改进提高,只有这样才能真正发挥标杆管理

---

① 孔杰、程寨华:《标杆管理理论述评》,《东北财经大学学报》2004 年第 12 期。

的作用,从根本上提高组织的竞争力。

（五）将标杆管理当成一个口号

标杆管理重在执行,有的组织对于引入的最佳实践执行不力,将标杆管理当成一个口号。在通过信息收集系统收集信息之后,要将标杆管理的执行落到实处,改善某个环节或者整个组织的运作都要深入组织内部。组织决策者应加大执行力,使执行过程透明化、具体化、规范化。除此之外,还应制定一定的方案应对突发状况的发生,使执行过程成为一系列的连续的过程,提高标杆管理实施的效果。

（六）偏离顾客和员工

一些组织为了很快地实现标杆管理的目标,偏离了顾客,造成服务质量下降,破坏了与顾客的关系,组织失去了顾客,也就失去了发展的空间。标杆管理是一个全员参与的过程,没有员工的支持和参与,标杆管理就是一句空话。实施开始时可能有些员工有抵触情绪,不愿意改变现在的工作流程,这时不能强加给员工接受最佳实践的观念,要在实践的过程中让员工慢慢体会到会给他带来什么,变被动为主动,提高员工参与的积极性。

（七）观念、意识、组织文化的障碍

某些组织的组织文化根深蒂固,深入人心,员工的观念和意识早已被同化,自然而然形成的一些约定俗成的规则阻碍了标杆管理的实施。因此,在实施的过程中,有时组织文化、观念和意识是一块很大的绊脚石。

三、实施标杆管理的原则及方法

（一）实施标杆管理的原则

标杆管理的实施需要一定的原则作为指导,具体来说包括以下几点原则:

1. 事前规划原则

在实施标杆管理之前,组织有必要进行详尽、全面的规划。规划越是全面、明确、完整,标杆管理也就越有成效。因此,事前就应当先对组织认真考查,找出自身的缺陷,根据缺陷选择合适的标杆主体。在标杆主体确定之后,应对标杆主体进行全面的考察,找出最佳实践的优势,弄清标杆主体是否真正适合本组织。在一切规划好了之后,方可开始进行标杆管理。

2. 与组织结构相适应的原则

组织结构是一个组织的骨架,支撑着整个组织的发展。组织结构如果设计得不合适,整个组织就是在朝着错误的方向努力。因此,在标杆管理实施过程中,引入最佳实践前应明确自身的组织结构是否合适,如果合适,那么引入最佳实践就还应当保持原来的组织结构不变;如果是因为组织结构不合理导致绩效低下,那么就应该学习标杆主体管理成功的组织结构,用新的组织结构代替旧的组织结构,还要注意各个部门之间的相互配合。

3. 动态管理原则

正如前文所述,标杆管理是一个动态的循环的管理过程。标杆设立之后并不是永久性的,要随着实际情况的变化而改变,今天的最佳实践不代表它就是永远的第一名。随着组织目标的实现,组织会制定更高的目标,这时原来的标杆主体就变得不适用了。因此,环境改变了,客观条件改变了,组织目标改变了,标杆主体也应该随之而改变。

4. 全员参与原则

标杆管理需要全体员工的参与,员工是组织的细胞,因此,标杆管理离不开全体员工的参与。某些组织在组织决策者引入最佳实践改善组织之后才告知员工,引发员工的抵触情绪,员工不配合改进的状况时常发生,这样造成组织目标难以实现。组织正确的做法是在引入之前告知员工,并充分听取员工的意见,真正做到以人为本,激发员工的积极性,增强组织的凝聚力。

5. 运用反馈原则

在标杆管理实施一段时间之后,组织应及时对标杆管理实施的效果进行调查,及时组织专门小组将组织各级的意见反馈给组织决策者,充分收集信息,了解组织接受运作情况,对引进最佳实践的效果进行评价,找出不足点,提高标杆管理的效果,减少实施遇到的阻碍,这样更有利于组织的发展。

6. 持续改进原则

标杆管理是一个长期的过程,是一个循序渐进的过程,是一个需要不断做出改进的过程。组织应坚持持续改进的原则,在不断的改进中得到发展。持续改进原则有利于克服组织实施标杆管理过程中的不合理因素和失误,使组织充满活力。

(二) 实施标杆管理的方法

标杆管理的实施有一套逻辑严密的方法,具体来说,分为以下几步:

1. 确定实施标杆管理的范围及对象

组织对哪些部门实施标杆管理以及标杆管理实施的广度、深度、时间、资源等,都是应该谨慎考虑的因素。需要注意的是,在对象较多的情况下,应有重点地挑选标杆管理的对象,挑选那些对组织的发展起决定性作用的关键部门。

2. 了解组织自身状况

一旦明确了标杆管理的范围和对象,就要通过调查、数据分析等来了解自身状况,就工作中的瓶颈、存在问题以及自身优点绘制出组织现状图。另外,还需要了解其他组织的情况,收集相关数据,通过比较对自身有一个更全面的了解。这些因素也应编入现状图中,通过仔细研究、分析,对自己有一个透彻的了解,也为后面与标杆对象比较打下基础。

3. 收集、分析数据，选择标杆管理的标杆主体

通过比较分析收集的数据确定标杆管理的标杆对象，并对其进行研究，了解标杆主体产生良好绩效的过程，弄清楚最佳实践成功在何处。

4. 进行差距分析

通过差距分析来比较自己的工作程序与标杆主体的工作程序的差别，明确了差别之后，组织自身要思考为什么会存在这些差距，怎么做才能消除差距产生更好的绩效。同时也能够发现可以改变哪些因素来提升自己。在这一步骤中，能够通过差异比较发现和确定最佳实践。

5. 实施标杆管理方案，引入最佳实践

在确定最佳实践之后，组织要做的就是学习和改进。这是标杆管理实施的关键环节，组织要在前几个步骤的基础上，提出最优方案并进行改进，也就是引入最佳实践。在组织成员一致认可的基础上，制定出具体的行动方案，并将其落实到实践当中去。具体的行动方案包括实施计划、人员安排等。

6. 评价与反馈

在标杆管理实施之后，应及时对标杆管理的效果进行评价及反馈，组织专门小组进行考察，考察标杆管理实施的情况及员工的反映情况。将实施之前的绩效与实施之后的绩效进行比较，也可以将达到的绩效水平与最佳实践的绩效水平相比较，确定目标的实现程度以及存在的问题有哪些。把反馈结果汇总进行分析，努力达到最佳实践绩效，进而超过最佳实践。

7. 总结经验教训，不断调整战略

标杆管理实施最后，要总结成功的经验或者失败的教训。对于改进成功的方面继续保持，并逐步优化使之趋于更好；对于失败的方面要努力改革，制定其他合理的方案，分析为什么标杆管理实施失败，以及如何改进失败的因素。通过不断的调整，使标杆管理成为一个连续的过程。

第三节　全面质量管理方法

一、全面质量管理的概念及其特点

(一) 全面质量管理的概念

全面质量管理(Total Quality Management，TQM)起源于20世纪50年代末的美国，由美国通用电气公司的费根堡姆和质量管理专家朱兰等提出，之后在发达国家逐渐推广。1950年至1952年，美国质量专家戴明博士应邀去日本讲授质量管理知识，他的质量管理思想对日本产生了巨大的影响。日本1951年设立了质量管理最高荣誉的“戴明奖”。到了60年代后期，全面质量管理在日本有了新的发展。1979年我国从日本引进了全面质

量管理的概念。

全面质量管理是质量管理的一种形式，就是组织以提高质量为中心，在组织全体员工参与的基础上，通过专业技术、经营理念、数理统计等，向顾客提供最满意的服务，达到顾客、组织及组织所有成员和社会效益的多方面成功的管理方法。

全面质量管理可以理解为三个“全面”：全面的质量管理、全员参与的质量管理和全过程的质量管理三个方面。

第一，全面的质量管理。针对的是全面的质量，不仅要对产品质量、工作质量、服务质量等进行管理，还要对人进行管理。全面的质量管理是整个组织管理的中心。

第二，全员参与的质量管理。全面质量管理是组织各部门都参与的，自然也就应该是全员参与的质量管理。全体成员参与，既可以提高大家的积极性，又可以激发员工的创造性，不断改进和提高组织的质量水平。此外，全员参与还强调授权的重要性。因此，组织的全体员工，从上到下，都要树立质量意识并付诸实施。

第三，全过程的质量管理。为了提高质量，不仅要对产品、服务等进行管理，更要对每个具体环节进行质量管理，对于每个流程、每个细节都不能放过。全过程中的各个环节一环扣一环，一个循环完成了又开始新的循环。这是全面质量管理和传统的质量管理的最大区别。

（二）全面质量管理的特点

全面质量管理作为一种科学的管理模式，具有以下六个显著的特点：

1. 全面性

全面质量管理最明显的特点是突出了全面性，实行全面的、全员参与的、全过程的“三全”质量管理。从横向看，管理的对象是全面的，不仅包括员工、产品，还包括服务的质量等；从纵向看，管理的范围是全面的，包括组织、社会等。另外，全面质量管理的内容也是全面的。因此，全面质量管理要体现其全面性，与传统的质量管理区分开来。

2. 质量第一

全面质量管理秉承“质量第一”的观点，在产品的制造、出售一系列过程中保证质量，还需要保证服务质量、工作质量。质量这一关没把好，就无法保证全面质量管理的实现，可以说，质量是全面质量管理的心脏。

3. 科学性

全面质量管理体现出科学性。全面质量管理方法是管理科学的进一步发展，吸收了系统论、数理统计、信息论等方法，被广泛用于处理全面质量管理中遇到的各种问题。全面质量管理要求将各类信息进行分析整理，运用科学的方法进行质量管理,还要有严肃的科学态度。

4. **顾客至上**

全面质量管理应体现“顾客至上”的思想。全面质量管理在每个环节都应该体现为顾客服务的思想,每个环节都从顾客的角度考虑,坚持高标准,识别并满足顾客的需要。顾客是组织生存与发展的关键因素,因此全面质量管理体现的是一种“顾客至上”、以顾客为导向的观点。

5. **预防性**

全面质量管理能够做到预防为主。在管理的过程中,必须对每道工序、每个环节进行全面检查,把质量问题消除在摇篮中,做到预防为主,防患于未然。全面质量管理要求把“事后弥补”转移到“事前预防”上来,把管理结果转变到管理过程上来,体现预防为主,积极改进的方法。

6. **先进性**

全面质量管理与传统质量管理相比,在组织文化、工作设计、沟通方式等方面都有很大的区别,它体现了现代管理方法的先进性,全面质量管理走在管理方法的前沿,具有很强的先进性。

二、实施全面质量管理的质量标准

(一) 绩效

绩效是民众在接受政府部门或者私营部门提供的服务和产品时,首先应当考虑的最重要的方面。绩效是整个组织进行质量管理的最终目的,只有取得了好的绩效才能说明整个质量管理的过程是有意义的。因此绩效是质量管理的首要标准。

(二) 性能

性能是在产品或服务设计时综合用户要求而设定的,在组织制造产品或提供服务的过程中对产品或服务规定的性能加以保证,亦即某种产品或某项服务所应发挥的效能和作用。性能一般可分为使用性能和外观性能。前者针对产品的用途,后者指的是产品在满足顾客的审美、情感需求方面的价值。如一件衣服不仅要保暖,而且还要美观等。随着社会的发展与人们生活水平的提高,顾客对产品外观性能的要求也越来越高。

(三) 经济性

经济性指的是利用同样多或更少的资源创造更多、更好的产品和服务。几乎所有的管理者都会觉得给予他们的资源相对于要他们做的工作来说是不够的,尤其是在公共事业部门,资源限制问题似乎变得更严重,要想缩小资源与计划需要之间的差距,就必须学会如何利用现有的资源配置取得更多的成果。全面质量管理的过程就是不断改进管理方式和方法,减少管理过程中的资源浪费,提高产品或服务的经济性。

（四）持续性

组织在提供产品或服务时，必须考虑持续性。一种是提供时间的长短，服务或产品的提供给社会带来的利益在超过一定的时期可能会失效，而有些服务过期则会毫无意义；另外一种就是时间的延续上，只有能不断地提供好的产品和服务才会体现出质量管理的优点和作用。

（五）创造性

这里的创造性指的是对错误的摒弃和对成功经验的巩固。根据全面质量管理的特点，每一次质量管理的循环，都是将管理过程中对成功经验的肯定并形成工作标准，吸取失败的教训，杜绝类似情况再次出现。对未来解决的问题分析原因，为进一步工作提供参考和借鉴。这样，质量管理工作每经过一次循环，就能提高一步，形成环环相承，逐步提高、持续提高的局面。

（六）预见性

任何服务和产品，光靠检验不能真正达到提高质量水平的目的。只有在质量管理过程中，采取规范的管理方式，将质量问题消灭在萌芽之中，才能达到目的。在管理的各个环节都要体现预见性，预见可能出现的问题，建立一套保证体系来达到防患于未然的目的，做到预防为主。

（七）积极性

全面质量管理是一个全员参与的管理，产品或服务涉及组织内的各个部门和各个成员，其工作直接或间接地影响着产品和服务的质量。全面质量管理不光重视产品或服务的质量提高，其更多的是一种工作方式。这种方式舒展人的个性，发挥人的创造性。实施全面质量管理的目的之一就是提高组织成员的积极性，所以组织成员的积极性是否得到提高也是一条重要标准。组织成员的积极性提高了，组织的绩效也就相应地提高了。

（八）收益度

质量的受益者包括几个方面——顾客、员工、供应者和社会。实施质量管理使得组织内外各个方面都能得到收益。收益度是从受益者的角度来评价组织产品或服务的效果。

（九）满意度

质量就是满足顾客需求的能力和程度，私营组织提供的产品以及公共组织所提供的服务质量的好坏最终以顾客的满意程度为标准，这也和上文提到的以顾客为导向的观点是一致的。

（十）可信度①

对于许多民众而言，重要的品质标准是服务或产品应具有的可信度。

① 张成福、党秀云编著：《公共管理学》，中国人民大学出版社2001年版，第311—312页。

所谓可信度系指一项产品或服务,在某一特定期限之内,能提供产品或服务符合民众期望的可能性。可信度也是质量标准中不可缺少的环节。

(十一) 变动性

变动性系指组织所提供的产品或服务是否会根据时空背景的改变而发生相适应的转变,组织应随时掌握和了解民众的需求或愿望,从而提供符合民众期望的产品或服务。如：生产部门生产产品要随时根据顾客需求变化来做相应的调整,做到以顾客第一。

三、实施全面质量管理的限制因素及主要障碍

组织实施全面质量管理是一个庞大的工作,虽然其运用得到了很大的发展,但是任何组织都不可能轻而易举地推行全面质量管理,其所面临的限制因素及主要障碍有以下五点：

(一) 对全面质量管理认识不够

全面质量管理是一种新的工作方法。一些组织并没有理解全面质量管理的实质,有的组织认为质量就是产品的质量,还有的认为全面质量管理是领导的事,与员工的参与与否无关。这些认识误区导致全面质量管理有名无实,丧失了全面质量管理的题中应有之意。

(二) 组织的惰性

大多数人对于自己的工作方式没有足够的认识的。工作任务往往是通过电话、会议或者上司直接下达,或者自我意识到为满足某种需要而做。一旦接受了任务,常常会考虑以前是否办理过类似的任务,可以参照相似的任务做法来实施。任何稳定的组织随着时间的流逝都会形成这样的惰性。

全面质量管理要使原来程序化的东西变成详细的分析,学会停下来思考怎样去工作不是件容易的事情,大多数组织要把这类的分析根植于原来的组织文化和操作方法之中更是十分不容易的。还有,全面质量管理不仅仅要求个人学会思考自己的工作,还要求参加到集体任务中的成员去思考他们的任务之间怎样相互作用,他们怎样作为一个集体去工作,要提供工作分析所必需的时间和资源,将其作为工作的常规过程。

全面质量管理要求组织机构工作有巨大的变化,但是不管是组织还是组织成员所形成的惯性都会成为实施过程中的阻力。这种管理方法的实施比平常的管理方法复杂得多,是一种新的工作思维方式,组织成员是无法在短时间内改变原有的工作方式的,这就是我们通常所说的管理体制的障碍,这是在实施全面质量管理的过程中无法短时间克服的。

(三) 组织成员的学习程度或认可程度

全面质量管理应该以什么方式去推广？自上而下的命令式的推广是毫无效果的,全面质量管理强调的是全员参与式的管理,所以只有整个组织中

的成员都了解和认可了全面质量管理才能使其得到有效的实施。然而,任何组织是不可能关闭机构、停止手上的工作去专门实施全面质量管理的,常规的工作还是要继续,正常的任务还是要完成。在完成正常的工作和学习全面质量管理之间存在着不小的矛盾。在实施推广全面质量管理过程中存在着相当长的过渡时期,在这段时间,大量的工作还是要用传统的工作方式解决。重要的是,要寻找机会把握时机,逐步通过日常任务来掌握和巩固全面质量管理。另外,在吸收新成员进入组织以前必须培训,通过新人的加入,组织机构自动地吸收了新的工作方式,带动整个组织的学习,这也必将会增加组织的成本。因此,在全面质量管理扎根于组织文化之前,这些都需要不断的巩固。

(四)组织对理论的盲目崇拜

全面质量管理是一个种类繁多而庞大的管理理念,本质上应该算是一种工作方式。这种管理的思想和工具是多种多样的,许多组织在开始实施全面质量管理的时候,容易“眉毛胡子一把抓”,盲目地求多求全,或者痴迷于某种权威,指出某些工作是正确的全面质量管理,某些不是,把全面质量管理当作理论教条运用于实践之中。这样做的直接后果就是造成极大的浪费,使全面质量管理复杂化,给组织的持续实施造成困难。

另外,在实施全面质量管理的最初几年很容易产生明显的进步,这不需要复杂的工具或手段就能达到。如果首先就给管理人员一二十种工具、技巧和理论,他们根本消化不了,对以后工作的实施也会缺乏信心。所以在一开始的时候应该让组织成员掌握利于实践的方法,使其能有足够的把握去使用,他们也需要亲身体验使用这些工具的好处。

(五)缺乏勇气,不重视执行

找出了工作过程中存在的问题,研究出解决问题的方法,最后一步就是说服所涉及的人员共同去执行。最后一步没有完成,前面的一切都将是徒劳。而组织成员往往就是在这最后一步缺乏足够的勇气去说服对方,导致计划制定得很详细,却没有运用到实际中。

四、实施全面质量管理的原则

根据ISO9000标准中的八项原则,并综合戴明、朱兰等的全面质量管理思想,全面质量管理应遵循如下原则:

(一)以顾客关注为焦点

组织的生存和发展依赖于顾客,因此,组织应根据顾客的需要,满足并争取超越顾客需要。以顾客为中心是全面质量管理最重要的特点之一,为了赢得顾客,组织要十分明确顾客的需要,了解顾客对其产品的满意程度,确保满足顾客的要求,把顾客要求放在第一位。

(二) 领导作用

领导者要能够确定组织的方向,带领员工充分参加,以实现组织目标。领导作用应当和员工参与充分结合,领导者应起到带头作用,创造一个让员工为实现组织目标而充分发挥作用的组织环境,形成一种上下互动的良好环境。在起好带头作用的同时,还应做好协调工作,搞好配合。

(三) 全员参与原则

全面质量管理实施的过程中,只有全体成员积极参与,才能发挥成员的聪明才智为组织带来效益。全面质量管理是全员参与的质量管理,没有全体成员的参与,没有员工与上级领导的配合,全面质量管理就是一句空话,不可能真正实现。因此,全员参与的管理既可以减少员工的消极情绪,调动他们的积极性,又能够集思广益,增强组织的竞争力,减小实施的阻力。

(四) 持续改进原则

实施全面质量管理是一个循环往复的过程,顾客的需要在不断提高,组织的内外部环境在不断改变,因此,组织应根据各个方面的变化随时做出调整,持续改进运作方法,做到审时度势,通过不断优化实现组织目标。

(五) 以事实为基础的原则

全面质量管理应该以事实为根据做出决策,这就需要组织在实施全面质量管理的过程中,收集数据,对数据进行分析,用科学的方法处理数据,真正做到用事实说话,保证数据的准确性。

五、实施全面质量管理的方法

这里介绍两种比较常用的全面质量管理的方法。

(一) PDCA 管理循环

全面质量管理活动的全部过程,就是质量计划的制订和组织实现的过程。这个过程是按照 PDCA(Plan Do Check Action 的缩写)管理循环,不停顿地周而复始运转的。PDCA 管理循环又称为“戴明环”,是全面质量管理所应遵循的科学程序,它是全面质量管理的基本方法。

1. PDCA 循环的四个步骤

PDCA 循环将任何一项质量管理工作分为以下四个步骤:

一是计划(Plan)。主要任务是分析现状,找出质量管理存在的问题,尤其要找出主要因素,拟定质量方针、目标,建立质量标准和工作制度,制定改进措施、预计效果等。在分析质量的过程中,必须通过数据来分析说明。

二是实施(Do)。即根据计划阶段的方案,采取具体的行动和措施,实施工作计划,在执行前应对人员进行培训。

三是检查(Check)。即检查在实施计划阶段的各种活动是否遵循计划阶段制定的标准,结果是否达到预期的目标。达到目标的,成功的经验是什么;如果没有,存在的问题及其原因又是什么。

四是处理(Action)。即根据检查结果采取相应的措施,总结经验教训,将经验教训纳入相应的规定中。对于成功的经验继续保持,巩固已有的成绩;对于做得不好的,可以将其纳入下一个PDCA循环当中。

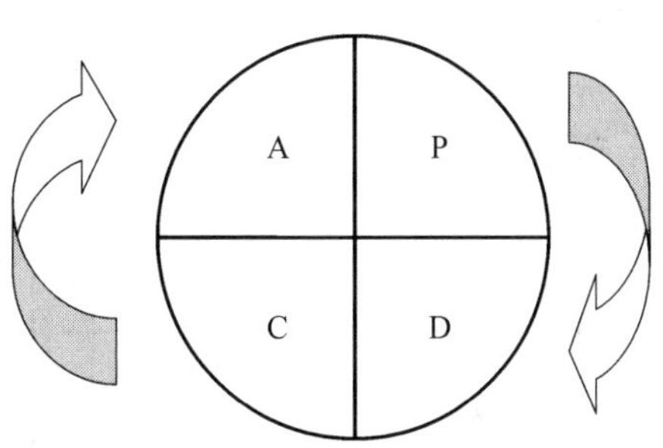

图 7-2 PDCA 的四个步骤

上述四个步骤构成每项质量管理工作的完整周期。整个组织的质量管理活动按 PDCA 的顺序进行,形成了首尾循环的工作圈(见图 7-2)①。

2. PDCA 管理循环的特点

一是环环相扣,逐步提高。在每一次 PDCA 循环的处理阶段,都将质量管理的成功经验加以肯定,形成工作标准;吸取失败的教训,杜绝类似的情况再次发生;对未解决的问题进行分析,找出原因,为进一步工作提供参考和借鉴。这样,质量管理工作每经过一次循环,就能提高一步,质量就上升一个台阶,形成环环相承,逐步提高的局面(见图 7-3)②。

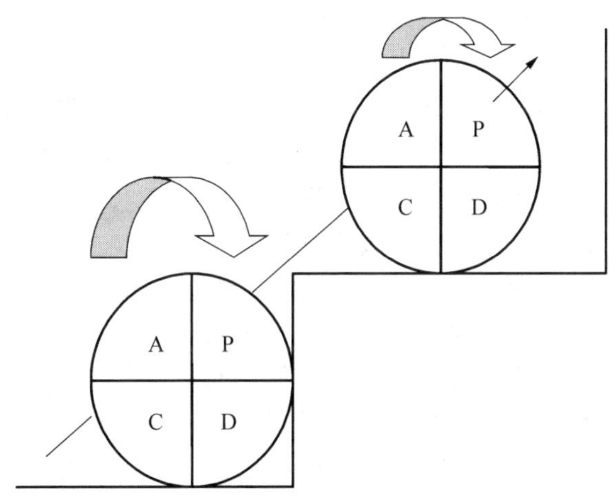

图 7-3 PDCA 循环过程

二是大环套小环。每个部门都有自己的 PDCA,成为组织大循环中的

①② 魏娜编著:《公共管理的方法与技术》,中国人民大学出版社 2004 年版,第 115—116 页。

小循环。全面质量管理是全员参与,全过程管理的现代管理模式。无论在哪个工作部门,也无论在哪个工作阶段,都存在着PDCA循环。这样,整个组织的质量管理程序就呈现出大环套小环,环环相扣的态势。各级小循环的不断运转,推动上一级乃至整个组织质量管理大循环的运转(如图7-4所示)①。

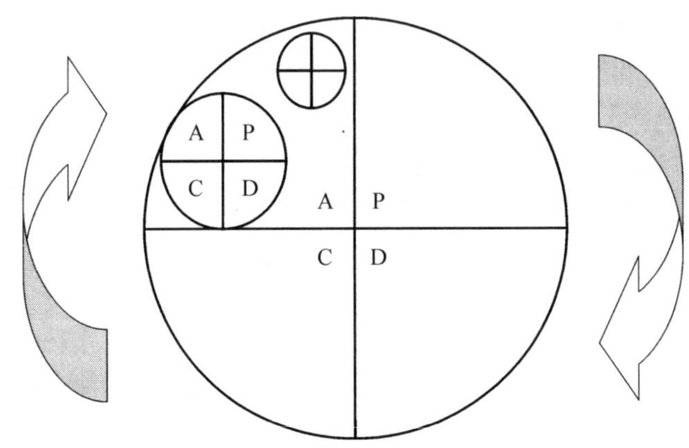

图7-4　PDCA循环的发展态势

(二)六西格玛法

六西格玛理念最先是由摩托罗拉公司的比尔·史密斯于1986年提出的,其目的是设计一个目标:即在生产过程中降低产品及流程的缺陷次数,防止产品变异,提升品质。真正流行发展起来的是通用公司的实践。为了适应经济形式的需要,六西格玛已经被抽象化,其更多的是强调系统性的质量持续改善过程。组织工作被分解成为无数个小的项目,而对每个项目的质量持续改进成为当今六西格玛管理的主流。目前,组织普遍以DMAIC作为六西格玛改进的过程,内容包括如下②:

D:define,即问题的定义。主要做法是确定目标的范围,针对目标设计出改进的措施,明确在管理的过程中组织的优势以及所存在的问题。这是六西格玛管理的最初阶段,只有目标明确才能保证管理的实施。

M:measure,即项目的测量。测量主要是选定当前项目的绩效测量指标,然后通过各项数据的搜集来评价现行过程绩效。测量是一个问题反映的过程,通过具体的数据来反映当前项目所存在的问题和缺陷。

A:analysis,项目的分析。这一阶段是根据测量过程中反映出的项目

① 魏娜编著:《公共管理的方法与技术》,第115—116页。

② 丁立:《六西格玛的起源与发展》,《中国商界》2009年第1期。

的问题，分析产生问题的原因，进而找出根本原因，并对原因进行检验。分析是找出问题根源的过程，通过这个过程了解问题存在的因果关系。

I：improve，项目的改善。根据上个步骤分析出的问题的根本原因，寻找出适当的解决方案，以缩小当前过程和目标绩效之间的差距。改善是基于问题根源所采取的改进措施。

C：control，项目的控制。控制是指对改进的过程进行监控，以保持所取得的改进绩效，确保相应的问题不会再重复出现。

DMAIC 是一个质量持续改进的系统的整体的过程。从发现问题、分析问题、解决问题，到防止问题的重复发生，都体现了系统和过程方法的思想。六西格玛管理的实现，必须依靠系统的过程方法。

第四节　战略管理方法

一、战略管理的概念及其特点

（一）什么是战略管理

战略管理(Strategic Management)作为一种科学的管理方法，在提高组织绩效方面发挥了积极的作用。战略管理是一种崭新的管理思想和管理方式，它的实质是一种动态的管理过程。管理大师彼得·德鲁克说："战略管理并不是一系列的诀窍，也不是什么技术，它是一种分析型思维以及利用资源采取的行动。"[①]战略管理是这样一种管理活动：组织根据内外部环境设定组织的战略目标，根据目标制定战略体系，并依靠组织的能力将战略体系付诸实施，以及在实施过程中进行控制的一种动态管理活动。战略管理的目的就是组织通过对外部环境的考察和分析，提高组织对环境的适应性，提高组织竞争力，使组织能够实现可持续发展。战略管理的任务是通过制定一系列的战略并且付诸实施来实现组织的战略目标。

（二）战略管理的特点

战略管理是管理层次中综合性较强的管理方法，它具有以下五个特点：

1. 战略管理具有全局性，是组织的总体战略

战略管理涉及组织发展的总体格局，是以组织的全局为对象，根据组织总体的发展需要而制定的。具体地说，它是以组织的总体活动为管理对象，战略管理不强调某一部门的重要性，而是通过制定战略目标来协调各个部

---

① ［美］彼得·德鲁克：《管理使命·责任·实务》(使命篇)，机械工业出版社 2006 年版，第 127 页。

门之间的活动,各个部门对组织作的贡献构成了整个组织的绩效。也就是说,战略管理关注全局而非局部。

2. 战略管理具有长远性

战略管理中的战略规划都是长远的规划。一般是组织针对内外部环境的变化对整个组织的未来做一个长远的规划,还要对未来的情况加以预测。组织要取得成功,就得对未来做详细的规划,对预测的情况制定相应的对策,因此,这就要求战略管理必须具有长远性。

3. 战略管理需要考虑组织面临的环境

战略管理的过程中,它应该关注的是组织的内外部环境。内部环境主要是组织内部的发展情况,包括组织文化、人员的参与度、组织结构等;外部环境既包括政治、经济、文化、社会等宏观环境方面的因素,也包括竞争对手、顾客等微观环境因素。组织在制定战略之前必须考虑环境因素,以使组织不断适应组织环境的不断变化。

4. 战略管理具有持续性和循环性①

由于组织的外部环境是不断变化的,组织应该持续不断地关注组织外部的事务和发展变化情况,以便组织及时做出调整。战略管理要求组织具有不断适应外部环境的能力,持续不断地进行调整。

5. 战略管理需要很强的整合能力

战略管理会涉及很多资源配置的问题,如人员配备、资金投放等,这就需要战略制定者有统揽全局的能力,用自己的经验、直觉、判断力等制定良好的决策。

(三) 实施战略管理的过程

实施战略管理的过程是一个制定、实施战略规划的管理过程,斯蒂芬·P. 罗宾斯(Stephen P. Robbins)把战略管理的过程分为八个步骤(如图 7－5 所示)②。

1. 确定组织当前的使命、目标和战略

每个组织都有自己的使命和目标,组织的使命和目标是制定战略的依据。因此,组织的管理者应首先弄清楚组织的使命、目标,识别组织当前的战略。

2. 分析环境

分析环境是战略管理的一个重要步骤,环境分为宏观环境和微观环境,

① 张成福、党秀云编著:《公共管理学》,第 76 页。

② 斯蒂芬·P. 罗宾斯、玛丽·库尔特编著:《管理学》,中国人民大学出版社 2003 版,第 205 页。

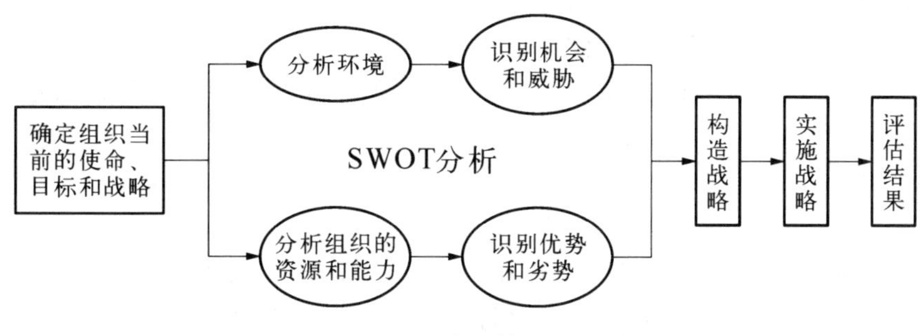

图 7-5 战略管理过程

宏观环境指政治、经济、文化、社会等大环境,微观环境指竞争对手、客户、员工等小环境。每个管理者都必须对环境进行分析,了解环境的变化以及可能会对组织产生什么样的影响。

3. 识别机会和威胁

在分析了环境之后,管理者需要评估组织的机会,了解组织面临的威胁。机会是环境因素中的正面因素,组织应充分利用;威胁是负面因素,组织应认真对待,争取解除威胁。

4. 分析组织的资源和能力

在分析了组织的外部环境因素之后,我们把目光转向组织的内部,对组织内部进行分析。内部分析提供了组织的资源和能力,找出本组织拥有而其他组织没有的资源和能力,成为自身的核心竞争力。

5. 识别优势和劣势

组织的优势和劣势影响着战略的选择,因此,管理者应十分明确组织的优势和劣势,才能在竞争中立于不败之地。根据 SWOT 分析,还应重新评估组织的目标和使命是否符合现实。

6. 构造战略

构造战略需要组织结合各方面的情况制定战略,包括备选战略,做好充分的准备。管理者要选择充分发挥组织优势和利用环境机会的战略,趋利避害。

7. 实施战略

战略制定出来之后,就是实施了。将战略付诸实施是战略管理过程的关键。战略制定出来而不实施,就等于是纸上谈兵,丝毫不起作用。在实施的过程中要注意各方面的配合协调,以大局利益为重。

8. 评估结果

这是战略管理的最后一个步骤,即对战略实施的有效性和科学性进行评估,检测战略实施的效果、成功与否以及决定哪些战略需要作出调整。评估活动包括对组织绩效进行评估，采取纠正措施等。

二、实施战略管理的限制因素及主要障碍

战略管理是一种较高层次的管理方法，但是在组织中实施起来却并不是件容易的事，任何一项新的管理办法的推行刚开始都会遇到强大的阻力。概括起来，实施战略管理的限制因素及障碍主要有以下几个方面：

（一）战略制定主体的片面性

组织中战略的制定者往往是组织的高层，组织高层的人员变动以及新上任的领导者所拥有的不同的价值取向，都将影响到战略的制定与实施。其中，公共部门严密的等级结构和刚性的领导，都会使得战略的执行困难重重。

然而，仅靠高层的能力和意愿进行战略的制定本身就存在很大的不合理性。领导者不可能全面了解整个组织所面对的内外部环境，而且对执行层的员工所面对的困难也不会了解太多。这样就导致了管理层做出的战略决策带有一定的片面性，单靠直觉和简单的数据而不是通过缜密而理性的分析所建立起来的战略计划，带有很大的盲目性。

（二）战略客体的疏忽

在制定战略过程中，不可能穷尽一切相关变量来确定战略目标，组织常常过于疏忽，将重要因素排除在议题之外，或过于敏感，将一些还不明朗的因素标注成议题，这些都会给组织带来灾难性的后果。另一方面，组织可能会牺牲一些机会来改善绩效，导致组织的衰落和失败。

（三）战略弹性问题

战略制定需要良好的预测，任何的战略制定都是建立在对未来充分的预测上的。但是组织是不可能对未来的情况完全预测的。这就需要组织在制定战略时，具有一定的弹性。但是弹性的度却是不好把握的。弹性空间过大，战略计划流于形式，难以执行；弹性空间过小，则无法应对情况的变化，也将导致不好的结果。所以组织在制定战略时，必须通过精心细致的分析、周全的预测，使其能适应未来相当长时间里所可能发生的变化。否则，战略规划就会缺乏预见性，成为组织发展的桎梏。

（四）传统战略推行过程的限制

传统战略计划的推行一般是自上而下的，按照组织层级，一级一级往下传达，组织战略的贯彻和执行完全按照原来的计划进行，甚至于哪个时间做什么，哪个步骤怎么做都是安排好的。在当代这个日益复杂、变化莫测的社会环境中，这一切是很难实现的，而且战略管理应该是自下而上，或者是上下结合的过程。传统的官僚式组织或集权式组织结构都不利于战略管理的实施，战略管理的过程应该是全员参与的过程。

（五）战略环境的影响

战略实施的环境包括内部环境和外部环境。在实施战略管理过程中，内部环境的稳定是其能有效推行的保障。内部环境包括组织文化、人员的参与度、组织结构等。外部环境则直接影响到战略管理的实施效果。政治、经济、文化、社会等宏观环境以及竞争对手、顾客、政府的政策法规等诸多方面都对组织的战略产生重要的影响。

三、实施战略管理的原则与方法

（一）实施战略管理的原则

战略管理在实施的过程中需遵循科学的原则，归纳起来有以下几点：

1. 与环境相适应的原则

战略管理要求组织在不断变化的外部环境为其带来的威胁与机会以及组织内部资源的优势与劣势之间寻求必要的匹配。组织的生存总是受到客户、竞争者、政府、社会等的影响。组织对这些环境中的一个或多个因素的依赖程度也影响着组织战略的实施。对外部环境依赖程度较高的组织通常在其战略选择过程中缺乏灵活性。所以，在制定和实施战略管理的过程中，要清楚了解哪些内外部因素对组织有较大的影响，还有这些影响发生的方式、性质和程度，以便在实施过程中能及时进行战略调整。

2. 统筹全局的原则

不谋全局，不足谋一域；不谋万世，不足谋一时。组织的战略必须立足全局，考虑未来，突出重点。组织战略管理涉及范围广，时间跨度长，外部因素变幻莫测，的确很难把握。因此，做好总体设计，统筹全局的发展，谋求全局的成功，是实施战略管理的关键。

3. 当前与长远兼顾的原则

当前与长远如何处理，是实施战略管理的又一重大原则。现实是未来的基础，未来又是现实的发展。只有立足现在，放眼未来，才能适应组织内外环境的变化；不断开拓创新，积极进取，才能赢得长期的主动性。虽然战略管理具有长远性，但是制定战略始终要做到“可持续发展”，通过瞻前顾后的方式，对每个阶段的战略实施结果与战略规划进行比较，进行动态的战略管理，使组织能够不断实现其目标，始终朝着正确的方向前进。

4. 投入与产出相匹配的原则

投入与产出是战略管理过程中要反复进行权衡的。企业以追求利润最大化为目的，而公共组织关注的则是提供的产品或服务的社会效益的最大化。所以从根本上来说，组织的一切活动都要以投入产出比作为评价的重要标准。

5. **综合平衡的原则**

综合平衡是计划编制过程中应遵循的基本思路，一个计划的确定反映了与之相关的要素、资源的关系，只有整体实现优化平衡的战略计划，才是可实施的。如果战略制定时绷得过紧，在战略实施过程中则没有调剂的余地，使原定计划难以实现。战略计划的综合平衡涉及领域广泛，应在实施的过程中具体问题具体分析，既做到局部的平衡，又做到总体的综合平衡。

(二) 实施战略管理的方法

实施战略管理有多种方法，比较常见的是 SWOT 分析法。

SWOT 分析是组织战略研究中常见的一种分析工具，被广泛运用在企业或公共组织的战略管理和竞争对手分析等方面。

SWOT 分析有其形成的基础。战略应该是组织把其强项和弱项以及面临的机会和威胁进行的有机组合。SWOT 分析，就是把组织内外环境所形成的机会(Opportunities)、威胁(Threats)、劣势(Weaknesses)、优势(Strengths)四个方面的情况结合起来进行分析，以此来制定适合本组织实际情况的战略规划，是一种最常用的组织内外环境战略因素综合分析方法。

SWOT 分析的步骤一般如下：第一步，罗列出组织的优势和劣势，可能存在的机会和威胁；第二步，将组织的优势、劣势与机会、威胁两两组合，形成 SO、ST、WO、WT 策略；第三步，对 SO、ST、WO、WT 策略进行甄别和选择，确定组织目前应该采取的具体战略与措施。SWOT 具体分析步骤如图 7－6 所示①。

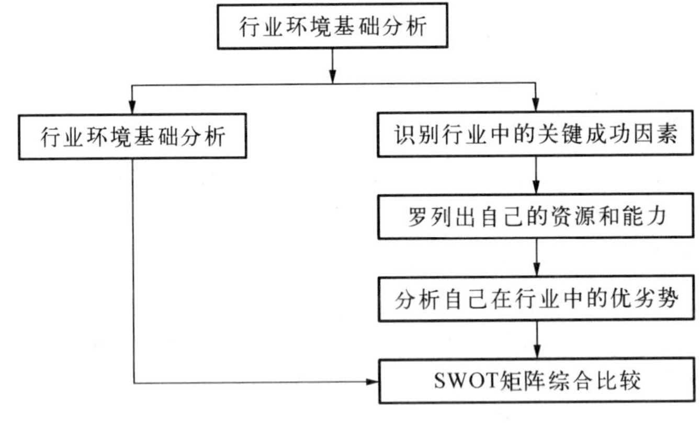

图 7－6　SWOT 分析步骤

SWOT 矩阵的形式如表 7－1 所示②。

①②　孙耀吾、祁顺生、陈立勇、汪忠编著：《管理学教程》，湖南大学出版社 2007 年版，第 223 页、第 224 页。

表 7－1　SWOT 矩阵的形式

	竞争优势(S)	竞争劣势(W)
潜在机会(O)	SO 战略(发挥内部优势,利用外部机会)	WO 战略(利用外部机会,克服内部劣势)
外部威胁(T)	ST 战略(发挥内部优势,回避外部机会)	WT 战略(减少内部劣势,回避外部威胁)

SWOT 分析的关键是进行优势与劣势,以及机会与威胁的分析,并在此基础上形成行动的战略。考察关键的内部因素和外部因素是进行 SWOT 分析最为困难的部分,它要求组织有良好的判断。经过 SWOT 分析,一个组织可以有不同的战略匹配和选择。

优势—机会(SO)战略,就是依靠内部优势去抓住外部机会的战略。所有组织及管理者都希望利用自己的优势,并抓住外部环境所提供的机会,组织往往通过采用 WO、ST 或 WT 战略而希望能够达到 SO 战略。

劣势—机会(WO)战略,就是组织利用外部机会来改进内部弱点的战略。运用于这一战略的情况是:组织存在着外部机会,但内部存在着弱点,妨碍外部机会的实现。

优势—威胁(ST)战略,就是利用组织的优势,避免外部威胁的战略。

劣势—威胁(WT)战略,是一种旨在减少内部弱点的同时规避外部环境威胁的防御性战略。

根据以上分析,SWOT 方法的基本点就是组织在制定战略的过程中必须使其内部能力(优势和劣势)与外部环境(机遇和威胁)相适应,以获取组织绩效的提高,目标的实现。

【知识要点】

1. 目标管理是以目标作为管理手段的一种,它是一种程序和过程,让组织中的各层次、各部门的管理人员共同参与到组织目标的制定中来,并由此确定各自的分目标,主动承担各自的分目标和责任,实现在完成目标过程中的“自我控制”,然后把这些目标作为经营、评估、奖励每个单位和个人贡献的标准。这种方法的实质是以目标作为手段来激励员工的自我管理意识,激发组织人行动的自觉性,充分发挥其智慧和创造力,以期最终形成员工与组织同呼吸共命运的共同体。

2. 标杆管理的特点主要有以下几点:首先,标杆管理是一个动态的循环的过程;其次,标杆管理以度量标准和最佳实践为两大基础,比以前的管理方法更强调执行和量化，使组织的目标更加具体、明确、可行；再次，标杆管理是一种面向实践的以方法为主的管理方式，它通过学习借鉴别人的成功经验，不断优化组织的流程，完善组织的目标和系统；最后，标杆管理具有广泛的适用性，标杆管理可以适用于不同类型的组织，以及组织内部的方方面面，能够根据不同的组织性质开展不同性质的标杆管理。

3. 全面质量管理是质量管理的一种形式，就是组织以提高质量为中心，在组织全体员工参与的基础上，通过专业技术、经营理念、数理统计等一系列的方法，向顾客提供最满意的服务，达到顾客、组织及组织所有成员和社会效益的多方面成功的管理方法。全面质量管理可以理解为三个"全面"：全面的质量管理、全员参与的质量管理和全过程的质量管理。全面质量管理的质量标准有：绩效、性能、经济性、持续性、创造性、预见性、积极性、收益度、满意度、可信度、变动性。

4. SWOT 分析：就是把组织内外环境所形成的机会(Opportunities)、威胁(Threats)、劣势(Weaknesses)、优势(Strengths)四个方面的情况结合起来进行分析，以此来制定适合本组织实际情况的战略规划，是一种最常用的组织内外环境战略因素综合分析方法。

【思考题】

1. 目标管理方法的限制因素及主要障碍有哪些？
2. 标杆管理的原则是什么？
3. 全面质量管理的特点有哪些？
4. 简述 PDCA 的具体含义。
5. 如何进行 SWOT 分析？

【阅读参考】

美孚石油公司是怎样找"师傅"的[①]？

美孚石油(Mobil)公司是世界上最著名的公司之一。在 1992 年，它的年收入就高达 670 亿美元，这比世界上大部分国家的收入还高，真正是富可敌国。不过，美孚的进取心是很强的，还想做得更好。于是他们在 1992 年初做了一个调查，来试图发现自己的新空间。当时，美孚公司询问服务站的 4 000 位顾客"什么对他们是重要的？"结果发现：仅有 20%的被调查者认为价格是最重要的。其余的 80%想要三件同样的东西：一是快捷的服务；二

① http://www.amteam.org/k/others/20039/470158.html.

是能提供帮助的友好员工；三是对他们的消费忠诚予以一些认可。

美孚把这三样东西简称为速度、微笑和安抚。美孚的管理层认为：论综合实力，美孚在石油企业里已经独步江湖了，但要把这三项指标拆开看，美国国内一定还有做得更好的其他企业。美孚于是组建了速度、微笑和安抚三个小组，去找速度最快、微笑最甜和回头客最多的标杆，以标杆为榜样改造美孚遍布全美的 8 000 个加油站。

经过一番认真的寻找，三个标杆都找到了。速度小组锁定了潘斯克(Penske)公司。世界上赛车运动的顶级赛事是一级方程式赛车，即 F1 赛车，但美国人不玩这种 F1，它有自己的“F1 赛车”，即“印地 500 汽车大赛”(Indy500)。而潘斯克公司就是给“印地 500 汽车大赛”提供加油服务的。在电视转播“印地 500 汽车大赛”时，观众都目睹到这样的景象：赛车风驰电掣般冲进加油站，潘斯克的加油员一拥而上，眨眼间赛车加满油绝尘而去。美孚的速度小组经过仔细观察，总结了潘斯克之所以能快速加油的绝招：这个团队身着统一的制服，分工细致，配合默契。而且潘斯克的成功，部分归功于电子头套耳机的使用，它使每个小组成员能及时地与同事联系。

于是，速度小组提出了几个有效的改革措施：在加油站的外线上修建停靠点，设立快速通道，供紧急加油使用；加油站员工佩带耳机，形成一个团队，安全岛与便利店随时保持沟通，及时为顾客提供诸如汽水一类的商品；服务人员身着统一的制服，给顾客一个专业加油站的印象。“他们总把我们误认为是管理人员，因为我们看上去非常专业。”服务员阿尔比·达第茨说。

微笑小组锁定了丽嘉卡尔顿酒店作为温馨服务的标杆。丽嘉卡尔顿酒店号称全美最温馨的酒店，那里的服务人员总保持着招牌般的甜蜜微笑，因此获得了非同寻常的顾客满意度。美孚的微笑小组观察到，丽嘉卡尔顿酒店对所有新员工进行了广泛的指导和培训，使员工们深深铭记：自己的使命就是照顾客人，使客人舒适。小组的斯威尼说：“丽嘉的确独一无二，因为我们在现场学习过程中实际上都变成了其中的一部分。在休息时，我准备帮助某位入住旅客提包。我实际上活在他们的信条中。这就是我们真正要应用到自己的业务中的东西，即那种在公司里，你为能很好地服务你的客户而带来的自豪。那就是丽嘉真正给我们的魔力。在我们的服务站，没有任何理由可以解释为什么我们不能有同样的自豪，不能有与丽嘉卡尔顿酒店一样的客户服务现象。”

微笑的标杆找到了。现在，用加油站服务生约翰的话说：“在顾客准备驶进的时候，我已经为他准备好了汽水和薯片，有时我在油泵旁边，准备好高级无铅汽油在那儿等着，他们都很高兴——因为你记住了他们的名字。”

全美公认的回头客大王是“家庭仓库”公司。安抚小组于是把它作为标杆。他们从“家庭仓库”公司学到：公司中最重要的人是直接与客户打交道的人。没有致力于工作的员工,你就不可能得到终身客户。这意味着要把时间和精力投入到如何雇佣和训练员工上。而过去在美孚公司,那些销售公司产品,与客户打交道的一线员工传统上被认为是公司里最无足轻重的人。

安抚小组的调查改变了美孚公司以往的观念,现在领导者认为自己的角色就是支持这些一线员工,使他们能够把出色的服务和微笑传递给公司的客户,传递到公司以外。

美孚在经过标杆管理之后,它们的顾客一到加油站,迎接他们的是服务员真诚的微笑与问候。所有服务员都穿着整洁的制服,打着领带,配有电子头套耳机,以便能及时地将顾客的需求传递到便利店的出纳那里。希望得到快速服务的顾客可以开进站外的特设通道中,只需要几分钟,就可以完成洗车和收费的全部流程。这样做的结果是：加油站的平均年收入增长了10%。

第八章　行政资源配置

本章基本问题

行政资源配置的本质，就是行政人员为达成行政目标，而对组织中相对稀缺的资源在各种不同用途上加以比较而作出的选择，它是人力资源、物力资源和财力资源的总和，是社会经济组织运行与发展的基本物质条件。行政资源是有限的，如何用有限的资源来最大程度地实现行政目标，是行政管理学要解决的首要目的。因此，现代行政管理者需要研究各类组织如何合理分配行政资源，做到人尽其才、物尽其用。本章主要阐述行政资源中的人力资源、财力资源、物质资源和信息资源的基本内容、特点及其分配方法等。

第一节　行政人力资源配置

一、行政人力资源配置的概念及特点

人力资源，有广义和狭义之分，广义上泛指一个国家或地区所拥有的全部人口，也即我们所说的人口资源；狭义上指投入和将要投入社会财富创造过程中，具有劳动能力的人的总和①。人力资源有数量和质量两个方面，其中人力资源的数量是一国或地区拥有的有劳动能力的人口数量，反映了一个国家或地区人力资源绝对量的水平；人力资源的质量则体现了一个国家或地区人力资源的整体健康状况、知识水平、技能水平和劳动态度等方面的内容。

所谓行政人力资源配置，就是指在具体的组织或企业中，为了提高工作

① 滕玉成、余宪忠编著：《公共部门人力资源管理》，中国人民大学出版社 2004 年版，第 208 页。

效率,实现人力资源的最优化,根据组织的目标和战略而实行的对组织或企业的人力资源进行科学、合理的配置。行政人力资源的配置是在组织或企业的目标的指导下进行的。通过人力资源科学、合理的配置,开发人员的潜力,提高员工的工作效率,最终实现组织的目标。人力资源配置是人力资源管理的一个重要方面,要做到人尽其才、物尽其用,使组织中的人在最佳的岗位上发挥最大的潜力,实现最大的利益,最大限度地发挥人力资源的作用。

人力资源配置有以下四方面的特点:

（一）岗能匹配

岗,即组织中的职位;能,即组织中人力资源所具有的能力。组织中有不同的岗位,相同的岗位又有不同的层级,而不同的岗位、不同的层级对任职者的资格又有不同的要求。例如,高层管理者对人的决策能力要求比较高,而基层的员工则要求执行能力强。同时,组织中每个员工由于学历、背景、个人素质以及其他方面的原因造成个人的能力也是不一样的。岗能匹配就是要求使任职者的能力和其所任岗位的能力要求相一致,人尽其才、物尽其用,最终使人力资源的整体功能得到强化。

（二）优势定位

优势定位,即要根据组织中每个人的优势来确定人员的职级,将员工安排到最能发挥其优势的岗位上。由于每个人的兴趣、爱好、学习背景以及先天因素等方面的影响,个人能力的发展是不平衡的,每个人都有自己的优势与不足、特长及工作爱好。人们往往能在其所长的领域发挥自己的潜力,从而做出突出的成绩。所以组织在人力资源配置的过程中一定要注意优势定位的原则,一方面人自身应根据自己的优势和岗位的要求,选择最有利于发挥自己优势的岗位;另一方面管理者也应据此将人员安置到最有利于发挥其优势的岗位上。

（三）内部为主

在组织或企业发生职位空缺时,是先外部招聘还是先内部调配?一般而言,应以内部配置为主。每个单位都有自己的人才,问题是“千里马常有”,而“伯乐不常有”。因此,关键是要在企业内部建立起人才资源的开发机制和使用人才的激励机制。良好的人才开发机制可以发掘和培养组织内部的优秀人才,减少人才使用成本。良好的激励机制对于组织吸引人才,留住人才,防止人才外流有重要作用。但是,当组织内部配置无法满足组织岗位需求的时候,就需要组织及时采取外聘的方式吸引人才。

（四）动态调节

组织的目标是不断变化的,组织岗位的要求也是不断变化的,而且人员的要求以及各方面的能力也是不断变化的。根据上面提到的内容,动态调节是指在岗位要求和人员要求发生改变的时候,要适时地对人员配备进行调整,以保证始终使合适的人在合适的工作岗位上。无论是对于公共部门还是对于私营部门,人员适时的动态调整都是组织面临的一项重要的任务。但是人员过度频繁的调整不仅不会产生积极的效果,而且还容易造成人员效率的低下以及人员的流失。

二、行政人力资源配置的功能

行政人力资源配置不仅仅是静态地对人员岗位的配置,更应该是一个动态的过程和系统。除了人员的岗位配置,还应该包括人员的管理、开发和维持等内容。具体而言,行政人力资源配置的功能主要有以下六个方面:

(一) 人力资源的获取

一个组织必须为特定地点和时间的特定工作获得合格的人员,这样才能有效地实现组织的目标①。人力资源的获取是人力资源配置的第一步,包括从组织内部和外部两个方面来获取组织所需要的人员,其本质即为特定的工作找到合适的员工。人力资源的获取涉及人力资源的规划、录用和选拔。人力资源的规划是系统地评估人力资源需求以保证获取组织所需的具有专门技能的人才的过程。人力资源规划的主要任务是了解组织的目标与目的,并在此指导下进行工作分析,从而确定所需人员的技术、知识和能力,为人员的获取打下基础。人力资源的录用即是吸引足够数量的个人并鼓励他们应聘和任职于本组织的过程。而选拔是组织从大量的应聘人员中选择适合组织工作岗位所需要的人员的过程。一个组织要想成功地实现组织的目标,这三个方面是不可或缺的。

(二) 人力资源的发展

组织在吸收所需的人员之后,要对其不断地进行各种培训,使组织中的人力资源不断地得到加强,而绝不是人力资源配置的结束。人力资源的发展是整合培训与发展、职业发展、管理发展与组织发展,以增进个人和组织的效能的过程,它对有计划地安排组织内的员工进行学习,有计划地改进绩效和员工生产力是必不可少的。人力资源发展功能的需要来自组织内外环境的不断变化。环境是不断变化的,组织面临的问题亦是越来越复杂,只有不断提高组织内员工的综合能力,才能不断地适应环境变化的需要,实现组织的目标。

(三) 人力资源的使用

人力资源的使用,就是将组织内的人员根据其自身优势安排到合适的

① 张成福、党秀云编著:《公共管理学》,中国人民大学出版社 2008 年版,第 193 页。

岗位上,发挥其知识才干,达成组织目标的过程。人力资源的使用是人力资源配置的一个关键环节。组织吸引和培养人才的目的就是为了通过人力资源的使用实现组织的目标。人力资源使用得当,既能最大限度地发挥人力资源的作用,又能对人力资源开发起到示范和促进作用,同时还对周围的人才起到激励和吸引作用。在人力资源使用的过程中我们必须树立以人为本的思想,关心人、尊重人、信任人,尽最大可能发挥其潜能。在完成组织目标的同时实现人的发展。

(四)人力资源的激励

组织为岗位招来合适的员工后,考虑的就是如何调动员工的积极性,激发员工的潜能,带来更大的效益。由于人类行为的复杂性,人力资源的激励往往不被组织所理解,但却是不可或缺的。人力资源激励的主要议题包括:连接报酬与绩效、工资再设计、提升工作的满足感、绩效评估等多方面。其主要的任务就是确认和运用恰当的激励技术。

(五)人力资源的维持

人力资源的维持是人力资源配置的最后一个阶段,指的是组织利用各种方法将组织中的人才留在本组织中,继续为本组织效力。它的目标就是如何留住人才。无论是对于公共组织还是私人组织,在人才竞争日趋激烈的今天,留住人才都是一个重要的课题。人力资源的维持涉及人力资源的许多方面,主要的议题包括:人际关系和沟通问题、员工的福利问题、职业待遇、工资环境和职业安全问题等,它更加关注于为员工创造一个良好的环境。有了好的“维持”方法不等于就有了好的“维持”效果,关键是如何运用这些好的方法。马斯洛的需求层次理论告诉我们,不同人的需求是不同的,而且同一个人在不同阶段的需求也是不同的,只有满足其某一阶段的主要需求才能起到最大的激励作用,所以组织的领导者应该“投其所好”,该用物质奖励的地方就多用物质奖励,该用精神奖励的地方就用精神奖励。

(六)人力资源的研究

人力资源的研究传统上并不受重视,但是今天却显得十分重要。我们可以将其视为一个重要的辅助性功能和领域。每个组织面对的人力资源管理有其共性的一面,但又有其特性,是具体和特殊的,发展最适合自己组织的一套人力资源配备方法是很重要的。

应当指出,人力资源的配置不是真空的,而是在一定的组织环境中进行的,包括组织的内部环境和外部环境,它对人力资源的配置起着重要的作用。环境因素构成了人力资源配置的一个重要方面,所以我们在进行人力资源配置的时候,不可忽略环境因素及其影响。

三、行政人力资源配置的主要方法

如何进行人力资源的合理配置是我们要研究的重要方面。人力资源配置不是简单地把人放到岗位上，而是要采取科学的方法，合理的配置。不仅涉及组织的外部，更多的、更困难的在于组织的内部。从目前的实际情况来看，主要有以下三种人力资源的配置形式：

（一）人岗关系型

人岗关系型是通过人力资源管理过程中的各个环节来保证企业内部各部门各岗位的人力资源质量。它是根据员工与岗位的对应关系进行配置的一种形式。就组织内部来说，配置方式有以下几种：招聘、轮岗、适用、竞争上岗、末位淘汰，以及双向选择。

所谓的末位淘汰是指在组织的员工数多于岗位数的时候，为了保证企业的竞争力，实行竞争上岗，对能力较差者进行分级，对末位者予以下岗分流。所谓的双向选择是指在组织的员工数和岗位数大致一致的情况下，为了更好地实现人岗匹配，由员工根据岗位的要求自主选择所要从事的岗位，然后组织再根据岗位的需要选择具体的员工。

（二）移动配置型

移动配置型是一种根据员工岗位相对移动进行配置的类型。它通过组织内人员相对上下左右岗位的移动来保证组织内的每个岗位人力资源的质量。这种配置的具体形式主要有三种：晋升、降职和平级调动。

组织所面临的内外环境是不断变化的，组织的目标也是不断变化的，相应的组织内部的岗位以及岗位需求也应当有相应的改变。但是，人的能力在一定时期具有相对的稳定性，人的能力的改变，往往落后于岗位需求的变化。要实现组织内部的岗能匹配，就必须在岗位及岗位需求改变时，对人员进行调整。当在更高的岗位上可以更好地发挥员工的能力时，组织就应该予以晋升；而员工能力无法胜任岗位时，就要对其予以降职；如果该员工可以在其他的岗位上更好地发挥才干，就可以对其予以调整，保证员工的优势得到更好的发挥。

（三）流动配置型

流动配置型是一种从员工相对企业岗位的流动进行配置的类型。它通过人员的内外流动来保证企业内每个部门与岗位人力资源的质量。流动配置的形式主要有三种：安置、调整和辞退。

组织内部的员工总是不断调整的，当组织内部的员工少于工作岗位的时候，或组织内部的员工无法担任某特定岗位时，组织就要考虑招聘，从组织外部招聘人员来弥补企业内的岗位空缺。既保证了组织内部岗位的完整，又保证了岗位人力资源的质量。而当组织内人员的知识水平或能力无法满足其现有岗位需求时，组织就应当对其予以考核，对不适应本职工作的给予岗位调整或予以辞退，实现组织内部员工的优胜劣汰，保证组织内部人力资源的质量。一般而言，人力资源的流动配置步骤如下：

1. 岗位分析

岗位分析是对组织内各类岗位的性质、任务、职责、劳动条件和环境，以及员工承担本岗位任务应具备的资格条件所进行的系统分析与研究，并由此制定岗位规范、工作说明书等人力资源管理文件。岗位分析是一个组织进行人力资源管理的基础，也是组织进行人力资源配置的基础。

2. 人力资源规划

人力资源规划是系统地预测未来劳动力的需求和供给状况，并结合组织的战略目标进行人力资源配置与开发的过程。① 组织目标只能通过配置合格的人力资源来实现，人力资源的配置需要有周密的人力资源规划。有了具体的岗位分析，组织要做的就是为这些岗位配置合适的人员，也即预测企业的人力资源需求和可能的供给。如：高层领导需要什么样的知识结构、需要什么样的学历水平、什么样的能力素质；中层领导以及基层领导又需要什么样的知识结构、学历水平和能力素质；组织所需人员是从外部招聘还是从内部供给。这些都是人力资源规划的内容。

3. 职位申请与审批

有了明确的岗位分析和人力资源规划，就要向组织内外公布职位空缺情况，让有意愿的人员充分了解空缺岗位的岗位需求和能力需求，从而向组织申请其所意愿的岗位。而组织需要在有人申请岗位之后充分考虑岗位的实际需求和申请人员的实际情况，根据岗能匹配的原则，按照人尽其才的要求将合适的人员配置到合适的岗位上。目的就是把员工安置在最能发挥其潜力的岗位上。

4. 招聘与合理配置

招聘与合理配置就是要将从组织内外招来的人员进行合理的配置，将合适的人员安排到适合的岗位上，做到岗能匹配。否则即使组织可以遇到优秀的员工也无法将其收归已用。

5. 动态优化与配置

将员工安排到合适的岗位后并不是从此以后都是一成不变的，而是要根据时间和地点的不同以及人员能力等各方面的变化对人员进行适时的岗位调整：晋升、降职、轮换甚至解雇等。这就是组织内人员配置的动态优

---

① 约翰·布里顿、杰弗里·高德编著：《人力资源管理》，经济管理出版社 2005 年版，第 98 页。

化，也就是要根据组织内外环境的变化和人员的变化，实现组织内持续的岗能匹配。

第二节　行政财力资源配置

一、行政财力资源配置的概念及特点

行政财力资源配置，是指公共组织或私人组织为实现组织目标，对实际掌握和支配的物质资料及其货币表现，在各种不同用途上加以比较而做出的选择。它包括公共组织的行政财力资源配置和私人组织的行政财力资源配置两个方面。

公共行政组织的行政财力资源配置和私人行政组织的行政财力资源配置尽管有相似的一面，即都是为了实现组织的目标等，但两者之间由于财力资源配置主体不同，所以财力配置的目标根本不同，具有极大的差异性。

（一）公共行政组织的行政财力资源配置的特征：

1. 国家是财政资源分配的主体

国家是资源分配的主体，这是国家财力资源分配与私人组织财力资源分配的根本区别。公共财政自国家诞生之日起就一直存在，与国家的公共权利相连。公共财政资源总是由国家统一行使分配权，按照国家的意愿对公共财政资源予以合理的配置，是国家的经济行为之一。公共财政分配的目的就是为了实现国家的整体利益和长远利益，维护统治阶级的阶级统治。现代的公共财政分配还有实现社会公平、维护社会稳定以及缓和阶级矛盾的作用。

2. 公共财政资源分配的目的是实现国家的职能，满足公共需求

在形式上，财政的目的是为了实现国家职能，但在内容上则是为了公共需求，国家职能是公共需求的表现①。国家就是为了满足公共需要而产生的，而且从诞生之日起就履行着维护公共利益的职能，如保障国家和人民的生命财产安全，促进社会各项事业的发展，保持收入的合理分配和国家经济的增长。所以国家在财政资源配置的时候一定要考虑到公共需求的目的，一切以公共利益和国家目标为主，不能以权谋私。而且在进行行政资源配置的时候，要充分考虑行业之间和地区之间的平衡，保证国家经济的平稳健康发展。

3. 财政分配的对象主要是社会总产品中的剩余产品

社会产品中的剩余产品价值，是产生财政的经济前提，也就是财政分配

① 丁煌编著：《行政学原理》，武汉大学出版社 2007 年版，第 197 页。

的对象。社会产品价值由三部分构成,即生产资料耗费的补偿价值、劳动力再生产价值、剩余产品价值。财政分配的对象只是剩余产品价值。

4. 财政资源分配以合法性为基础

财政资源的取得和支出关系到国家和社会大众的整体利益,必须以法律来规范,尤其在建设法制化社会的今天,更要以法律来规范财政资源分配,不可随意分配。

5. 不适用等价交换的原则,以无偿分配为主

这主要表现在两个方面：一方面,政府分配的财政是由公众无偿消费的,公众无需对此付出额外的费用,如国防等。它是由政府的职能和政府提供的公共物品的性质决定的。另一方面,政府取得财政也是无偿的。政府利用其手中的权力,强制从社会公众处取得其所需的财政资源。政府提供公共产品使社会成员受益,其所进行活动所需的费用自然也要由社会成员来支付,如税收等。政府所进行的财政资源的分配实质也即是社会资源在不同的地区、不同的行业、不同的社会阶层之间得到合理分配和配置。

6. 财政分配以国家权力为后盾进行强制性分配,不遵循自愿分配的原则

国家财政资源的分配总是按照国家的意志,以国家的强制力执行,参加者都必须无条件地接受并执行。这也是公共财政分配区别于私人财政的重要方面。国家从私人、企业、民间组织取得财政收入,个人必须接受。而国家向社会提供公共产品的时候,私人也无法选择退出,如国防、义务教育、道路等,影响到每一个人。

(二) 私人组织的行政财力资源配置的特点

1. 以实现组织的目标为指导

组织内财力资源分配的目标必须是为了实现组织的目标而服务的。组织内的活动归根到底都是为了实现组织的目标、实现组织效益的最大化,财力资源分配亦是如此。

2. 财力资源的分配要满足经济效益最大化的原则

与公共组织不同,私人组织不需要满足社会效益的最大化,而是侧重于私人组织效益的最大化。私人组织在进行组织活动的过程中需要满足两个方面的效益最大化：即雇主效益的最大化以及雇员效益的最大化。而公共组织主要面对的社会效益的最大化对私人组织的影响却不是很大,只是作为私人组织生产经营活动的“副产品”。

二、行政财力资源配置的功能

一般而言,行政财力资源配置有以下的功能。

（一）积极发展生产

生产是创造社会财富的源泉，生产是开发财力资源的根本，积极发展生产是开发财力资源的基本途径。所以，无论公共组织还是私人组织都应从政策、资金和实际工作上支持生产的发展，不断深入地开发财力资源。

通过发展生产开发财力资源，归纳起来有两种办法。一是通过增加劳动量来扩大生产规模，即通过新建或扩建企业，使产品产量增加；二是通过不断提高劳动生产率，即在不增加劳动总量的情况下，通过改善经营管理、革新技术，加强科学技术在生产中的应用等方法使产品产量增加，或者使产品产量增加的速度比劳动总量增加的速度更快。但不论采取哪一种办法，都必须注意到，在一定时期、一定条件下，原材料、燃料、动力等生产资料的供应是一个既定的量；同时，市场对某种产品的容量也有一定的限度，因此，并不是生产规模越大，越能为社会增加产品产量，也不是任何产品生产出来都能为社会所需要。当生产规模的扩大超过了原材料、燃料、动力等所能供应的限度时，只能停工待料，盲目扩大生产规模就将造成物质损失，降低经济效益；当某一种产品的生产已达到市场需要的饱和状态，或者不受消费者欢迎时，再盲目地增加产量，就只能造成积压和浪费。这就是说，通过生产开发财源，不能带有主观随意性，而必须从环境、资源的具体情况出发，进行充分的可行性研究，按照客观经济规律办事。

（二）改善经营管理

改善经营管理是财力资源开发的重要内容。多年来，由于企业在生产、流通中经营管理存在严重问题，致使资源浪费惊人。提高组织的财力管理，首先在生产过程中，应加强成本管理。通过提高机器设备、燃料动力和原材料的利用率，降低单位产品物质消耗，从而不断降低单位产品成本，增加财力。其次在流通过程中，充分发挥流通在社会再生产中的中介地位和联结生产与消费的桥梁、纽带作用，使企业生产的产品及时到达消费者手里，使产品的使用价值得到实现，并由此得以实现产品的价值和利润，并且通过科学组织运输、减少中间环节、库存合理化等措施，加速流动资金周转、降低流通费用，在无需增加设备和投资，也不用原材料和燃料动力的情况下，便可就地生财。

（三）加速技术改造

科学技术是创造社会财富的手段，特别是在科学技术高度发达的现代社会更是如此。技术改造可以通过开拓新的技术领域或提高原有领域的技术水平，也可以通过对现有企业的技术设备进行更新或改造，提高其技术水平，从而提高劳动生产率，创造好的效益。据统计，利用原有企业进行技术更新或改造，与新建同样规模的企业相比，一般投资可节省30％—60％，设备器材等物资可节省60%,建设周期可缩短一半。从而做到形成生产能力快,发挥作用快,能大幅度地提高经济效益。同时,通过技术改造,可以促进物质资源的合理开发与综合利用,变一用为多用,变“废”为宝;可以促进能源的节约和交通运输的发展,用降低能耗和加速物资周转生财;还可以通过调整企业生产流程,用集约化生产开辟财源等。

（四）提高流动资金利用效率

提高流动资金利用效率,关键在于加速流动资金周转,减少流动资金占用。以往我国的流动资金利用效率低,一个重要的原因,就是资金周转缓慢,占用比例大。因此,必须采取有效措施加速资金周转,把流动资金的占用水平压下来。应采取的措施主要有:(1) 转换企业经营机制,建立现代企业制度,使企业主动关心流动资金的使用效率;(2) 实行流动资金的有偿占有制,并科学核定流动资金定额,促使企业节约使用流动资金;(3) 加速商业体制改革,疏通流通渠道,减少商品流通环节,变少渠道多环节为多渠道少环节,做到物畅其流,扩大商品销售,以加速资金周转;(4) 推进工业生产专业化协作和经济联合,改善工业企业的组织结构,从而提高劳动生产率,降低产品成本,缩短生产周期,减少生产和流通过程中的资金占用,以加速流动资金周转,提高经济效益。

（五）提高基本建设投资效益

基本建设投资效益,是指一定量投资额经过基本建设活动而形成的有效成果。提高基本建设投资效益是财力资源开发的主要内容之一,因为基本建设作为物质资料的再生产活动,是一个大量消耗活劳动和物化劳动的生产过程,也是巨额的基本建设资金不断运动的过程。所以,财力开发要从有效利用自然资源,提高基本建设的投资效益抓起。第一,要根据经济和社会发展目标,制定科学的中长期建设规划,建立合理的投资结构。第二,要做好基本建设的前期工作:(1) 建设项目必要性和可行性论证;(2) 建设地点的选择;(3) 建设项目的设计工作;(4) 决定建设的步骤、总进度和开工时间。做好基本建设前期工作的关键是要认真进行项目的可行性研究。第三,抓好基本建设投资管理:(1) 加强对基本建设投资渠道的统一管理,因为随着经济体制改革的深化,基本建设投资机制发生了转折性的变化,国家单一集中投资的范围和数量逐步减少,出现了投资来源多样化的趋势,所以必须逐步建立法人投资和银行信贷的风险责任;(2) 推行建设项目投资包干制;(3) 合理划分基本建设投资与各项开支的界限,做到不互相挪用,特别是要防止把企业的更新改造资金和正常生产的流动资金用于基建投资。第四,抓好基本建设项目的施工管理:(1) 搞好基建项目计划的平衡与报批;(2) 搞好项目设计,贯彻“坚固适用,技术先进,经济合理”的原则;(3) 搞好基建项目施工管理，把好施工中的各道关口，降低工程造价，提高施工质量。

三、行政财力资源配置的主要内容

具体而言，财力资源配置主要有以下几个方面的内容：

（一）生财有道

生财有道，即开辟财源或称财力开发之道。它要通过财力资源配置，促使组织再生产过程把劳动力和生产资料有效地结合起来，充分而合理地保证人尽其才、地尽其力、物尽其用，充分挖掘财力。当前应主要做到：(1) 加强基本建设投资管理，使之提高经济效益；(2) 安排好组织内各部门之间的利益协调，使之协调发展，并处理好速度、比例、效益的关系；(3) 加速资金周转，提高流动资金利用效率；(4) 加强管理，努力提高管理水平。调动各方面特别是企业和劳动者的积极性、主动性和创造性，要增强企业的造血功能，彻底改变目前财源出现病态萎缩的状况。

（二）聚财有度

聚财有度，指聚财要讲辩证法，在大力提高组织收入水平的前提下，组织内的财力资源应坚持取之合理，用之得当，形成取与予相互促进的良性循环，既要坚持分配又要坚持积累。也就是要正确处理积累与分配的比例关系，决不能用降低组织成员生活水平的办法提高积累率，而应用广开财源的办法提高积累水平。

（三）用财有效

用财有效，指分配使用资金时要做到分配合理、使用得当、提高效益。分配使用资金，最主要的是做到实事求是，量力而行，统筹兼顾，综合平衡。在具体分配使用资金时，一是从实际出发，坚持量入为出，量力而行，防止一切按主观愿望随意行事，搞脱离实际的、违背客观规律的超收分配和盲目用资；二是要兼顾企业、个人和公共利益，并在保证重点的同时兼顾各方面的需要，反对片面的畸形分配和无重点的平均使用资金。从而，提高资金的利用效率。

四、行政财力资源配置的方法

财力资源的配置直接关系到组织财力资源的使用效率，直接关系到组织目标的实现，所以对组织内财力资源的配置一定要遵循一定的方法，实现财力资源的优化配置。

（一）提高决策水平，奠定财力资源优化配置的基础

组织内的决策水平是决定和影响财力资源配置和使用效率的关键因素。组织内的决策者在财力资源的配置决策活动中，要时刻以提高组织的效率、实现组织的目标为行动准绳。决策者的效率观念直接决定着财力资

源的配置效率的实现,制约着决策系统的构建和现代化的技术手段的运用,影响着财力资源配置与使用决策的科学性。为了提高财力资源配置的有效性,决策者要注意做好如下几点。

首先,必须要有全局观,要统观组织内外环境的变化和组织目标的变化,对于关系组织内财力资源配置的各种信息的收集、处理和取舍还是方案的拟订、评价和抉择都必须从全局的角度来处理,以组织的整体利益为导向。

其次,决策者必须善于利用和开发现代化的技术手段。现代社会是高科技的社会,组织内的决策者除了要处理各方面的关系,更要善于运用大量的现代化的决策技术手段,可以快速、准确进行系统分析和成本效益分析,从而做出更加科学合理的决策。

最后,决策者要有前瞻性。如何把握组织的未来是高层领导者面对的重要任务。财力资源配置具有连续性和长期性,所以决策者在进行资源配置的过程中要把握组织的现状和未来发展前景,保证组织所进行的财力资源配置有利于组织长远目标的实现。所以决策者必须具有判断能力,当机立断做出正确的决策。

(二) 建立良好的制度安排,提供财力资源优化配置的重要保证

从本质上而言,财力资源配置是一种制度安排,或者说要依靠制度安排,资源配置的职能才能够得以实现,也就是说制度安排本身就属于资源配置。一个良好的制度,可以减少交易成本,防止个人和团体犯错误,激励个人和组织共同达到目标水平进而极大地提高财力资源配置的效率。

制度安排的效率取决于正式规则和非正式规则是否完善,制度的实施机制是否健全,也就是说,不但必须制定完善的正式规则和遵循非正式规则,而且必须建立完备的实施机制,以确保财力资源配置与使用的高效。

(三) 采用高科技拉动财力资源配置和使用效率

当今社会是高科技主导的社会,组织的任何活动都会或多或少地渗透到高科技的应用。在组织内无论是作为生产设备的机器的发明和改革、生产工艺的改进、新的原材料的使用,还是作为生产的主体性要素的劳动者的技能和素质的提高、管理经验和技巧的积累等都是经济效益增长的直接诱因和源泉。技术进步的实现可以通过技术创新和技术移植两种途径来完成。

技术创新是指依靠自身的努力和探索,产生核心技术或核心概念的突破,并在此基础上依靠自身的能力完成创新的后续环节,率先使用全新技术的一种创新行为。技术移植则是指在技术率先创新的示范影响和利益诱使

之下,后进者通过合法手段引进技术并在技术的基础上进行改进的一种形式①。

简单来讲,技术创新就是全新技术的创造和使用;而技术移植是模仿他人的技术,实现技术的创新和突破。两者互为补充、互相促进。总体来说,要想实现财力资源配置的高效率,应该坚持在自主创新的基础上通过技术嫁接实现自身技术的发展。

第三节　行政物质资源配置

一、行政物质资源配置的含义和类别

行政物质资源有广义和狭义之分,从广义上讲,行政物质资源是指行政组织所能运用的各种有形的物质要素的总和,包括组织内部管理和进行外部活动所需的所有物质资源。狭义上行政物质资源指的是,维持组织内部日常运转、为实现行政组织职能目标的各项物质要素,包括办公用具、办公设备等,是保证行政组织运行的物质基础。

物质资源根据使用情况可以分为固定资产、材料、低值易耗品三种。固定资产是指在组织中单位价值较高,使用期限较长,并在使用过程中基本上保持其原有实物形态的劳动工具、劳动设施和其他物质资料,如机器设备、工具、房屋、建筑物和车辆等。判断固定资产的条件有两个:一是使用年限要在一年以上;另一个是单项价值在规定限额以上。否则要列为低值易耗品。材料是指在一次使用后被消耗掉而不能复原的物质资源,如原材料、燃料、零配件等。低值易耗品是指价值较低,容易消耗的物质资源,如日常办公用具等。

二、行政物质资源配置的特点

行政物质资源配置主要有以下三方面的特点:

(一)服务性

对于公共组织而言,行政物质资源配置的服务性体现在对社会有效管理的服务。行政资源配置不是单纯地为了配置而配置,而是为了实现政府的社会管理职能而配置。同时公共行政物质资源配置的不是行政组织单位财产,而是社会公共财产,所以必须是为社会公共利益服务。行政组织物质资源配置水平和配置效率,直接影响到行政组织在公众心目中的形象,直接影响到行政组织对外管理的水平和效率。

对于私人组织而言,行政物质资源配置是为其组织目标服务的,是围绕

① 王晓黎:《财力资源配置与使用的效率观研究》,《商场现代化》2007年8月(上旬刊)。

其组织目标来展开的。组织物质资源的配置要有利于实现组织的整体目标和战略愿景,而不是为了个人或组织部门的利益。

(二) 技术性

现代组织中高科技不仅要应用于生产部门,同时也要体现在物质资源配置方面。物质资源配置不是简单的资源分配,而是需要遵循科学的方法,从而保证物质资源按照其特性得到最大限度的使用,并对物质资源进行科学合理的购置、维护和管理。

(三) 事务性

物质资源配置的对象非常庞大琐碎,工作千头万绪,事务性很强。物质资源配置的事务性还体现在与政府组织对社会事务管理相比,物质资源配置主要是一种程序性、操作性、工具性的管理活动,只是为行政组织对外管理提供辅助和支持,其活动本身多数并不产生政治性影响。

三、行政物质资源配置的原则

(一) 依据规则管理的原则

无论是公共组织还是私人组织所进行的资源配置都要严格按照组织的规则和规章制度来办事,保证管理的各个部分各个环节依据规章进行。对于公共组织而言,必须严格按照法律来办事,保证物质资源的配置依法进行,实现依法行政。对于私人组织而言,必须严格按照组织的规章制度办事,确保组织的配置活动符合组织的整体利益,为实现组织的目标服务。在物质资源的管理过程中,包括物质资源的采购、日常使用维护等都要严格依规章办事,不可任意处置。

(二) 公私分开的原则

无论是对于公共组织还是私人组织,物质资源的所有权都属于组织,而不是个人,所以物质资源的配置不应按个人的意志进行而应按照组织的规定来进行,为组织的目标服务。现代科层组织的物质资源都是属于组织所有,所以组织的财富与私人组织必须完全分开,而且办公场所和私人场所必须严格区分。由于组织内物质资源所有权和使用权的分离,物质资源的分配总是要由组织内的个人来进行,所以在个人进行组织分配的过程中必须保持公私分开的原则,不可损公肥私,用组织的资源为自己办私事。

(三) 分配过程中的节约原则

公共组织拥有的物质资源是公共资源,是全社会民众的财产。行政组织作为公共资源的使用者,必须十分珍惜、节约使用物质资源,让有限的资源产生最大的社会效益。所以在物质资源配置的过程中必须坚持节约的原则。对于私人组织而言,其组织目标就是实现组织效益的最大化,即在投入最小的情况下使产出最大化。物质资源管理原则,就是要在物质资源的购置、使用、保管、维护各个环节，用最少的资源办最多的事，做到物尽其用，提高办事效率。

（四）集中管理原则

集中管理，就是要把各部门中存在的相同的管理事务尽量归到一处进行集中处理。这样有利于高效率地处理组织内的事务，实现物资处理的合理化、效率化。集中管理的原则也有利于防止组织机构臃肿，人浮于事，效率低下，从而提高行政效率。

（五）自动化的原则

现代社会科技日益发达，高科技应用到各个领域，行政工作亦不例外。为了适应不断变化的外部环境，必须提高行政工作适应环境和有效管理的能力。同时，现代行政的专业化和规模的扩大，也为行政管理的自动化提供了前提和基础。由于现代事务的日益复杂性，单靠过去的人海战术和原始管理工具是无法适应时代的要求的，必须大量使用现代化的办公设备。例如：通过计算机进行存储和分类处理；通过互联网及时对物资的存储使用情况进行分析，随时提供所需要的办公用品；对办公地点进行自动化管理，控制火灾的发生；及时根据季节的变化调节办公环境等。

四、行政物质资源配置的主要内容

（一）物质资源的采购

物质资源的采购是物质资源配置的首要工作。物质资源采购就是指组织为了实现其职能和组织目标，根据组织的需要采购组织需要的物质资源的过程。

要完成组织物质资源的采购应该把握以下几点：第一，充分了解物资供应商的情况，了解所购物品的基本情况，包括价格、规格、样式和功能等，保证所购物资物超所值。第二，所购物品要满足组织需要。所以，要充分了解组织的需要以及物品的性质，保证所购物品就是组织所需要的。第三，合乎规格，物材样式与机关环境相协调，性能要合乎标准，厂商能够提供培训和维护服务。第四，要及时供应。供应商要在组织规定的时间、地点的要求下及时供应组织所要的物品。第五，其他需要考虑的地方。包括与他人比较，是否效率更高和更精确；是不是人力所不能处理的；机关现有人员是否能操作或易于学会操作；尽量购置国货；易于维护保养等。

（二）物质资源的使用

物质资源的使用是行政物质资源配置的关键，物质资源配置的最终目的就是为了实现物质资源的有效利用。提高物质资源的使用效率是物质资源使用的关键。物质资源的使用，一是要遵循经济原则，也就是要用最少的投入获得最大的产出,也就是要实现效率的原则。要求组织员工消耗物资的数量必须与其工作成就的价值等值,如果消耗量大于价值量,就会造成物资的浪费。二是要遵循当用原则,行政管理所消耗的物质资源,也不宜一味强调节俭,只要使用得当,即使多或贵也不要吝啬,否则会影响行政效率。三是要遵循制度原则,物质资源的使用要形成制度化,规定物质资源的使用原则、方法和程序。

(三)物质资源的保管

物质资源的保管是对物质资源的日常管理,具体包括登记、收藏、分配、盘点、养护等,目的是保护资产的性能,防止其变质、损坏或丢失等。物质资源的保管包括使用中物质资源的保管和备用资源的保管,也即在物质资源的整个使用过程中都要对其予以保管。

对物质资源的保管可以分为以下几个类别:一是要集中保管,就是将组织内所有的物质资源集中起来进行保管,这样有利于组织保管成本的降低;二是分类保管,就是对组织内的物质资源根据类别或部门分别加以保管,这样有利于进行专业化的保管;三是监督保管,依据资产的分类编号登记入册,按时审查。而对于使用中的物质资源的保管则是要根据不同的情况进行。对个人使用的物品交由个人保管;对部门使用的物品则由各部门专门保管;而对组织所有人共同使用的物品则由组织设立专门的保管部门来进行保管。

物质资源的采购、使用和保管是行政物质资源分配的三个中心内容,三者不可分割。在物质资源分配的过程中,要充分协调三者之间的关系。采购既要保证及时供应,又不能浪费;使用时要保证物质资源使用的效率最大化,同时要密切关注市场动向。了解市场上相关资源的供应情况,保证组织在任何时候都能以最低的价格得到组织所需的资源;在保管时,要确保组织的资源能够很好地被保管,不使组织的资源因为保管不当而浪费。同时,物质资源的采购部门、使用部门和保管部门,要及时沟通信息,保证组织内的物质资源得到最大限度的使用。

五、行政物质资源配置的主要方法

物质资源的优化配置对于提高资源使用效率,节约成本,高效率地实现组织目标有重要的作用,因此如何实现组织的物质资源配置是组织面临的重要任务。实现物质资源配置的方法可以从宏观和微观两个方面来讨论。实现物质资源配置的方法主要有以下三个方面:

(一)在全社会改进资源配置

从宏观的层面来讲,由于社会资源配置的不均衡,社会上各个行业得到的资源配置无法和其在社会上的重要性相一致,导致社会上不同产业、不同地区和不同行业之间配置不均衡普遍存在,帕累托改进的潜力很大。所以不应该通过增加物质资源的投入来增加社会的产出,而是要通过管理水平的提高、高科技的应用以及资源的合理配置来实现社会产出的增加。

在对不同的地区,不同的行业进行资源配置的时候,要充分考虑各地区各行业的实际发展情况,并对该地区和该行业的前景有确切的了解,从而合理地实现物质资源配置。

（二）发展适度的规模经济

规模经济,又称“规模利益”,指随生产能力的扩大,使单位成本下降的趋势,即长期费用曲线呈下降趋势。发展规模经济对于降低生产成本、实现产品的统一和标准化、提高组织的效率和竞争力有重要的作用。当今社会,很多发达国家都力主实现本国地区或行业间的规模经济。

发展中国家物质资本存量少,而且增长慢,甚至不增长,通过产业组织的改变也能带来经济较快增长。例如:将资源导向某一短缺的行业,使其规模扩大,或将专门化的工业集中于特定的地方,在这两种情况下,都有可能出现规模收益递增。发展中国家规模以上的企业占少数,大多数企业均为严重的规模不经济,因此,通过同类企业的兼并就能带来收益递增。

（三）依靠技术进步

当今社会,高科技渗透到社会生产的各个方面。技术进步使持续增加的资本积累的生产率不断提高,在技术进步的速度达到一定程度后,资本生产率可能上升或维持不变;技术进步使资本积累不论其总量如何,积累的边际效率递增或保持不变;技术进步开辟了新的投资机会和扩大了投资边界,使生产具有“规模收益”递增或保持不变的特点。

从微观的组织来看,物质资源的合理配置主要是各种物质资源的配置比例均衡的问题。企业产出的增长取决于各种生产要素的均衡增加和全要素生产率的提高,在生产要素配置不均衡的条件下,一般由其弱势物质要素决定其产出量,而组织的弱势资本要素未必一定是物质资本,很可能是因为管理落后于技术水平。因此,通过改进管理水平对于提高组织的产出有重要的作用。

第四节　行政信息资源配置

一、行政信息资源配置的概念及特点

所谓行政信息资源配置,是对组织内有价值的最新消息和情报,按不同用途作出恰当选择,进行及时有效的处理,以达成组织的目标。行政信息资

源配置具有以下五个特点：

1. 时效性

时效性是信息资源的一个重要特点。信息必须是及时的，只有及时的信息才能对个人或组织有意义，否则信息将会失去价值，或大打折扣。10年前的股市信息对今天的股民而言是无任何意义的。

2. 准确性

任何有用的信息都必须是客观、真实地反映实际情况的。只有这样才能引导组织采取适当的行动向着正确的方向努力。否则只会将组织拉离正确的轨道。

3. 行政信息的效用性

行政信息的效用性指的是行政信息配置解决问题的实际效用性。任何组织信息都是对一定情况和问题的反映，是以解决一定的实际问题为目的的。所以组织内的行政信息配置必须有利于解决组织内外的问题。这就需要行政信息的收集、处理、配置都要合目的性。

4. 行政信息配置的权威性

组织内的行政信息配置是组织内特定的部门所进行的活动，是为组织的目标服务的。组织内的行政信息配置代表了组织的意志，在组织内具有普遍的权威性。组织内的成员都要按照这一配置来进行组织内的活动，具有一定的强制性，否则要承担相应的责任。

5. 行政信息传递的规范性

行政信息在组织内的传递是按照组织内的有关规定和程序进行的，具有严格的规范性。同时行政信息的传递方式具有高度的组织性和控制性，在传递的过程中，通常采取强硬的方式。组织制定信息传递的规范，一方面起到对信息的分解及限定的作用，另一方面对信息的传递方向、步骤及速度起着强制性的保障作用。

二、行政信息资源配置的分类

根据不同的分类方式，行政信息资源配置可以分为不同的类型，主要有数量配置、时间配置、空间配置等。

(一) 行政信息资源的数量配置

信息资源的数量配置包括信息的存量配置和增量配置，总量配置和个量配置。信息资源存贮量达到一定规模才能满足信息需求，同时要根据新信息的巨量增长和信息需求的不断变化，及时组织贮存新的信息。无论是存量还是增量，都要保证信息资源的足够种类。种类也并非越多越好，而是以满足不同类型信息需求为依据，这需要研究总量和个量的关系。一般来说，信息资源无论是实现存量配置还是增量配置，总量配置还是个量配置，都有相当大的难度,这是因为任何个人或机构都可能既是信息的利用者也是信息的生产者,这容易导致所需要的信息千差万别,无所不包。

（二）行政信息资源的时间配置

信息资源的时间配置是指在过去、现在和将来三种时态上的配置,既对不同时段上的信息进行贮存,以满足用户对不同时段上的信息需求。不同类型的信息时效差别较大,一般来说,科学技术信息相对稳定,其效用随着时间推移逐渐过时,表现为一种老化;商务信息的时效性很强,一条价值连城的信息可能在一夜之间变得分文不值。因此,在不同的时态上对不同种类的信息资源进行配置是保证信息资源结构具有合理时效分布的重要指标,也是满足用户信息需求的前提。

（三）行政信息资源的空间配置

信息资源的空间配置是指信息资源在不同地区、不同行业部门之间的分布,实质上是在不同使用方向上的分配。信息资源的地域分配存在严重的不均衡性,各地域、各行业并不能依靠信息需求和使用方向合理使用信息资源。这主要是因为信息资源在不同行业、地理区域的信息量分布和信息基础结构存在着很大的差距。信息资源在空间优化配置的先决条件是构建先进的信息基础结构。

无论是从时间上,还是从空间上、数量上,信息资源的配置都是以已有的资源条件为基础。无论是"硬"资源,还是"软"资源,相对于一定时期内信息用户的需要和国家信息系统的具体目标而言,都有数量与质量上的相对盈余和相对亏负这两个特点。这就要求通过信息资源配置过程,将信息资源的相对盈余和相对亏负进行合理调节和利用。

三、行政信息资源配置的原则和程序

（一）行政信息资源配置必须遵循的基本原则

1. 以组织的信息需要为依据的原则

信息资源配置必须符合组织的信息需求状况,也就是说组织需要什么样的信息配置就进行什么样的信息配置,满足信息配置的目的,组织对信息的需求和利用是信息资源配置的最基本依据。对于公共组织而言,信息资源配置必须符合社会大众的需要、符合公共利益的需要。

组织面对的信息是多种多样和数量极其庞大的,但并不是所有的信息都是对组织有用的,特定的信息用户在特定时间、特定空间的社会需求总是有限的。信息资源配置的结果,都体现在社会信息需求的满足程度上。满足组织信息需求的程度越高,信息资源优化配置的程度就越高;反之则越低。信息资源无论是在时间和空间上,还是在品种和数量上,其配置都要以组织的需求为基础。因此,合理配置信息资源,使之最大限度地满足组织和社会大众的需求,才是信息资源配置的出发点和归宿。

2. 利用性原则

信息资源配置的最终结果是信息资源的利用。所以信息资源的配置一定要有利于信息资源的利用。应该对信息服务工作的特点及时进行适应性调查,积极探索信息服务的新模式,使信息资源得到有效利用。

3. 成本最低原则

信息资源配置成本是指信息资源配置中的资源耗费,即进行信息资源配置所付出的代价。信息资源的配置亦是需要成本的,信息资源配置的目的是为了创造更多的社会财富,配置成本高就必然会降低信息资源配置的效率。所以根据效率原则,信息资源配置付出的成本必须小于其所带来的收益。这样才能满足效率的原则。

信息资源配置的成本一般包括信息资源配置的存量成本和增量成本。信息资源存量配置成本是指已完成配置过程的信息资源体系分布所耗费的社会财富以及保持现有信息资源结构所耗费的社会财富之和。信息资源增量配置成本是指增加信息资源时所耗费的社会财富之和。所以,任何组织在获得和保存信息的过程中都要注意信息配置成本的节约。

4. 有利于信息资源共享的原则

这里所说的信息共享对于公共组织而言就是指全社会的信息共享,要打破地方保护主义和部门保护主义的格局,使公共信息在全社会合理流动,使需要的人都可以自由获得,实现信息利用的最大效益化。对于私人组织而言,信息共享就是组织内的信息,除了关系组织命运需要保密的,都要在组织各部门之间进行共享。组织成员了解组织的各种信息,便于凝聚组织成员为组织的目标共同努力。

5. 高效原则

信息的收集、储存和使用都是需要成本的,社会越发展,信息成本越高,因此在行政信息配置中,要有成本意识,注意控制信息成本,提高信息配置的效率。为此,一是要加强组织内人员的培训,提高组织人员的信息识别、收集和处理能力;二是要使用现代信息处理技术手段,改变简单依靠人力进行信息处理、传递、存储的传统方式;三是要制定一定的组织规章制度,明确信息管理的责任及程序。

最后,实现信息高效管理,不能超出需要与可能,盲目购置新设备和增添人员,所以信息管理者既要努力增加新手段,又要因地制宜,优化现有手段与条件之间的组合,充分发挥其作用。

(二) 行政信息资源配置的程序

具体而言,行政信息资源的配置需要遵循以下四个步骤:

1. 信息的收集

信息的收集是信息资源配置的前提。组织所进行的任何活动都是在占有一定的信息的条件下进行的,没有信息就没有组织的活动。但是,组织面临的信息是非常庞大和复杂的,并不是所有的信息都是组织所需要的,所以组织如何完成有效的信息收集就显得非常重要。具体而言,要想完成信息的收集要从以下三个方面入手:首先,明确组织的信息需要。任何信息的收集都必须符合组织的需要,根据组织的需要确定收集信息的性质、类型、范围、数量和质量;其次,在信息收集之前要有明确的信息收集计划。有了明确的计划才能明确收集信息的步骤、途径、方法、时间等,有利于做到资源收集的高效率;再次,实现高效率的信息收集。信息收集亦需一定的成本,为了提高信息收集的效率,必须降低信息收集的成本。要采用合适、科学的方法进行信息资源的收集。

2. 信息的加工

组织所收集的信息并不是都可以直接利用,需要对其进行适当的筛选、分类、编辑、整理,从而满足组织的需要。信息加工是信息配置的关键环节。具体而言,信息加工需要遵循以下的步骤:首先,要对所收集信息进行筛选。去伪存真,去粗取精。经过筛选的信息要真实地反映组织的活动及其变化,使其内容具有针对性和实用性;其次,对所收集的信息进行分类,将不同的信息,各归其类,各得其所,便于信息的加工、传递和交流;再次,对信息进行编辑加工,通过对信息进行比较分析、综合归纳,发现信息内的本质内容,为管理实践服务。

3. 信息传递

信息传递是信息使用的必经途径。已经加工的信息如果不传递到组织内的各个部门,所收集的信息就不会发挥所用,组织的目标就难以实现。所以已经经过加工的信息必须通过信息传递渠道传输出去,满足组织工作的基本需求。为此,一是要建立清晰明确的信息传递渠道,保证信息在组织内传递的畅通无阻,渠道越畅通,信息传递速度就越快。二是要选择合适的传递方式。谨记信息要有紧急信息传递的方式,一般信息要有一般信息传递的方式。三是要采取快捷的传递设备,提高传递效率。如当今网络的应用就极大地提高了信息传递的速度。

4. 信息反馈

组织收集的信息是否有用,组织根据信息采取的活动是否有效,是否达到了组织所需要的效果,都要根据信息反馈来确定。信息的反馈是指控制系统输出的信息,从信息宿返送回来,并对信息的再输出发生影响的过程。行政信息的反馈对于监督和检验信息传递和使用效果,并对信息失真失效等情况进行纠正有重要的作用。

【知识要点】

1. 行政人力资源是指狭义上的人力资源，也就是指一个国家、地区或组织中投入生产过程中具有劳动能力的总和。具有能动性、社会性、资本性、持续性和时效性等特点。行政人力资源分配的职能主要是人力资源的规划、人力资源的获取、人力资源的使用、人力资源的激励、人力资源的开发以及人力资源的维持。人力资源分配效果的实现，必须依据人力资源职能的充分发挥。人力资源的分配不仅仅是人力资源的安置，而是一系列相互联系、相互配合的活动，如岗位分析、职位申请、人员测评等。这一系列的活动关系到人力资源配置的成败。

2. 行政财力资源配置，简单地说，是指一定时期内一个国家或一个经济组织所实际掌握和支配的物质资料的货币表现。对于公共组织而言，财力资源体现为财政资源，它的分配主体是国家，也就是说政府所掌握的用于满足公共需要的各种剩余产品和社会资金。与私人组织的财力资源配置有着区别。总体而言，财力资源配置的目的都是为了实现组织的目标，都是为组织的目标服务的，都是为了实现组织的效益最大化，既包括经济效益也包括社会效益。行政财力资源配置的功能主要是促进生产发展、改善经营管理、促进技术进步等。行政财力资源配置的方法主要有政策因素、制度因素以及技术方面的因素。

3. 行政物质资源是指维持行政组织内部日常运转、为实现行政组织职能目标的各项物质要素，主要指各种办公用具、办公设备等。行政物质资源的主要特点是服务性、技术性和事务性。行政组织资源配置的主要原则是依据规则配置的原则、公私分开的原则、节约的原则和自动化的原则等。其主要内容为物质资源的采购、物质资源的使用和物质资源的保管。实现物质资源配置的方法主要有在全社会改进资源的优化配置、发展适度的规模经济以及依靠科技进步来实现物质资源的优化配置。

4. 行政信息资源在这里是指已经被加工了的并且有用的数据。信息不同于数据，信息是有用的数据，而数据仅仅是客观事实的反映，数据必须经过加工才能成为信息。信息的特点为完整性、时效性、及时性以及反映客观事物的真实性等。行政信息配置的原则为及时原则、客观原则、高效原则和使用原则等。信息资源的配置也是一系列的活动，包括信息的收集、加工、传递以及反馈。

【思考题】

1. 结合人力资源的特点和私人部门人力资源的配置，试分析我国公共部门人力资源配置的趋势。

2. 结合我国目前的经济形势，分析如何改进公共部门的财力资源配置。

3. 如何加强组织内信息资源的监管和配置？

【阅读参考】

JD公司的人力资源如何配置①

JD公司是一家实力雄厚的集团公司，近几个月来，公司的高层管理人员正在进行一项重大的投资决策：在西部经济欠发达地区进行上亿元的巨额投资，建立大型的纸模生产企业。传统的包装材料有许多是木材和不可降解的塑料生产而成，这些材料有的造成资源浪费，如木材等，有的造成污染，如发泡聚苯乙烯、聚乙烯、聚丙烯等。使用由稻草、麦秸和芦苇等待处理的农业废弃物和野生资源生产的纸模材料，是一种新型的包装材料，它既可以缓解自然资源的过度开采和使用，利用这些废弃和野生的资源；还可以减少环境的污染，净化环境。因此，具有较好的发展前景。

JD公司在西部某省经济欠发达地区考察以后，发现该地区稻草、麦秸和芦苇等纸模产品原料的资源十分丰富，交通运输非常便利，从原材料和生产的角度来说，是理想的纸模生产基地，于是，JD公司组织有关的人员对在该地区投资建立国内最大的纸模生产基地进行论证和决策。其中包括人力资源管理方面的分析和论证。

公司人力资源总监是一名经验十分丰富的资深管理人员。为了对当地的人力资源环境进行深入详尽的了解，他几次去当地进行实地的调查。最后，将有关人力资源方面的主要问题总结如下：

1. 当地的劳动力资源十分丰富，有大量的没有技能的劳动力，而且劳动力的成本很低。

2. 在当地劳动力资源的结构中，具有工业生产技能的熟练工人很少，原有的一些熟练工人也大多去经济发达地区打工，当地的熟练工人的数量远远不能满足新建企业的大量需求。

3. 如果在当地建立大型的纸模生产企业，需要相当数量的中高级的专业技术人员和管理人员，对企业的生产和经营进行管理，而这些人员在当地严重短缺，企业必须从其他地区招聘和引进这类人员。

① Hr人力资源资讯网，http://www.Job0772.cn/hr/html9749/9749.htm。

4. 由于该地区的经济较落后，生活条件较差，要招聘和引进中高级的专业技术人员和管理人员，有一定的难度，而且需要提供优厚的薪酬福利待遇，其标准远远高于公司目前的水平。

5. 由于当地的劳动力缺乏必要的劳动技能，如果在当地建立大型的纸模生产企业，必须对大量的当地员工进行必要的入职培训和岗前培训。

人力资源总监将这些问题向公司作了详细的书面和口头汇报，希望这些问题在投资分析和论证时进行进一步的讨论和研究。

第九章 行 政 绩 效

本章基本问题

行政绩效是现代行政管理学的重要内容，也是行政管理的出发点和终极目标。本章通过对行政绩效的概念和特点的讲解，对行政绩效的评估进行理论上的分析，把行政绩效作为衡量现代行政管理活动是否科学的重要标准。在此基础上，对如何提高行政绩效在理论和实践上作了科学阐述，并介绍了一些目前广泛运用的行政绩效方法等。本章主要阐述行政绩效的概念和特征，论述行政绩效的理论与方法。

第一节 行政绩效概述

一、行政绩效的概念

我们所讲的绩效，主要是指一定组织、群体和个体在一定环境中表现出来的活动效果，即成绩和贡献。实际上，科学地讲，绩效应该是行为和产出的统一，它是将绩效放在绩效管理的层面上来讲的。所以，管理员工的行为是促进产出的合理实现；管理员工的产出旨在形成目标导向，使员工更加关注其行为的结果。

行政绩效，在西方国家又称"公共生产力"、"国家生产力"、"公共组织绩效"、"政府业绩"等，它是指政府在社会管理中的业绩、效果、效率及其管理工作效率和效能，是政府在行使其功能、实施其意志的过程中体现出来的管理能力。也就是说，行政绩效是在行政管理中投入的工作量与所获得的行政效果之间的比率，是人们在单位时间内和空间内开展行政活动，获得改造客观世界和主观世界的社会效果。一句话，行政绩效是效果与消耗之比。效果是指有形的社会效果和无形的社会效果；消耗是指人力、物力、财力和时间等综合消耗。

二、行政绩效的特点

众所周知,行政绩效作为现代行政管理的一个重要问题,关系到行政管理活动中的效率和质量,它具有很强的针对性和时效意义。具体表现为:

(一) 导向性

所谓导向性,就是要把行政绩效与行政效果、行政效能、行政效益相结合。我们知道,对行政管理活动效果的评价,除行政绩效评价外,还包括行政效能与行政效益的评价。而在评价与测定行政绩效时,必须在行政管理活动中坚持正确的方向,即必须与国家的意志和人民的期望相一致,并能给整个社会发展带来积极的推动作用。如果行政管理的方向与国家的意志和人民的诉求相左,并与国家政策和法律相背离,结果只能给社会带来不利的影响,这样的行政绩效显然没有丝毫意义。

(二) 联系性

行政绩效不是孤立存在的,它与行政效能、行政效益的联系十分密切。行政效能是指行政组织实现预期目的的适应性能力,是对行政组织功能的评价。行政效能的高低受制于行政的组织结构、领导才能、决策质量、人员素质、技术装备等。行政效益主要是看它对整个社会发展的有益影响有多大,给整个社会带来多少福祉。而行政绩效则不同,它是效果与消耗即行政产出与行政投入的关系。行政绩效的实现以一定效能为基础,而评价行政绩效又要以对效益的肯定为前提,两者缺一不可。

(三) 社会价值观念性

在行政管理活动中,效率固然很重要,但不能脱离现实社会的价值观念。在行政投入和产出的关系上,行政投入(人力、物力、财力)虽可以在一定程度上体现为金钱或时间的耗费,但行政产出的活动成果无法用同样的尺度来衡量,只能通过确定这些产出的活动成果与总体行政目标的联系来完成。在具体行政活动成果与总体行政目标之间,一般没有直接的同质可比性,只有借助现实社会的价值观念加以判断,才能确定它们之间的关系。因此,现实社会的价值观念对行政绩效的评估和测定影响深远。

(四) 相对性

由于行政管理是对人的管理,所以在行政管理活动中,产出和投入很难用可比单位来衡量,即使衡量的标准具有可比性,也无法限制产出不超过投入。更何况行政绩效很难验证,因此没有必要用精确的百分比数值来衡量。一般测定行政绩效的方法只需在几个备选方案或几项同类行政管理活动之间,比较绩效的相对高低就可以了,没有必要将其绝对化。

第二节　行政绩效的评估

一、行政绩效评估的程序

任何绩效评估都是按一定程序来实施的。行政绩效评估程序是指实施行政绩效评估的过程及其所包含的各个阶段。实施具体的行政绩效评估应包括制订计划、初步调查、管理控制评估、详细评估和撰写评估报告五个步骤。

（一）制订计划

为了有效率地、经济节约地和有效益地实现评估目标，评估人员应当合理地组织绩效评估工作。任何一项评估在正式开展以前，都应当制定切实可行的计划，以便于控制评估全过程，保证评估工作质量。

1. 制订计划的目的

绩效评估的计划工作，主要是为了确定评估目标、范围以及为实现目标而采用的方法。评估目标是指评估工作所要完成的任务。它包括两个方面的内容，一是评估对象和效益方面的内容；二是评估人员希望开发的潜在的评估成果和报告要素。评估范围是评估工作的界限，即空间和时间的界定。如对被评估对象的期间界定、地点界定以及数量界定等。评估方法主要包括为实现评估目标而采用的检查与收集信息的方法，即资料收集方法与分析方法。评估方法不仅包括评估人员所采用程序的性质，而且还包括程序的范围。

2. 计划的具体内容

在进行具体评估工作以前，应根据接受的评估任务事先编制评估计划及评估提纲，对评估工作的每个阶段提出按照评估目标收集资料和信息的计划，以及为完成计划而提出的具体程序和方法。绩效评估计划应确定的具体事项为：一是完成该项评估任务所需的专业人员类别和人数。二是为了确定评估目标，评估人员应收集哪些方面的资料，以及如何收集和评价。三是为了证实评估目标，得出与目标相关的客观结论，评估人员必须搜集哪些方面的证据，需要搜集多少证据，搜集证据时需要采取哪些手段。四是评估报告应该反映评估人员预期取得的结果。

3. 书面计划

制定评估计划应以书面形式表达。书面计划的形式和内容因评估的不同而异。评估计划应包括评估方案或备忘录或其他适当形式的文件，这些文件应记录关于评估目标、范围和方法的重要决策以及评估人员作出决策的依据。

(二) 初步调查

在绩效评估中,进行初步调查的目的是使评估人员在较短的时间内,获得与被评估单位或被评估事项有关的背景资料和一般信息,以便对被评估单位及被评估事项有深入的了解。在初步调查中所了解的资料只是一般的信息,并非是评估依据。如对一个政府部门的调查,要了解其地址、管理部门、历史沿革、职工人数、评估的类型、组织机构的方针、法律要求、章程(合同契约)及其变动情况、所负义务和责任等。如对一项活动的调查,主要调查活动类型、活动区域、负责完成该项活动的人员、与该项活动有关的方针、完成该项活动的特定程序等。如对一项规划进行调查时,主要调查规划的目的和目标,为实现目标各个有关组织机构之间的相互关系,为完成该项规划而制定的方针和程序,以及与该项规划有关的行政管理条例等。在初步调查的基础上,评估人员可以确定暂行的评估目标,并鉴别与暂行目标有关的证据,而不需要收集充分的、可靠和重要的信息。初步调查所取得的信息,往往只与暂定评估目标中的某一项要素有关,而不是收集三要素(标准、原因、结果)的全部信息。初步调查的直接目的,无非是提出问题或说明问题,以确定继续调查的更加明确的目标,或者是提出终止调查的理由。

(三) 管理控制评估

当初步调查结束后,评估人员应进一步了解、测试与评估事项有关的管理控制。当管理控制对评估目标十分重要时,评估人员应该获取充分的信息来支持他们对那些控制因素所作的判断。对管理控制进行评价的主要目的,是使暂定评估目标发展成确定的目标,以便继续对特定的活动或规划进行审查。通过管理控制制度的测试与评价,获得与暂定评估目标所有要素有关的信息。如果需要扩大评估范围进行详细审查,则应确定从单位内部获取的信息是否有效,如果不能从被评估单位内部获得有效的信息,则要考虑从其他来源获得所需要的信息。评估人员主要是通过调查、观察、审阅文件和记录或检查其他评估人员的报告来了解管理控制。

(四) 详细评估

1. 详细评估的目的

在初步调查和管理控制评估阶段,就已经明确了详细评估的目标、范围和方法。具体地说,详细评估阶段的审查目的,一是验证以前所获取信息的有效性。二是为了证实评估目标而收集充分、可靠和相关的信息,为评估成果和评估结论提供一个合理的基础。

2. 详细审查的内容

审计人员必须通过对人员、财产或事项的直接检查或观察以取得实物信息,这类信息可以以备忘录、照片、图画、图表、地图或实物样本的形式形成文件。评估人员必须通过审阅、复查、核对、收集、复制、摘录等方法以取得文件信息，如信件、合同、法规原文、会计记录、发票等人为形成的信息。评估人员还必须通过整理、汇总、计算、比较、分析、推理等手段以取得分析性信息。详细审查阶段搜集的信息应该是充分的、可靠的和相关的。

在取得这些充分、可靠和相关的信息的基础上，评估人员通过预先设计的评估模型或方法，对评估对象进行某一方面或者整体性的分析。如在成本效益分析中，评估人员需要详细罗列全部的成本要素，包括内部的、外部的、直接的、间接的，如果出现遗漏就会使整个评估出现失误。如果有必要，也可以对两个或者更多的同类行政组织进行行政绩效的比较评估。如以某一个组织为参照物，运用对比的办法比较其与被评估组织的工作成本、效益和净收益。这种评估在标杆管理中得到广泛运用。

（五）撰写评估报告

详细评估以后，评估人员应该拟订书面报告，传达每一项评估结果。撰写评估报告的目的，是将评估结果变成第三方可以接受和理解的形式，以及减少结果被误解的可能，并使结果可以接受公众的检查。绩效评估报告的内容是：评估目标、范围和方法；评估结果；评估建议；评估遵循的准则；重大不合规现象和滥用行为；违法行为；管理控制重大缺陷；被评估项目负责人对评估人员的发现、结论、建议和打算采取的纠正措施所表示的看法；评估人员确认的重大管理成就；向未来评估人提出的建议；报告未披露资料的性质以及必须不予披露的要求等。绩效评估报告应该完整、准确、客观和有说服力，并在业务事项允许的情况下尽可能地清楚、明确。评估报告应该及时发出，使管理部门及其他有关团体都能够及时地利用信息。如果一份报告提出太晚，即使它是精心拟订的，对于决策者来说也是没有什么价值的。

二、行政绩效评估的原则

（一）为建设中国特色社会主义服务的原则

行政管理作为国家意志的执行活动，代表着国家的执政能力，方向必须与国家的大政方针保持一致。在评价任何一个行政活动时，不仅要看它的结果是否有利于社会主义国家的政治安定、社会主义民主的发展和社会主义国家总体战略目标的实现，而且还要看它是否为社会主义的政治文明服务。

（二）定量和定性相结合的原则

行政绩效与一般机构绩效不同之处在于它既有量的要求，也有质的体现。评价行政管理工作的得失，不仅要看它所完成的工作数量，还要注意其质量，要坚持定量和定性相结合的原则。测定行政绩效，一方面要对所完成的行政工作的数量进行统计和量化，另一方面还要对工作的质量做出定性分析。为此，必须为各种行政工作设定尽可能精确的工作数量标准，同时也要为每一类行政任务设定质量标准，并确定不同质量等级对绩效指标的影响程度，使行政绩效评估更趋科学化。

(三) 现实效果与长远效果相统一的原则

由于行政管理活动的社会背景十分复杂，所以在行政管理活动中，有的行政活动的结果是直接的，可以立见功效；有的活动结果是间接的，需要较长的周期才能够显现出来；还有的行政活动既有直接的、现实的效果，又有间接的、长远的效果。现实效果与长远效果相互作用、相互影响，甚至相互转化。有的行政活动在一段时间里可能看不到明显的社会效益，但对国家或地区的长远发展可能有重要的影响。有的行政活动虽在一段时间里可能收到明显的社会效益，但随着形势的不断发展，可能会逐渐暴露出消极意义，给社会带来负面影响。一句话，要准确地评价行政绩效，应坚持现实效果与长远效果的有机统一。

(四) 局部效益与整体效益相结合的原则

在评价行政绩效时，既要考虑到行政活动本身给本地区、本行业、本部门带来的绩效，又要关注它对整个国家、社会所带来的影响。当局部绩效与整体绩效不一致时，应把整体绩效作为重点来进行评价，但同时也不能忽视对局部利益的保护。在行政活动中，若整体利益损害了局部利益，应对局部利益进行适当补偿，使整体利益与局部利益之间保持协调。应该指出，重视整体利益应以不破坏该局部的基本发展为条件，不引起群众强烈反感为限度。过分强调局部利益而忽视整体利益，不符合社会主义行政活动的基本方向，应坚决予以否定。

三、行政绩效评估的标准

(一) 行政活动的质量标准

行政活动的质量标准一般包括行政决策的质量、中间管理层的工作质量、具体执行层的工作质量等。行政决策是行政管理活动的中心环节。决策的质量对整个行政活动的效果具有决定意义。决策的质量标准主要由方向标准(即行政决策是否符合国家意志和人民要求)和优化标准(即是否选择了最优的行动方案)组成；而中间管理层工作质量的标准主要分为：对上级命令执行的程度，反馈下层信息的准确和及时程度，管理系统内部协调一致的程度，对所属部门工作的指挥是否正确、有效、灵活，能否及时有效地处理突发事件等部分。由于具体执行层的工作大部分是操作性的，所以可以按不同岗位具体制定工作质量标准。其中，服务态度好坏、有无严格的工作程序标准、执行程度如何、工作成果是否符合计划要求、服务对象的满意度等是具体执行层的工作质量的关键。

（二）行政活动的数量指标

行政活动的数量指标通常是由行政决策层的工作量、中间管理层的工作量、具体执行层的工作量等决定的。

1. 在行政活动中，决策工作是可以进行量化分析的

量化的标准通常为：一定时期做了决策的数量，各项决策涉及范围的大小，为各项决策提出的备选方案的数量，处理的信息量等。但行政决策层的工作又有别于一般的行政活动，它是一种统领全局、具有创造性的行政活动，各项决策的风险程度和困难程度不同，而且许多行政工作成果是无形的。所以，用数字的指标来评估行政决策工作，很难全面准确地反映实际完成的工作量。在实际工作中，行政决策层的工作量往往被视为次要的、参考性的。

2. 由于中间管理层的行政工作种类繁多，对它们工作量的标准也多种多样

执行计划、组织、控制、沟通、协调等不同职能的中层管理部门，其工作的性质、任务、方式各不相同。测定这些部门工作量的指标有：所管理的下属单位数量、地理范围、人口数量、所处理的信息量、处理突发事件的数量等。对每一个具体部门，应根据实际情况测量具体的工作量指标。如人事管理部门，有所管人员总数，工种系列数，职务、职称等级数，一定时期内人员流动数量，录用、开除、退休人数，职务任免人数，职工培训次数和人数，各种季度、年度报表的次数和问题等指标。

3. 对具体执行层的工作可量化的指标较多

按各职能部门工作性质不同，根据不同情况设立各种反映工作量的指标。如教育管理部门，有所管地区的学校总数，设置各种不同层次的学校数量，各类学校的学生数，教学设施的数量，教材的使用量，教学督导人员对学校的巡视和教学检查数量等指标。

（三）行政活动的时效标准

一般的行政活动是讲究时间和效率的，时间作为行政绩效的重要因素，在行政活动中至关重要。因此，评估行政绩效必须有时效标准，即强调速度的标准和时限的标准。在实践中，要根据客观需要和现实条件，为每项行政工作设定切实可行的速度标准和时限标准，并在执行过程中不断完善，更趋合理。

（四）行政活动的费用指标

任何一个行政活动都是有成本的，科学地降低行政成本、提高行政效率是行政活动的最终目的。一般而言，行政活动的费用指标有两种基本量化的尺度：一是衡量人力消耗的尺度，即劳动时间尺度，以工作日或工作小时来计算。二是衡量物力和财力消耗的尺度,以货币来计算。当然,在使用这两种指标衡量行政费用时,应区别对待简单劳动与复杂劳动所创造的不同价值,计量人力支出时,应对不同知识水平的人员加以区别;物质资源不能完全按市场价格来计量,应区别计划物资和非计划物资、供应充足物资和短缺物资等。

第三节　提高行政绩效的基本途径

一、行政绩效的制约因素

(一) 行政环境因素

在行政管理活动中,良好的行政环境对于提高行政绩效至关重要。一般而言,国家的长治久安,政治生活的民主化、法制化,是行政活动正常进行的基本条件,也是实现高绩效行政管理的前提。由于国家经济发展状况是提高行政绩效的物质基础,这就在客观上要求行政管理体系的结构和功能要与经济发展的类型及水平相适应。行政管理体系能否跟上经济发展的步伐,直接关系行政活动绩效的好坏。而党风、政风、社会风气及公民整体绩效意识是影响行政绩效的社会心理条件。地理环境形态及与此相关的交通、互联网、电讯等事业的发展情况也是影响行政绩效的重要因素。

(二) 行政组织因素

在行政组织中,提高行政绩效的关键在于发挥整体力量。为了更好地发挥整体力量,必须在整体组合过程中遵循"整体最优"原则。不言而喻,结构因素对行政绩效的影响很大,具体表现为:结构层次的划分是否明确(即决策、管理、执行三个层次是否各司其职),机构设置是否合理(即能否根据职能目标合理设置机构),人员的年龄、知识、能力结构是否优化等。如果它们彼此间结构失调,就会造成职责不清、机构臃肿、功能失调、争权夺利、推诿责任等现象。因此,应当以政府的总体目标为依据,遵循"精简、统一、效能"的原则,合理设置和调整政府的内在机构,形成"小机构、大服务"的体制,较好地解决机构臃肿、人浮于事等问题,使行政绩效明显提高。行政机关的组织结构对行政绩效有重大影响。行政机关组织是行政管理活动展开的基础,主要体现为:

1. 行政机构的设置

行政机构的设置、结构、编制和活动原则是否适应社会、经济发展的需要,对行政绩效有直接影响。功能是否齐全,是否适应社会、经济发展的客观要求,简单地说,是否事事都有人管。机构是否精简,有没有重叠臃肿的情况。权责是否分明,权责划分和组合是否合理。管理的层次和幅度是否适当。

2. 行政职位的设置

行政机构内部各种职位设置由机关的功能、地位和职责范围等因素决定。行政职位的数量应根据实现机关功能的需要，按照科学、高效的原则，经过法律程序确定下来。滥设虚职、兼职会造成人浮于事的现象，还会模糊权责界限，增加扯皮、推诿之类的内耗，影响行政机关的绩效。

3. 行政管理各环节的协调

有效的行政组织一方面要合理划分内部活动的各环节，使之专业化、程序化，各司其职，各尽其责；另一方面又必须联结各环节的活动，形成协调的工作关系。行政组织的各部门、行政活动的各环节是否完善，是否尽职，能否很好地协调一致，关系到能否顺利实现总体目标和最大限度地减少内耗，提高效率。

（三）行政人员因素

行政人员是行政管理活动的主体，任何行政管理都要通过行政人员的活动来实现。因此，行政人员因素对行政绩效有直接影响。它主要包括：行政领导者素质（即行政领导者在行政活动中居于主导地位，其政治思想、道德品质、决策能力、指挥能力、用人能力等对行政绩效有重大的影响）；一般行政工作人员素质（即一般行政工作人员是大量行政业务工作的完成者，其政治思想、工作态度、绩效观念、业务知识和技能等方面的素质直接影响着行政绩效的高低）；人事管理工作质量（即合理使用行政人员，发挥其专长，调动其工作积极性，才能人尽其才，提高行政绩效）等。

（四）科学技术因素

在行政管理中，能否大幅度提高绩效，在很大程度上取决于能否把现代科学技术有效地运用于管理。为此，要运用科学的管理技术，大幅度提高管理绩效，如运用科学的决策技术方法，提高决策水平，更加迅速、准确地选出最佳方案。要运用以电子计算机为中心的信息处理技术，逐步实现办公自动化，提高管理绩效。要对一般办公设备和其他行政活动技术装备进行更新和改进，以提高工作绩效。

二、提高行政绩效的途径和方法

（一）提高行政绩效的途径

1. 解放思想，牢固树立绩效观念

长期以来，在高度集中的计划经济体制的束缚下，行政管理过程滋生了很浓厚的官僚主义作风，运转节奏迟缓，加上分工不明确，责任心不强，从行政领导到一般行政人员，在不同程度上养成了不珍惜时间、不重视绩效的不良习惯。这种落后的传统观念对于现阶段改进行政工作作风、提高行政绩效无疑造成了极大的阻力。要从根本上改变这种现状,提高行政绩效,必须打破原有的陈规陋习,树立新的行政绩效观念。要加大宣传和教育力度,使全社会都能够认识到提高行政绩效的重要性,养成人人重视绩效、事事讲究绩效的良好习惯,让提高行政绩效的观念在行政机关乃至整个社会蔚然成风。

2. 建立科学、规范的行政管理体制

行政组织机构的规范化,是提高行政绩效的关键所在。推进机构改革,一方面需要进行合理划分权限。要妥善处理好中央与地方、上级与下级的关系,改变权力过于集中的现象。该下面办的事应该把决定权交给下面,使得权责一致,界限分明。在加强宏观调控的同时,充分发挥地方和基层行政组织的积极性。另一方面需要实现政企分开。按照社会主义市场经济的要求,转变政府职能,实现政企分开,把企业生产经营管理权力切实交还给企业。此外,还需要建立完善的行政管理体系。按照精简、统一和效能的原则,根据行政管理的实际需要调整政府组织结构。把综合部门改组为宏观调控部门,调整和减少专业经济部门,加强信息、咨询、协调、监督、审计等部门的建设,建立办事高效、运转协调、行为规范的行政管理体系。

3. 贯彻依法行政的原则

在现代社会,法治的观念已深入人心。依法行政是保证行政畅通,提高行政绩效的基本前提。国家行政机关应以完备的立法形式、准确的执法手段和有效的监督机制来规范各种行为,促进绩效的提高。一方面将行政法制建设作为实现法治的基础和手段。为了实现由人治向法治的转变,应该集中力量制定各种必要的法律和制度,一切政府机关和工作人员都必须依法行政,做到有法可依、有法必依、执法必严、违法必究。另一方面实现机构精简。在深化行政体制改革中,要实现国家机构组织、编制、工作程序的法定化,严格控制机构膨胀,坚决裁减冗员。此外,建立和完善日常工作制度。各级行政机关还应按照法制和科学的原则,建立和完善适合于本机关特点的日常工作制度,如岗位责任、考核奖惩、请示报告、公文管理、工作时效等制度。这些制度的建立和有效执行,对于提高机关工作效率,杜绝人浮于事、敷衍塞责、推诿扯皮、争利避责等现象,有十分重要的作用。

4. 全面提高行政领导和工作人员的素质

提高行政人员队伍的素质是提高行政绩效的基础。无论是从质的方面,还是从量的方面,行政绩效的高低都与行政领导者及工作人员的素质优劣直接相关。因此,深化人事制度改革,引入竞争激励机制,完善公务员制度,建设一支高素质的、专业化的行政管理干部队伍,是提高行政绩效的关键。

首先,要提高行政领导者的素质。任何行政单位,如没有素质较高的领导者,就没有高质量的行政决策和高效能的行政组织,不可能有高绩效的行政管理活动。提高领导素质,必须建立和健全科学的干部选拔任用制度,把思想好、能力强的人选拔到领导岗位上。对素质差、不称职的领导者,要及时撤换,改变过去实际存在的干部能上不能下的现象。担任领导工作的人要不断加强自身修养,提高政治觉悟和领导艺术。领导者要有现代化的管理观念,通晓现代行政管理的规律,善于判断形势,分析情况,做出正确决策;要善于协调与处理人与人或单位与单位之间的关系;要善于知人用人,调动下属的工作积极性;要善于控制会议,反对文牍主义,抵制"文山会海"等官僚主义现象;要善于以身作则,惜时守时,讲究绩效,影响和带动整个机关提高绩效。

其次,要提高一般行政工作人员的素质。主要途径是加强教育和培训,加强思想政治教育和职业道德教育,树立为人民服务的思想和忠于职守的道德准则;加强行政工作人员业务知识和专门技能的训练;合理使用人才,把具有不同能力结构的人放在与之适合的岗位上,做到人尽其才,扬长避短。最后是要改革国家机关工作人员的录用制度,以公开考试、择优录用的办法吸收社会上的优秀人才。

5. 引入必要的激励机制,保证政令畅通

活力、绩效、积极性是行政管理体制改革追求的目标。为了更好地提高行政绩效,要大力引入激励机制,调动各级行政管理人员和广大人民群众的主动性、创造性。要在精简机构、下放权力、转变职能和行政管理方式的基础上,健全民主制度,加强法制建设,完善监督制度,保证各级行政管理人员与广大人民群众的合法权利,依法使用民主选举、民主决策、民主管理、民主监督等有效的激励手段,调动他们的积极性,以实现行政管理体制的根本转变。

6. 大力反对行政工作中的官僚主义,迅速扭转各级机关的工作作风

衡量一个行政机关的绩效,除了要看制度是否合理、人员素质是否高外,还要看工作作风是否端正。作风作为一个组织或个人长期形成的习惯性的思想态度和工作方式,对行政机关的绩效有潜移默化的影响。在行政活动中,要树立良好的行政机关工作作风,就必须从根本上反对官僚主义。官僚主义者往往不喜欢进行调查研究,怕吃苦,脱离群众,脱离实际,势必说空话,不做实事,经常陷入"文山会海"而不能自拔的怪圈。官僚主义者自以为很聪明,喜欢高高在上,指手画脚,搞命令主义,独断专横,听不得反面意见,搞"一言堂"势必会堵塞言路,信息不灵,情报不准,或被虚假的情报蒙骗,造成决策失误,指挥失当,工作失败。对此,要提高认识,坚决抵制,并自觉运用理论联系实际、密切联系群众和批评与自我批评的三大法宝,改进机关工作作风。

7. 运用科学发展观,努力实现行政管理技术手段现代化

在科学技术飞速发展的今天,现代管理技术已渗透到社会生活的各个方面。作为提高行政绩效的物质技术支持,行政管理技术的现代化程度,直接关系行政绩效的高低。应该看到,行政管理工作是一项综合性的、复杂的社会活动,涉及范围广,作用因素多,必须借助一定的技术手段才能完成。尤其是在现代社会中,政治、经济过程节奏加快,信息量激增,行政管理单靠经验和传统的文书、通信技术已越来越不适应形势发展的要求,而必须运用现代科学技术来加强行政管理,运用现代信息管理系统处理日常的行政工作,加强电子政务建设,实现行政工作的无纸化,提高行政工作的速度和质量。

(二) 评估行政绩效的基本方法

为提高行政活动的效率,必须建立科学的绩效评估和绩效管理机制,以便更有效地调动个人和组织的积极性,提高政府部门中的个人绩效和组织绩效。为此,需要科学制定绩效评估的标准和指标体系,同时需要科学制订绩效评估的技术和方法。在行政活动中,绩效评估的技术和方法与绩效评估的类型密切相关,如个人绩效评估和组织绩效评估、有形绩效评估和无形绩效评估、年度绩效评估和项目绩效评估等,由于评估的类型不同,评估的要求、目标、任务、内容、所选用的标准和指标体系都会出现相当多的差异,应选用的评估技术和方法也会有很大的差异,所以要根据评估任务的实际需要进行适当的选择。即使对于同一类型的绩效评估来说,由于个人、组织、工作任务和性质方面的千差万别,甚至由于评估者的个人差异,所选用的评估方法也是多种多样的,这里我们主要介绍以下四种绩效评估的方法:

1. 社会调查法

社会调查法主要适用于绩效目标的设定、存在问题的判断、绩效信息的收集以及公众满意程度的调查等。包括问卷调查法、访谈法、实地观察法、民意调查法、文献调查法等。

2. 统计分析法

统计分析法主要适用于对个人或组织所完成工作或提供的服务数量、质量、财政收支情况、组织的运行状况等所作的绩效分析。包括统计表与统计图、抽样统计、方差分析、相关回归分析、时间序列分析、指数分析、因素分析、国民经济统计分析等。

3. 心理测评法

心理测评法主要适用于了解、确定、分析与个人绩效、组织绩效有关的个人素质、工作态度、工作行为、组织行为、社会行为、行政行为等方面的绩效分析。包括智力测试、能力测试、态度测试、职业适应性测验、工作分析、群体社会心理测量、领导行为测量、行政伦理和行政行为测量等。

4. 政策分析法

政策分析法主要适用于了解政策运行结果、确定政策目标实现程度、分析政策的社会心理影响以及预测未来政策趋向等方面的绩效分析。包括回归性分析、决策理论评价、问题构造法、交互影响分析、前后对比法、对象评定法、专业标准对照法、过程测试法等。

(三) 提高行政绩效的方法

在行政管理中,提高行政绩效的方法多种多样,主要有层级领导法,目标管理法,以点带面、典型带动法,现场办公法等。

1. 层级领导法

层级领导法是要求行政部门的各级工作人员善于职守,做好自己分内的工作,一级抓一级,层层落实责任,不能越级领导、越权指挥,行政部门实行统一的首长负责制,各级领导对自己职权范围的事情有裁量权。这种方法能够充分发挥各级领导的积极性和创造性,让行政部门领导摆脱烦琐的事务性工作,集中精力抓全局性的事情。鉴于行政管理工作的复杂性,在具体工作层面上,要搞好整与合的关系,做到分工合理,相互配合。

2. 目标管理法

目标管理法是将管人与管事相结合的管理方法。它通过目标的建立、分解、落实,使每一机构、每一个人都明确职责,各司其职,从而发挥全体成员的主动性和创造性。运用这种方法,明确了从领导到工作人员的岗位责任,并对他们各自实现目标的职权加以限定,建立相应的年终考核和奖惩制度与之相配合,形成了一个完整的管理体系,从而最大限度地调动积极性,提高行政绩效。当然,在实施目标管理过程中,要自觉遵守合理可行原则、均衡协调原则、分层负责原则、可考核原则等。同时还要求做到有效控制,防止偏离目标,并根据现实需要随时进行调节,使目标管理方法的实施更贴近实际,更好地发挥作用。从目标管理法中衍变出来的弹性工作法,则要求在工作安排上有一定的灵活性,客随主"变",尽可能地发挥个人的主观能动性。

3. 以点带面、典型带动法

以点带面、典型带动法则是在一般号召的前提下,领导深入实际,突破一点,借以取得典型经验,通过典型辐射带动其他单位工作,使一般号召能够结合本地区、本部门、本单位的实际情况落到实处的方法。运用这个方法,特别注意对点上经验要有科学的态度,属于共性的东西,可以在面上推广,属于个性的东西,就有局限性,千万不要以为领导抓的点都是一种样板,强行推广。要循序渐进,边推广边总结提高,以最终实现提高行政绩效的目的。

4. **现场办公法**

现场办公法是行政领导有针对性地就某一急需解决的问题,定期带领有关部门领导深入基层,到需要解决问题的地方现场办公,协调有关部门关系,当场拍板解决问题,从而有效地提高行政效率。应当指出,这种方法往往只适用于那些涉及面广、解决难度大、下层单位无法及时解决的难题。如果作为一种常规办法运用,则会损伤甚至剥夺下级单位的自主权,也会使领导疲于奔命。因此,使用该方法要特别注意把握时机,掌握分寸,适当运用,切忌滥用。

行政管理的复杂性,决定了行政工作方法的多样性。为了不断提高行政绩效,还应当根据实践的需要,不断地加以探索、总结,更新行政工作方法。

【知识要点】

1. 行政绩效的内涵是指政府在社会管理中的业绩、效果、效率及其管理工作效率和效能,是政府在行使其功能、实施其意志的过程中体现出来的管理能力。它具有导向性、联系性、社会价值性观念、相对性等特点。而行政目标则是行政组织在一定时期内必须达到或期望达到的行政管理目的和指标。目标管理是一种科学的管理制度和管理方法。它通过确定目标、实施目标和评估目标成果等自我控制手段来达到管理的目的。我国行政机关工作责任制和行政人员岗位责任制的实行,实际上是中国特色的行政目标管理的具体化。

2. 行政绩效评估程序是指实施行政绩效评估的过程及其所包含的各个阶段。实施具体的行政绩效评估应包括制订计划、初步调查、管理控制评估、详细评估和撰写评估报告五个步骤。行政绩效评估应遵循的主要原则为:为建设中国特色社会主义服务的原则、定量和定性相结合的原则、现实效果与长远效果相统一的原则、局部效益与整体效益相结合的原则。行政绩效评估的标准有:行政活动的质量标准、行政活动的数量指标、行政活动的时效标准、行政活动的费用指标等。行政绩效评估的基本方法是社会调查方法、统计分析方法、心理测评方法、政策分析法等。

3. 绩效管理是一种全过程的管理,它利用绩效信息协助设定国家的绩效目标,进行资源的配置与优先顺序的安排,以告知管理者维持或改变既定目标计划,并且报告成功符合目标的管理过程。其形式主要有全面质量管理、标杆管理、学习型组织、平衡计分卡、目标管理等。制约行政绩效的因素主要为：行政环境因素、行政组织因素、行政人员因素、科学技术因素等。提高行政绩效的途径：解放思想，牢固树立绩效观念；花大力气，积极推进行政机构改革，建立科学、规范的行政管理体制；贯彻依法行政的原则，增强法治意识，将行政管理逐步纳入制度化、法治化的轨道；全面提高行政领导者及工作人员的素质；引入必要的激励机制，充分调动行政工作人员的积极性，保证政令畅通；大力反对行政工作中的官僚主义，迅速扭转各级机关的工作作风；正确运用科学发展观，开拓进取，努力实现行政管理技术手段的现代化。提高行政绩效的方法：层级领导法，目标管理法，以点带面、典型带动法，现场办公法等。

【思考题】

1. 行政绩效有何特点？
2. 如何进一步提高我国政府部门的行政绩效？

【阅读参考】

烟台市推行“社会服务承诺制度”①

一、背景

1994 年 6 月，烟台市针对广大市民反映强烈的城市社会服务质量差的问题，借鉴英国和中国香港地区社会管理部门的做法，率先在烟台市建委试行“社会服务承诺制”。

从 1995 年 1 月 1 日起，市建委系统所属的 28 个企事业单位开始全面推行社会服务承诺制度。到 1996 年，烟台市建委实行承诺的内容达到 81 项、服务标准 117 条，基本上包含了建委系统工作的主要内容，覆盖了从城市建设、管理维护到居民生活服务的方方面面。经过半年的实践，社会服务承诺制度在烟台市收到了明显的成效。

1998 年以后，烟台市决定将社会服务承诺制度的范围进一步扩大，将承诺服务变成政府管理的一种自我运转方式，使承诺服务让人民群众更加满意。在市委、市政府的有力推动下，各部门主动配合，承诺制开始由对工作本身的承诺，向前、向后、向内、向外实现了全方位拓展、延伸，承诺的方式得到不断创新。

所谓向前延伸就是搞好“前置服务”，比如工商部门必须让市民知道，申

① 刘旭涛：《政府绩效管理：制度、战略与方法》，机械工业出版社 2003 年版。

请办理营业执照需要具备哪些条件，准备哪些材料。所谓向后延伸就是搞好“后置服务”，如果需要，各部门必须让市民了解，在办理本部门相关的手续后还需要到哪里去办理，给群众办事提供最大的方便。所谓向外延伸就是搞好“外置服务”，如果需要，有关部门必须能够做到免费主动上门服务，比如有关职能部门针对新颁布的法律、法规或政策等，必须主动到相关单位做好上门宣传工作。所谓向内延伸就是搞好“内置服务”，各部门必须从内部管理入手，为服务者提供服务，第一线的工作人员代表本部门或单位向市民提供承诺服务，承担违诺责任；各机关单位内部管理人员必须向第一线的工作人员提供承诺服务，承担违诺责任；为第一线的工作人员提供充足的条件，从而使他们能够更好地实现服务承诺。

为了进一步完善内部管理和社会监督机制，确保承诺兑现，烟台市在承诺部门实行了“办事效率监督卡”制度，以便于群众进行监督。各部门根据自身的工作性质不断探索让人民满意的服务方式，如：公安系统实行的警务公开的“阳光作业”和“123”专线投诉电话；市工商局实行的“首接责任制”，谁接收谁负责到底，为群众创造更加方便的办事条件。许多部门还创造了“一次讲清办事手续”、“一个窗口服务”、“一条龙办公”等承诺服务方式。

二、承诺制的基本做法

社会服务承诺制度，就是承担社会服务职能的组织，按行业要求，把服务内容、标准、程序、时限、责任向社会公开作出承诺，在社会的监督下组织实施，违背承诺要承担法律和经济责任的一种具有契约性质的社会服务机制。

烟台市的承诺制主要在以下三种类型的部门推行：一是公共服务部门，如自来水、公交、邮电、电业等部门，这是推行承诺制的重点部门；二是与基层联系比较多的行政执法部门，如工商、税务、公安等部门；三是关系国计民生而竞争又不充分的商业服务部门，如银行、粮食、医药等部门。

承诺制的基本内容是：公开办事内容、办事标准、办事程序，确定办事时限，设立监督机制和举报电话，明确赔偿标准，未实现承诺的责任单位和责任人要按照规定给当事人以赔偿。它把各项服务内容量化、细化、具体化，其核心是在社会服务范围内向社会公开承诺。

第一，承诺的内容向社会公开，让市民知道在某一领域、某个范围，自己拥有哪些权力，应当享受哪些方面的服务。

第二，承诺的标准向社会公开。通过公开服务标准，让市民知道自己所享受的服务质量标准应当达到什么程度。

第三，承诺的投诉程序向社会公开。通过公开投诉程序，让市民知道如果服务达不到标准，应当找谁，到哪里去找个“说法”、讨个公道。

第四，承诺的违约责任向社会公开。通过公开违诺责任，让市民知道因服务单位违诺给自己造成损失的应得到什么补偿或赔偿。

承诺制是由承诺、内部践诺机制、社会监督、应诺（违诺处罚）等环节组成的有机整体，其根本目的就是提高服务质量和水平，使老百姓得到利益和实惠。

三、推行承诺制的效果

(1) 服务质量和办事效率明显提高。在城市公共服务方面，过去公交车的正点率不到 70%，实行承诺制以后提高到 98%以上，乘车难的问题得到较好的解决。在行政执法部门，一些手续的审批过去需要 20 天左右的时间，现在一般缩短到一周以内。

(2) 行业服务风气明显好转。群众反映，过去办事首先想到的是托人、送礼，现在凡是承诺的事情，按照承诺时限和标准就可以办妥。自来水公司等单位过去每年反映职工“吃拿卡要”的投诉有上百起，现在基本上没有这方面的投诉。

(3) 内部管理进一步加强。在社会力量的广泛监督之下，违诺就要承担责任，受到处罚，因此必须加强内部管理。如市排水管理处在查处违诺上，坚持“一事一档”、“三不放过”，即出现问题查不清责任不放过；有关责任人不提高认识不放过；对有关责任者不处理不放过。从而使越级投诉大大减少，投诉处结率达 100%，市民满意率达 95%以上。

第十章　面向未来的知识管理

本章基本问题

知识管理是信息社会的产物。在信息时代，知识已成为财富最主要的来源，而知识工作者就是最有生命力的资产，组织和个人最重要任务就是对知识进行管理。知识管理将使组织和个人具有更强的竞争实力，并做出更好的决策。知识管理可以把个人的知识转化为组织的知识，并通过知识共享，运用集体的智慧提高组织的应变能力和创新能力。实施知识管理的关键，是建立完善的知识管理系统，并运用先进的知识管理工具与技术。本章在探讨知识管理内涵及特征的基础上，着重介绍知识管理系统、知识管理工具、知识管理技术等内容。

第一节　知识管理概述

一、知识与知识管理

（一）知识的内涵及其特征

1. 知识的内涵

所谓知识，就是用以制定决策的事实、模式、概念、意见及直觉的集合体，是客观明确的认识内容或对于某件事有明确的认知和理解。知识的本质是人们对客观世界的能动反应，它产生于人们对客观世界的认知过程，是人们在社会实践活动中所获得的认识和经验的总和，是社会实践和智慧的结晶。

2. 知识的形式及其区别

一是显性知识。指通过文字记录和传播，能以语言、视觉、模型以及其他表述方式加以组织并能与他人交流的知识。

二是隐性知识。指高度个性化且难以用文字记录和传播以及与他人交流的知识，包括信仰、隐喻、直觉、思维模式、“诀窍”（如特殊技艺）、经验、想法、判断、文化、习惯及员工潜能等。

显性知识和隐性知识的区别如下表所示。

特　　征	显性知识	隐性知识
性　质	可编辑的、可表述的	个人的、特定的隐含结构
形　式	结构化，可用语言、文字进行口头和书面表达	非结构化，难以记录、难以编码、难以语言表述
开发过程	阐述隐性知识，理解和解释信息	在实践中摸索，在错误中尝试
存在地点	存在于文件、数据库、网页、电子邮件、书籍、图表中	存在于人的大脑、心灵深处
转换过程	通过理解、消化、吸收，将显性知识转化为隐性知识	通过比喻和类推的形象化方法将隐性知识转化成显性知识
信息技术支持	可以用现有的信息技术支持	难以用信息技术进行管理、共享和支持
需要的媒介	可通过传统的电子渠道传递	需要丰富的、多媒介的渠道进行沟通和传递

3. **知识的特征**

作为内隐的认知过程和外显的认知结果相统一的知识，具有如下七个方面的特征。

一是默会性。与有形的物质资源不同，知识是无形的。知识有时会表现在书本或软盘等各种载体中，但多数时候往往是个人或组织的一种能力、一种象征性的符号，或员工头脑中迸发的一个创意。

二是不可替代性。每一种知识都具有独特性。

三是不可相加性。知识不遵从物品的加法定律。

四是不可逆性。人们一旦掌握了某种知识，便不可逆转，不可被剥夺，某种知识一旦传播开来，就不可收回。

五是非磨损性。知识在使用中本身不会被消耗，可被重复使用。但是，知识存在老化的问题，即知识会随着科技的发展而过时。

六是可共享性。所有物质商品都有排他性，但一个人拥有知识不排除他人也同样完整地拥有。

七是无限增值性。知识在生产、传播和使用过程中，有不断被丰富、被充实的可能性。

(二) 知识管理的内涵及特征

1. 知识管理的内涵

首先,知识管理以信息管理为基础,用信息管理的模式建构知识管理的对象和内容,作为信息管理的延伸和发展。

其次,知识管理基于人的知识创新过程与组织,重视人的创新思维与能力的开发和培养,重视从体制与组织上建立可持续发展的创新环境,重视人才结构与使用的优化管理。

2. 知识管理的主体

知识管理的主体涵盖个人、企业公司、学术社团(如学科专业协会、研究会)、社会组织(如各种事业单位,包括学校、图书馆等)、地区、政府部门、国家、全球乃至整个社会对知识的学习、创造、交流、使用和控制等。其中,知识管理活动最主要的实施者和主体是以盈利为核心目标的企业公司。

3. 知识管理的特征

一是新的价值取向。在知识经济时代,知识和人才成为最大的资产和推动力,经济的增长不再过分依赖经济资源,而更加依赖知识资源。组织要有效地管理知识,需要高度重视拥有和培育大量新型知识人才。

二是新的管理成本投入。知识是一种资产,若要有效管理这些资产,需要投入其他资产。例如,知识的获得需要创建文件并把文件输入电脑系统;通过编选、组合和整理,给知识增添价值;发展信息技术基础,实行知识分配;就知识的创造、分享和利用对雇员进行教育。

三是新的运作方式。知识管理强化人和技术的结合,组织可以通过创建适宜的组织环境和加大在信息技术方面的投资力度来强化知识管理过程中人和技术的作用。组织可通过创建正式的工作团队,培育非正式的学习团体,发挥知识管理过程中"人"的因素。

四是新的组织机制。知识管理注重组织集体的知识共享与创新,未来知识经济中组织的成功取决于组织的整体创新能力,即运用员工集体的知识与智慧,提高应变和创新能力,增强组织的竞争优势。

五是新的领导方式。知识管理强调组织工作人人参与,集体领导。成功的知识管理需要关注和参与。由于组织内部每个人的思想都不同,要想达到组织内的知识共享,组织成员必须积极协作和充分信任。

六是新的激励方法。知识经济时代,组织更加重视对员工的精神激励,但不只是那种给予赞赏、表扬或荣誉的传统激励方式,而是一种新型的赋予组织创新主体更大权力和责任的精神激励,这种激励使被管理者意识到自己也是管理者的一员,建立起对识别、保持和拓展自身知识以及更新和共享知识资产的责任感，认识到知识对他们担负工作的价值，进而更好地发挥自己的自觉性、能动性和首创性，充分挖掘自己的能力以及实现自身价值。

七是新的分配方式。知识管理强调按“知”分配，它突破了传统资本主义和传统经济学那种“财富使人获得权力，权力又使人获得财富”的固定模式，同时创造了“知识使人获得权力，权力又使人获得知识”的全新思维模式。

八是新的政治意涵。知识就是权力。知识管理是一项高度政治化的工作。一些管理人员会责难政治并认为政治具有负面作用，但有经验的知识管理者却借助政治为知识的利用和价值进行游说。他们充当知识拥有者和知识利用者之间交易的经纪人，把有影响的“舆论领袖”培养成为知识管理方法的最早接受者。

九是新的管理理念。知识管理需要不断改进和永无穷尽。知识是在为数不多的特定的知识动作过程中得以产生并得到集中利用和分享的，一般说来，改进知识利用过程的方式处于对这个过程的自上而下的“重新策划”与自主的知识员工的自下而上的计划之间的某个中间地点。此外，由于所需知识的类型一直在发生变化，因此知识管理的任务呈现出永无止境的特点。新的技术、管理方式、规则问题层出不穷，组织要不断改变策略、组织结构及产品和服务的重点。

十是新的法律手段。知识管理需要知识契约。在大多数组织中，知识的拥有、使用、传播等许多问题目前尚未明确。比如雇员的知识能否被拥有或租用，是谁拥有雇员知识的使用权，雇员头脑中的所有知识是否都是雇主的财产？一般认为，组织文件和信息系统中的知识属于组织，可以和员工共享；然而，当员工流向新的组织或临时员工使用这些知识时，这些知识又属于谁呢？知识作为组织中的一种宝贵资源，应当以一定的契约形式加以界定和明确，知识产权问题由此构成知识管理中的一个关键问题。

二、知识管理的主要环节与应用领域

（一）知识管理的主要环节

从管理过程的角度看，知识管理可分为知识获取、知识共享、知识存储以及知识创新四个基本环节。

1. 知识的获取

首先，知识获取的内涵。知识的获取是将外部环境中的知识转换到组织内部，并能够为组织所用的管理过程。知识获取有直接和间接之分。直接知识获取是指“人”通过与其他“人”面对面沟通，直接获得来自组织内部和外界环境的各种概念资源（数据、信息、知识）；间接知识获取是指“人”通过中间媒介获得来自组织内部和外界环境的各种概念资源。

其次,知识获取的四个阶段：(1) 知识的辨识。组织出于自身发展的需要,对组织以外的知识进行了解、评估、筛选,确定可利用知识的种类和数量,了解所需知识的来源和可获得性。(2) 知识的收集。组织通过无偿捕获及有偿收买等方式将外部知识据为己有。(3) 知识的整理。它是对捕获的知识进行整理、提炼和转化,将它们变成组织方便使用的知识。(4) 知识的测试。运用原型系统的方法测试所获知识的正确性与一致性。一旦发现问题或错误就进行必要的修改或完善,然后再进行下一轮测试,如此循环往复,直到达到满意的结果为止。

2. 知识的共享

知识的共享就是打破不同知识所有者之间的壁垒,实现知识在一定范围内的自由流动和自由使用。它要解决如何建立和谐的知识分享文化和灵活有效的激励机制,促进不同知识在不同组织不同群体之间充分流动,减少知识生产的重复性投入问题,以最大限度节约知识、获取资本,并有利于知识的应用和创新。知识的共享需要承认个人在组织知识发展中的独特性,这样,个人知识的价值才能在共享过程中得到充分的肯定。知识只存在于使用者身上,或者必须通过使用者才可以发挥它的作用,当个人提供的知识与其目标一致时,就容易提高组织内部的知识共享程度。任何组织的知识共享都需要将个人的目标和价值观与组织的目标和价值观相协调,从而激励员工积极向组织提供自身专业知识。

3. 知识的存储

首先,知识存储的内涵。知识的存储是指组织将有价值的知识经过选择、过滤、加工和提炼后,存储在适当媒介内以利于需求者更为便利、快速地采集,并随时更新和重组其内容和结构。

其次,知识管理重视知识存储的原因主要有：(1) 组织依靠知识提升优势,为了存活,常投资许多时间和成本去创造与获取有价值的知识,以解决问题或创造机会。因此,从成本的角度来考虑,知识不应该用过一次后就被忽视遗忘,而应该凭借知识的存储来降低重复开发和重蹈覆辙的损失与成本。(2) 组织积累的知识越多,就越容易吸收、学习新知识并创造新知识。组织记忆,是指组织思考新方法的基本参考点,如果缺乏这些概念,组织的创意很可能只是个根基不稳的空中楼阁。(3) 由于员工的离职、死亡、提前退休或者遗忘,以及项目团队在完成任务后解散,或者组织在推动企业流程再造后成员的流失变动等,都会很容易使原来存储不够健全的知识流失。

4. 知识的创新

知识的创新是指组织在已有知识资源基础上开发、创造出新知识的过程。可以说,知识创新是知识管理的最高境界,它可以帮助组织实现整体知识规模的拓展以及知识质量的提升,某种程度上它更是一种质的改善过程。知识创新过程并不是一个单独的环节,而常常是与知识获取、分享以及存储三个过程相互作用的过程。

(二)知识管理应用的主要领域

1. 政府知识管理

政府知识管理是运用知识管理的理念和方法对政府行为的全过程进行管理的过程,它是对传统行政管理理论与实践的创新。将知识管理的基本原则运用于政府行政管理之中,不仅顺应了知识经济社会的发展潮流,还有利于实现政府内外部知识信息的共享,促使政府运用集体智慧提高政府信息的加工能力、应变能力和工作能力,提升政府的服务质量,使政府的各种资源效率达到最优。

2. 组织的知识管理

对于现代企业而言,知识管理就是为了提高企业的管理和服务能力,全面挖掘企业资源潜力,充分构建和实施对企业的信誉和声望、专利和商标、文化和理念等无形和有形资本的识别、维护、开发、创新的管理过程。组织的知识管理的最大特点在于对企业集成的知识资本及时地加以捕获,并动态地应用于企业管理的各个环节。

3. 教育知识管理

时代的发展对教育提出了空前的挑战,要求教育对其各个层面进行深思和改革来迎合时代的发展需求。计算机技术、通讯技术的迅猛发展为教育的变革提供了可能,同时也为教育的变革构建了一个取得跨越成功的平台和环境。在此条件下,诞生了网络教育、远程教育、虚拟学校、网上学校等多种新型的教育方式。

4. 图书馆知识管理

图书馆知识管理是指应用知识管理理论与方法,合理配置和使用图书馆各种资源,充分地满足用户不断变化的信息与知识需求,并提升现代图书馆的各项职能和更好地发挥其作用的过程。它以知识管理理论为基础,以图书馆知识管理系统(包括信息与知识资源、人力资源、物质资源、技术与图书馆文化等要素)为管理对象。图书馆知识管理充分体现了以人为本的管理思想,重视人的作用和发展,重视知识创新和知识集成管理,重视效益模式转变。

5. 个人知识管理

随着个人掌握的知识资源的不断增多且类型日趋复杂,职业经理人和专业人士必须有效地管理这笔高价值的个人“无形资产”,才能在职业生涯规划和职场竞争两个方面最终达到预期的目标。知识管理对个人的现实意义在于奠定专业知识和实践能力不断提高的基石,从而为个人能力和事业的可持续发展打下坚实的基础。

此外,知识管理还广泛应用于医院、情报机构、出版传媒、军队和农业等领域。

三、知识管理战略模式与实施方法

(一) 知识管理战略模式

1. 把知识管理作为企业经营战略

这是一种在全企业范围内实施的综合性战略计划。采用此种计划的企业坚信知识管理对企业的长期发展和提高竞争力至关重要,它们通常把知识视为产品,对知识实施有效管理将对企业的赢利甚至生存产生直接的积极影响,因此不遗余力地推行知识管理战略计划。

2. 知识转移和最优实践活动

这是最为普遍采用的知识管理战略计划,通过建立获取、重建、存储和分配知识的系统和方法,把知识融入企业产品和服务中,达到缩短生产周期、降低生产成本和增加销售额的目的。大多数公司强调团队精神、客户关系和网络设施作为知识有效转移之基础的重要性,并采取多种手段鼓励知识转移活动。

3. 以客户为重点的知识战略

该战略旨在通过获取、开发和转移客户的需求、偏爱和业务情况等方面的知识,提高企业的竞争能力。这一战略认为,企业对客户了解得越多,就越能有效地满足客户的需求。该战略要求针对客户的问题实施知识管理。

4. 建立企业员工对知识的责任感

这种战略支持员工建立对识别、保持和扩展自身知识以及更新和共享知识资产的责任感,让每个员工认识到知识对他们担负高度竞争性工作的重要价值。有些公司正在建立鼓励知识活动的激励措施,并纳入企业的个人业绩评估体系。此外,努力建立有利于知识管理活动的企业文化也是该战略的主要内容之一。

5. 无形资产管理战略

充分发挥专利、商标、经营及管理经验、客户关系、企业组织体系等企业无形资产的作用是该战略的目的,管理的重点是无形资产的更新、组织、评估、保护和增值以及市场交易。

6. 技术创新和知识创造战略

该战略通过企业基础和应用研究、开发,进行新知识的创造和技术创新活动。因为知识的发展是呈螺旋状上升的，要不断地发现和创造知识，而技术创新对经济增长具有十分重要的意义。

（二）知识管理战略的实施方法

1. 构建支持知识管理的组织体系

首先，要有负责知识管理活动的领导人，承担制定管理计划和协调企业的各种知识活动；

其次，要成立专门的小组完成与知识管理活动有关的任务；

再次，要建立支撑知识管理的基础设施，如统一的信息技术平台、数据库和图书馆等。

2. 加大对知识管理的资金投入

组织的知识管理活动需要资金支持，要动员全企业，从最高管理层到下属部门和企业为知识管理投资，以保证知识管理活动的正常开展。

3. 创造有利于知识管理的企业文化

有利于知识管理的企业文化包括良好的员工职业道德、企业荣誉感、团队精神以及企业领导人的支持。

4. 开发支撑知识管理的信息技术

迅猛发展的因特网和企业内联网技术是知识管理活动的催化剂，为知识的识别、获取和利用提供了强有力的工具。

5. 建立知识管理评估系统

研究和建立面向知识经济和知识管理的无形资产评估体系，如无形资产组成指标法、计算知识管理的投资回报率等。

第二节　知识管理系统

一、知识管理系统概述

（一）知识管理系统的含义

知识管理系统作为知识管理的实践平台，对知识管理的成功实施起到巨大的支持作用。它以组织知识的创造、收集、管理为目标，把知识而不是数据或者信息作为自己的处理对象。知识管理系统的概念，可从两方面来理解：

一是从技术与工具论的角度来理解知识管理系统。按照这一观点，所谓知识管理系统，就是支持组织知识管理实践的工具与技术，它能把组织的事实知识、技能知识、原理知识与储存于数据库和操作中的显性知识组织起来。

二是从系统论的角度来理解知识管理系统。按照这一观点，知识管理系统不仅仅是工具、技术和软件等的集合，而且是将知识管理中诸如技术、企业文化、人以及知识运动的过程等几大要素加以整合的综合系统①。

总而言之，“知识管理系统”是一个对知识进行创造、捕获、整理、传递、共享，继而产生新知识的完整的管理系统。该系统是一个人机互动的计算机网络应用系统，其以计算机技术和现代通信网络技术作支撑，以能够实现知识发现、知识共享、促进知识创新以及有效支持决策为主要目标。

(二) 知识管理系统的特点

知识管理系统具有以下特点②：

1. 背景敏感性

它能够理解知识的背景，根据上下文对知识加以明确的解释。

2. 用户敏感性

它能够根据用户的背景知识和经验对知识进行整理组织，按照用户特点提供相应的界面。

3. 灵活性

它能够处理任何形式的知识，包括不同主题、结构和载体的知识。

4. 协作性

知识的创造、共享和使用离不开人与人之间的协作。

5. 开放性

知识管理系统实际上是一个平台，而不仅仅是一种工具，它是一个开放性的系统。

6. 集成性

它是多种应用工具的集成。

7. 透明性

它是透明的系统，支持先进的元数据格式，并将用户与复杂而混乱的数据相隔离，用户可以使用简单熟悉的词汇和规则来运行系统。

8. 分布式

它是分布式的系统，可以在组织内部或外部不同的计算机平台上使用同样的规则，以此实现知识的获取、传递和共享。

9. 实时性

它可以为用户在全部应用中提供实时的数据。

---

① 顾基发、张玲玲编著：《知识管理》，北京科学出版社 2009 年版，第 125 页。

② 邱均平等编著：《知识管理学》，北京科学技术文献出版社 2006 年版，第 220 页。

10. **易用性**

用户可以很容易地学会如何具体使用知识管理系统。

11. **自适应性**

知识管理系统与用户的水平自相适应,减少用户的使用负担。

12. **可扩展性**

知识管理系统运行在高效能的多处理器系统中,支持群集、负载平衡以及动态链接池,以便处理大数据量、多用户的访问。

13. **高性能性**

它可以实现高效率的访问。

14. **安全性**

知识管理系统在对象的层次之上保证数据和应用的安全。

15. **可管理性**

知识管理系统拥有强大的复杂的可管理界面,维护系统的高效率、保证元数据的重新设计和变化。

（三）知识管理系统与信息管理系统的关系

知识管理系统与传统的信息管理系统之间关系紧密,一方面,有效的信息管理系统是知识管理系统的基础和前提①,另一方面,知识管理系统又不同于信息管理系统。

1. **知识管理系统与信息管理系统的共同特点**

首先,两者都建立在信息技术基础之上;

其次,两者都以网络为依托;

再次,两类系统都由收集—处理—存储—传播—共享五个过程组成;

最后,两类系统的产品都能给组织创造价值。

2. **知识管理系统与信息管理系统的差异**

一是收集、处理和传播的对象不同;

二是处理对象的加工深度不同;

三是系统的产品形态不同;

四是系统产品的价值取向不同;

五是度量指标不同;

六是系统目标不同。信息管理系统主要面向操作层,其主要目标是建立信息化的业务处理流程;而知识管理主要面向战略管理层面,其主要目标

---

① 李勇、陈钰、曹国华:《组织的知识管理的结构探讨》,《重庆大学学报》(自然科学版)2002年第11期。

是建立信息化的知识获取、知识共享以及知识创新过程,并以此促进决策更加迅速、准确以及组织各方面的创新。

二、知识管理系统的结构

(一) 基于层次模型的知识管理系统

由斯普拉格[①]提出的三层次模式如图10-1所示。其中,层次1即知识管理工具,包括组成知识管理系统基本构件的专家系统语言(如OraclePIΠSQL)或程序语言(如C++);层次2即知识管理系统发生器(如Lotus Notes),它被用来建立各种特殊的知识管理系统;层次3即所构建的专门的知识管理系统。

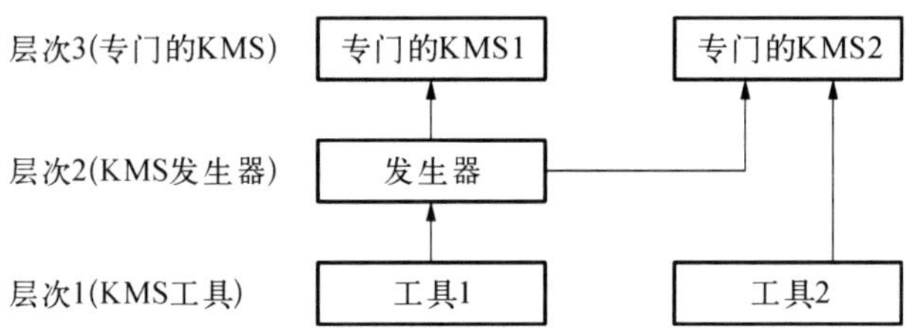

图10-1 基于层次模型的知识管理系统

(二) 基于一般系统框架的知识管理系统

这种模式把知识管理系统当作一种信息系统,通过输入、处理和输出进行研究,如图10-2所示。这种框架的优点是结构简单,覆盖面广,所有知识管理系统的主要组件都可以包含其中。它的主要缺陷是不能突出知识仓库的重要性或人们之间知识转换的本质特征。

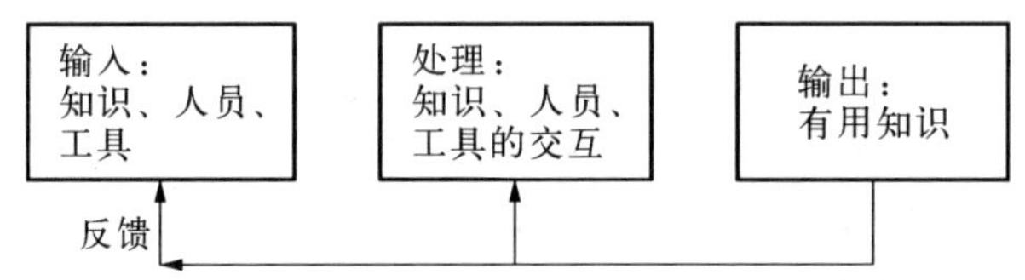

图10-2 基于一般系统的知识管理系统

(三) 基于知识生命周期的知识管理系统

拉格尔斯(Ruggles,1997)[②]建立了一种基于知识生命周期的知识管理

---

① R. Brent Gallupe. Knowledge Management Systems: Surveying the Landscape. International Journal of Management Reviews, Volume 3, Issue 1. p61-77. 2001(3).

② Ruggles, R. L. 1997. Knowledge Tools: Using Technology to Manage Knowledge Better. Working Paper: Ernst & Young.

系统，如图 10－3 所示。通过建立并利用这种知识管理系统，人们可以考察知识管理系统对每个阶段知识的影响。

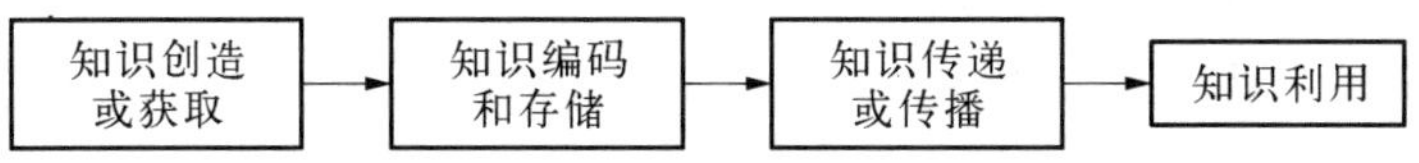

图 10－3　基于知识生命周期的知识管理系统

（四）基于知识实践框架的知识管理系统

由盖洛普(Brent Gallupe，2001)[①]提出，以组织的知识管理实践为中心，突出支持实践活动的知识管理系统的类型与方式。它从问题识别的过程与所要解决问题的分类两个方面来考察知识管理实践，并由此产生 4 种知识管理实践，如表 10－1 所示。

第一种实践活动是通过激发创造力和新知识生产来确认新问题；

第二种实践活动是通过创造和存贮与这些问题有关的知识来解决新问题；

第三种实践活动是利用相关知识来处理已得到解决的问题；

第四种实践活动涉及把新知识传给个人以支持对原有问题的认识。

表 10－1　基于知识实践框架的知识管理系统

		问题分类	
		新/唯一	过去已解决
问题过程	问题认识	创造机会(1)	监控与训练(4)
	问题解答	问题解答(2)	知识获取(3)

（五）基于 XML 的知识管理系统

李克旻等人[②]在组织的知识管理需求分析和知识管理流程分析的基础上，提出了基于 XML 的知识管理系统模型。它由智能代理、多文档转化接口、内容管理、知识发布与共享、工作流协同、决策支持、XML 与数据库接口、知识管理数据库八部分构成。它与其他知识管理系统相比，具有以下优势：统一良好的文档结构；易于统一存储，便于分类管理；采用 Web 浏览器；通过 XML 在 Web 上实现知识发布与共享；具有基于元数据的快速搜索、检

① R. Brent Gallupe. Knowledge Management Systems: Surveying the Landscape. International Journal of Management Reviews. 2001(3). Volume 3. Issue 1. p. 61－77.

② 李克旻、百庆华：《基于 XML 的知识管理系统的研究》，《计算机与现代化》，2001/03。

索效率高的特点;能较好地实现异构系统的传递;具有技术上的先进性,代表未来的发展方向。

三、知识管理系统的功能模型

知识管理系统的功能模型可以分为三个层次,即知识应用层、知识生产层以及知识资源层[①],如图 10－4 所示。

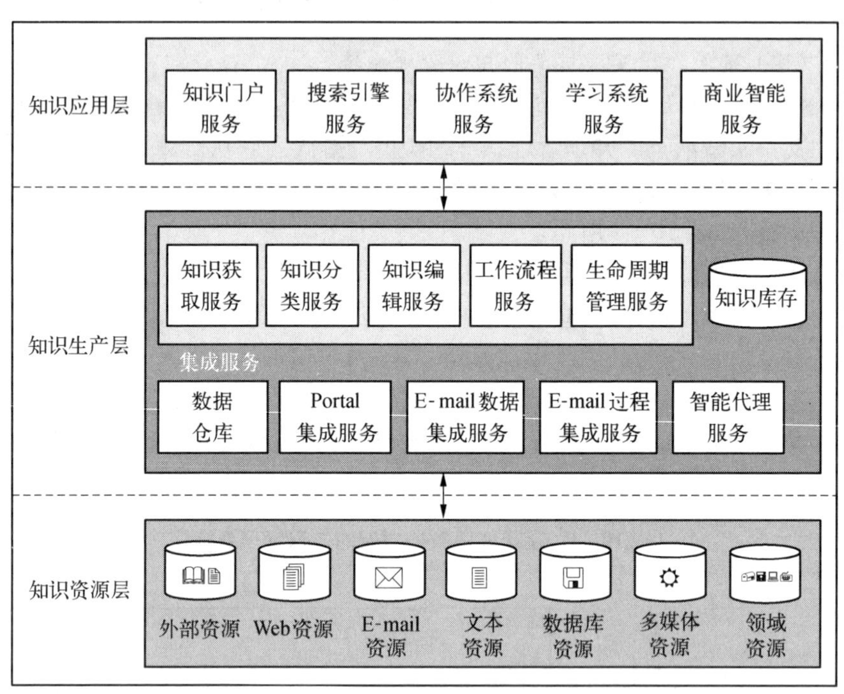

图 10－4　知识管理系统的功能模型

(一) 知识应用层

知识应用层提供的功能主要是为了协助知识工作者进行知识分享、应用以及创新等活动,包括:(1) 知识门户服务提供知识工作者个性化的界面以获得个性化的知识;(2) 搜索引擎服务提供多种类型的知识搜索方法,帮助知识工作者快速定位知识;(3) 协作系统服务则通过提供电子社区、群件、讨论组、电子会议等多种手段协助知识工作者分享知识;(4) 学习系统服务提供网络化的教育培训方式,使知识工作者可以随时随地获得定制的培训服务;(5) 商业智能服务能够帮助知识工作者对已有的知识进行特定的分类、组织,从而创造出可增值的知识。

① 夏敬华、金昕编著:《知识管理》,机械工业出版社 2003 年版,第 320 页。

（二）知识生产层

知识生产层可视为知识管理系统的中间层，提供用以知识生产以及知识集成的中间服务。在知识生产方面有以下五类服务：(1) 知识获取服务提供知识调查和提炼工具，能够从数据中抽取规则、从文本中提取概念等；(2) 知识分类服务通过提供科学的知识分类方法，为知识地图的构造提供标准；(3) 知识编辑服务用以实现各种数据、信息、文档和程序的获取并提供创建知识的协作工具，如文档和网页制作工具，数据转换工具等；(4) 工作流服务能够保证在适合的时间，向适合的人发送适合的信息和知识，使知识能够及时发挥作用；(5) 生命周期管理服务能够对知识内容的版本进行控制。

（三）知识资源层

知识资源层表示了知识的来源，它包括内部知识资源和外部知识资源。在资源种类上又包括 Web 资源、E-mail 资源、文本资源、数据库资源、多媒体资源以及交易数据和业务信息等。

第三节　知识管理工具

一、知识管理工具概述

（一）知识管理工具简介

1. 知识管理工具与信息、数据管理工具的区别

首先，知识管理工具是支持知识管理的信息系统，它不是数据、信息管理工具的简单改进，它与信息、数据管理工具有很大的区别。

其次，信息管理工具主要用于信息处理，例如自动化的信息搜索代理、决策支持技术、经理信息系统和文档管理系统等。

再次，数据管理工具则通过数据图表的方式，使组织生成、访问、存储和分析数据。它重点支持组织运营的"原材料"，如销售数据，库存记录等基本数据。

最后，知识管理工具不仅面向显性知识和隐性知识，还能捕捉复杂语境信息和知识内涵的多样性。它们三者之间最大的区别在于能否为使用者提供理解信息的语境以及各种信息之间的相互关系。

2. 知识管理工具的分类

知识管理工具是组织实施知识管理的物质基础，在知识管理实施过程中发挥着重要的作用。现有的知识管理工具包括知识获取工具、知识开发工具、知识锁定工具、知识共享工具、知识利用工具和知识评价工具等。表 10－2 是对知识管理工具的简单介绍。

表 10－2 知识管理工具简介

KM过程	工 具	主 要 作 用	例 如
获取知识	搜索引擎	获取 Internet 上的各种知识	Google,Baidu
	知识门户	提供强大的、不断改进的指向组织知识和信息的“道路”图	Intra Blocks
	知识地图	帮助人们在短时间内找到所需的知识资源	Knowledge X 的系列产品
开发知识	数据挖掘	在零乱的数据中发现隐含的、有意义的知识	Enterprise Miner, Clem entine
	知识合成工具	将分散的知识和创新观点整合起来	Idea Fisher, Inspiration
	知识创新工具	引导人们突破思维定式,辅助人们实现知识创新	Idea Generator, Mind Link
锁定知识	知识仓库	隐性知识的显性化,杂乱信息和知识的有序化	RDMS
共享知识	基于 Internet 的论坛	通过 Internet 进行讨论和交流	K'Netix,BBS
	群件	员工在虚拟平台上交流看法,协同工作	Lotus Notes, Exchange Server
利用知识	网上培训系统	借助员工自学,缩短知识转移的时间	Knowledge Hub
	知识推送系统	将企业重要的知识主动地推送给使用者	
	自学习技术与系统	智能地、自动地将隐性知识转化为显性知识	PMS
	可视化工具	将现实知识更好、更快地内化为员工隐性知识	Sunflower
评价知识	知识资产管理工具	对企业拥有的专利权和版权等知识资产的管理与比较	IPAM,ICBS

(二) 知识管理工具的选择

1. 确保组织内部不同用户的需求

对商业需求的明确界定是进行知识管理工具选择的基础,因此必须首先对组织内部不同用户进行调研，以了解他们的需求。可从知识管理工具的典型使用者、管理者、设计者和高层领导等多个角度出发，通过发放调查问卷或一对一单独提问的方式，了解这些不同层面的用户所关注的技术框架、功能框架、经济框架等方面的需求，形成基本的需求清单。

2. 对产品和服务提供商进行调研

根据第一步获得的需求清单，对市场中的所有类似的产品和服务提供商进行全面的搜索，了解产品的特征和功能、供应商的市场地位以及供应商能提供哪些支持。

3. 列出完整的特征列表

根据第二步的工作整理出符合需求的最佳特征，并形成完整的特征列表。

4. 根据特征进行初步筛选

将第二步中了解到的产品自身所声明的特征与第三步得到的完整的特征列表进行对比，通过特征之间的比照，就可以将知识管理工具的范围进一步缩小。

5. 进一步确定评价参数

根据组织内不同用户的需求可以确定某些特征为关键参数，同时还要确定知识管理工具在安全性、灵活性和支持多语言等方面的评价参数。

6. 根据参数进行分析和决策

确定了评价参数之后，就要根据收集到的有关上述参数的必要信息进行分析和对比。然后，从整个组织的角度来选择最重要的参数，或者结合几个参数而生成综合参数，建立一个完整的决策矩阵。

二、知识仓库

（一）知识仓库的内涵

知识仓库是一种特殊的信息库，库中元数据有相关的语境和经验参考，它通常收集各种经验、备选的技术方案以及各种用于支持决策的知识。知识仓库相对于数据库和信息库而言拥有更多的实体，它不仅仅存储着知识的条目，而且存储着与之相关的事件、知识的使用记录、来源线索等相关信息。这样，知识仓库不仅可以避免重新获取知识带来的成本，同时通过提供对决策的支持加速组织创新的速度。

（二）知识仓库的主要功能

1. 信息和知识有序化，是知识仓库对组织的首要贡献

建立知识仓库，必定要对原有信息和知识做一次大规模的收集和整理，按照一定的方法进行分类保存，并提供相应的检索手段。经过这样一番处理，大量隐含知识被编码化和数字化，信息和知识便从原来的混乱状态变得有序化。这样就方便了信息和知识的检索，并为有效使用打下了基础。

2. 加快知识和信息的流动,有利于知识共享和交流

知识和信息实现了有序化,其寻找和利用的时间大大减少,也便自然加快了流动。另外,由于组织在内部网上可以开设一些时事、新闻性质的栏目,使组织内外发生的事能够迅速传遍整个组织,这就使人们获得新信息和新知识的速度大大加快。

3. 有利于实现组织的协作与沟通

例如,施乐公司的知识仓库可将员工的建议存入。员工在工作中解决了一个难题或发现了处理某件事更好的方法后,可以把这个建议提交给一个由专家组成的评审小组。评审小组对这些建议进行审核,把最好的建议存入知识库。建议中注明建议者的姓名,以保证提交建议的质量,并保护员工提交建议的积极性。

4. 帮助企业实现对客户知识的有效管理

企业销售部门的信息管理一直是比较复杂的工作,一般老的销售人员拥有很多宝贵的信息,但随着他们客户的转变或工作的调动,这些信息和知识便会损失。因此,企业知识仓库的一个重要内容就是将客户的所有信息进行保存,以方便新的业务人员随时利用。

(三) 知识仓库的建立

1. 知识仓库的内涵

将显性知识整理成文件以利于知识的储存与流通是知识管理系统化阶段的主要工作,亦即组织知识仓库的建立。知识仓库的目的是将组织中的知识以容易取得及了解的形式呈现给需要该知识的员工。换言之,将知识化成有形的符号,尽量地加以结构化,清晰详尽地描述出,并建立易于操作的索引系统,以便查询使用。

2. 在建立组织知识仓库的过程中,必须注意的三个问题

首先,组织中最宝贵的知识往往是知识员工经过长时间工作历练而累积下来的专长,这种知识蕴含丰富的亲身经验以及学习成果,包含了复杂的内隐及外显成分,有时很难将两者区分开来。例如音乐大师独特的风格就很难用文字来形容,更难以将其文字化,让别人有可能依样画葫芦,奏出同样的风格;另外,像法律组织,所有判例和法律条文都可以编辑成册,供人参考。这些参考资料也只是代表法律和执行方式显性知识的一小部分,并不包含律师及法官们处理事件过程中难以言传的技巧。

其次,知识仓库的价值在于知识的"活用"而非文件管理本身。知识仓库管理与文件管理之间最大的差别就是文件管理的对象是过去的知识,而知识仓库管理的焦点则是未来的知识,所以知识仓库管理必须与创造未来价值的活动相合。虽然组织由于不同的理由(法律规定、作业效率等)必须把文件管理好,但是良好的文件管理并不能保证良好的知识仓库管理,在建立知识仓库的时候一定要先确定下述四个条件:(1)谁是知识仓库的使用者?即未来的知识仓库价值活动是什么?(2)库化知识的形式与数量是什么?注意库内知识的适切性比完整性重要。(3)库化知识的品质与价值是什么?评估的工作绝不能省略。(4)有效的储存与传播媒介是什么?要用什么样的信息科技?

若欲将整个企业的显性知识都整理进知识仓库,这将是一项庞大且无必要的工程。此外,企图过分结构化某些知识也是徒劳无益的,因为知识中所含有的重要隐性知识本质上是无法结构化的,结构性太强反而会扼杀知识的本质,甚至引起对知识的误解。

再次,恰当的数字科技有助于知识仓库的管理。虽然知识仓库管理不一定非用到数字科技不可,但是由于网络是联结全世界知识宝库的管道,可以克服知识受限于区域性以及分布失衡的缺点。

三、知识地图

(一)知识地图的概念

1. 知识地图的内涵

知识地图,或称知识分布图(又称作知识黄页簿),是知识的库存目录。就像城市地图显示街名、图书馆、车站、饭店、学校、机构等各项资源的地理位置一样,知识地图是用来帮助寻找相关的人或组织有哪些知识项目及其分布的地点位置,以便员工按图索骥,找到他们需要的知识来源。知识地图所显示的知识来源,可能是部门名称、小组名称、专家名字、相关人名字、文件名称、参考书目、事件代号、专利号码或知识库索引等,但却不包含知识的内容本身,它是指南和向导,用以节省员工追踪知识来源的时间。有了良好的知识地图,无论所需要的知识多么冷僻,只要有个开头,就可以透过层层的推荐一路追踪下去找到知识的源头。这样的雪球效应,使员工在需要知识的时候,不会因为太费时间而将就于便利但不完善的知识。组织也可以利用知识地图了解哪些知识尚待补充或开发,哪些知识应当扩散及推广等。实质上,知识地图是利用现代化信息技术制作的组织知识资源的总目录及各知识款目之间关系的综合体。

2. 知识地图的内容

一份完整的知识地图包括两个方面的内容:一是通过知识资源调查所获取的知识资源目录;二是目录内各款目之间的关系。知识地图必须清楚揭示组织内部或外部相关知识资源的类型、特征及知识之间的相互关系,更高级的知识地图还应揭示组织结构、业务流程、员工激励制度、客户承诺以及组织用以创造和利用知识的技术。知识地图包括的内容十分丰富,它能提供知识资源的存贮地点、所有权人、有效性、及时性、主题范围、检索权利、存贮媒介及使用渠道等，并能揭示所有的知识资源如文档、文件、系统、政策、名录、能力、关系、权威及专利、事件、实践经验等。

(二) 知识地图在知识管理流程中的地位与作用

1. 知识地图的地位

知识管理的流程涉及众多因素，如战略、领导、评测、组织、技术和组织文化等。所有这些因素都必须统一视为组织的知识资源进行合理配置，纳入知识管理的大范畴。知识地图是知识管理流程措施中的核心内容，它能够揭示组织内部知识获取和流失的机理，描绘组织内部知识流的运行路线，进而协助组织了解员工流失如何影响组织的知识资产，帮助组织更好地建立工作团队。

2. 知识地图的作用

一是有助于知识的重复利用，有效地防止知识的重复生产，节约检索和获取时间；

二是发现“知识孤岛”并在它们之间建立联系，以促进知识共享；

三是发现企业内部能有效促进学习的非正式社团；

四是为知识项目评估提供基础；

五是协助员工快速获取所需知识；

六是通过提供知识的检索，来协助企业决策及业务问题的解决；

七是提供更多的学习、利用知识的机会；有助于知识资产的创造和评价；

八是有助于建立合适的组织知识管理基础设施。

四、知识社群

(一) 知识社群的内涵

所谓知识社群，是指员工自动自发(或半自动自发)组成的知识分享团体，是一起共享能够影响实际工作的知识的兴趣社群。他们的运作独立于传统组织结构，而为兴趣寻找共同点，其凝聚力量是源于人与人之间的交情及信任，或是共同的兴趣，而不是正式的任务或职责。社群成员可自行决定是否积极参与活动，加入的理由是基于分享经验和知识、互相教导和学习，并从中得到相互的肯定和尊重。知识社群最能发挥隐性知识的传递和知识的创新，以至于员工在社群活动中能自动自发地交换意见与观念，并分享外部的新知识，因此形成了组织中最宝贵的人力资产。当某人离开公司，社群中的其他人可能分别拥有他的部分知识，因而使他(或她)的完整知识得以留存。这些知识有部分是内隐性质的，无法建立在知识仓库中(系统化策略不奏效)，所以知识社群是唯一有效的转移方式。

（二）策略的选择

在以上已经讨论过的三种知识管理工具——知识地图、知识仓库和知识社群中，到底组织应当采用哪一种策略？

组织应依自己的竞争模式和组织文化采取重点策略。基本上在某一时期，组织应锁定其中一种工具作为主要工具，另一种或两种工具则用以辅助该主要工具。完全依赖一种工具并非明智之举，因为知识转移牵涉到系统（硬）和人性（软）两个层面，任何化为信息的知识并不足以说服有经验的员工改变行之多年的工作习惯。知识管理的六项重点工作（寻找→整理→储存→流通→创新→利用），寻找、储存、流通三项属于“知识信息化”的范畴，信息科技在其间发挥重大作用。但是整理、创新与利用三项则属于“知识价值化”的范畴，必须依赖软的人性和文化。至于“硬”和“软”孰重，则依组织的竞争模式有所不同。

第四节 知识管理技术

一、知识管理技术概述

（一）知识管理技术的内涵

知识管理系统离不开知识管理技术。知识管理的各种功能及服务最终都还得依靠知识管理技术来实现，如搜索引擎服务就离不开搜索引擎技术、知识生产服务也需要管理技术的支撑。可以说，没有强大的知识管理技术支持，组织将很难有效实施知识管理，它是构建知识管理系统的基础，也是实现知识管理的强大推动力。

从知识管理实施的角度讲，知识管理技术是指协助人们促进显性和隐性知识的转化，提高知识的获取、整理、审核、发布、利用、更新与淘汰的效率的技术手段。知识管理技术并不是一项技术，而是一个技术体系，同时，它又是多种信息技术的集成，在这些技术的支撑下形成了组织的知识管理系统，为组织提供知识管理服务。

（二）知识管理技术与传统数据管理技术及信息管理技术的区别

数据管理技术是指那些能够协助人们生成、检索和分析数据的技术，以数据为管理对象，通常处理事实、图形等原始资料。典型的数据管理技术包括数据仓库、数据搜索引擎、数据建模工具等。而信息管理技术是指能够协助人们更好地处理信息的技术，以信息为处理对象，如自动化信息检索与查询系统、初级的决策支持系统（DSS）、经理信息系统（EIS）、文档管理技术等。知识管理技术是建立在数据管理及信息管理技术的基础之上，针对知识特性而开发的，能够协助知识工作者进行知识生产、分享、应用以及创新的技术,是现代信息技术在知识经济时代的新发展。传统的数据管理及信息管理技术仍然会在知识管理技术中得到进一步的广泛应用,成为整个知识管理技术体系中的重要组成部分,但知识管理技术又是高于数据管理技术和信息管理技术的。无论数据管理技术还是信息管理技术,其处理对象大多是显性的信息,对隐性的知识基本无能为力。知识管理技术不仅能处理显性知识,而且能处理隐性知识,它可以把握知识的丰富性和知识背景的复杂性,从而有效支撑知识管理所强调的知识分享和协作功能。

二、知识管理技术的分类

常见的知识管理技术分类方法有两种,一是过程分类法,二是知识螺旋分类法①。

(一) 过程分类法

过程分类法根据知识创建及其使用来界定在此过程中所需应用的技术。知识过程一般来说包括知识生产、分享、应用以及创新四大过程,但在具体子过程的分解上,不同人也有不同的分法。迪恩(Rose Dieng)等从创建组织记忆的角度将知识过程分为六个基本阶段②,每个阶段有相应的技术提供支撑(如图 10 - 5 所示)。需求分析阶段需要通过分析业务过程来确定业务过程中所用的知识,企业建模、BPR 技术等就成为该阶段的技术支撑;组织记忆是建立知识生产的关键阶段,需要将不同来源的知识分类、整

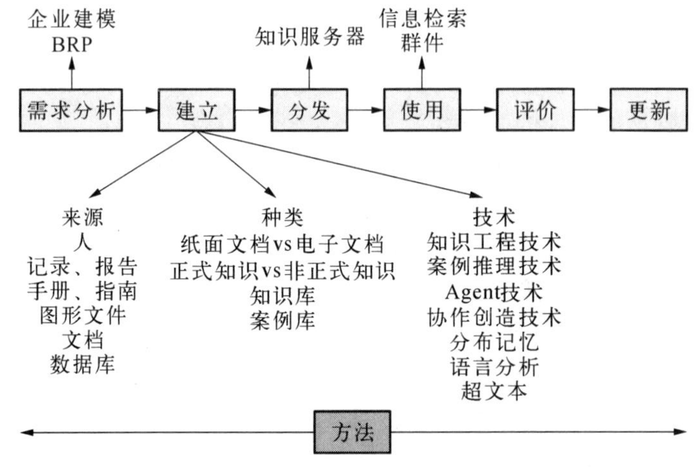

图 10 - 5　知识过程的六个阶段

① 夏敬华、金昕编著:《知识管理》,机械工业出版社 2003 年版,第 280 页。

② Rose Dieng-Kuntz. 2003. Knowledge Management and Organizational Memories. Springer. pp. xvii.

理、提炼并加以存储，将分散知识提升为组织记忆。知识工程技术、案例推理技术、Agent 技术等提供了组织记忆建立阶段的技术支撑；其他如知识分发需要知识服务器技术，知识使用需要信息检索、群件技术等。

Compaq 公司在实施知识管理时，将整个路径分为四大阶段①，即知识收集、知识共享、知识利用以及知识拓展，在每个阶段都有相应的支撑技术，这也可视为一种知识管理技术的过程分类法，图 10－6 为 Compaq 所总结的各个阶段的关键技术。

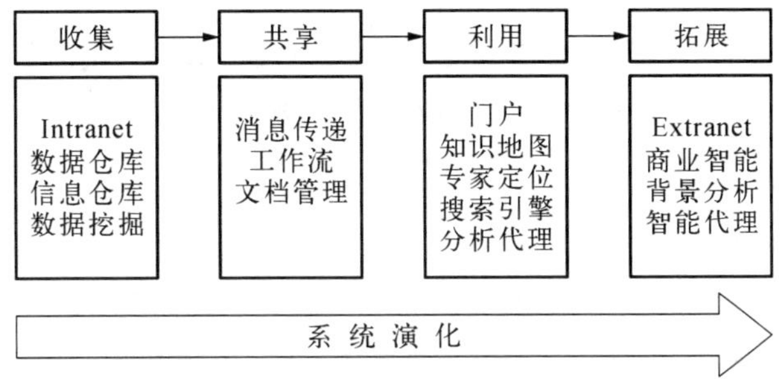

图 10－6　Compaq 的知识管理技术分类

收集阶段。Intranet 提供了收集企业知识的基本环境，数据仓库和信息仓库能将分散的信息和知识集中化，而数据挖掘则能从无序的数据中发掘有意义的信息和有价值的知识。

共享阶段。消息传递为知识传送提供了支持，而工作流则能保证正确的知识在正确的时刻传递给正确的人，文档管理则能实现个人隐性知识的文档化，从而为更多的人共享。

利用阶段。门户提供了利用知识的统一入口，知识地图则使无序的知识结构化，专家定位帮助人们快速找寻专家并与其交流，搜索引擎提供了在知识海洋中快速查找知识的手段，而分析代理则能帮助人们更好地分析和利用知识。

拓展阶段。Extranet 使知识应用跨越了企业边界，而商业智能、背景分析、智能代理则赋予了知识管理更多的智能。

（二）知识螺旋分类法

知识螺旋分类法可以说是对知识管理技术本质的回归。知识管理技术的种类虽然多种多样，但是，所有知识管理技术的目的都可以归结为一点：更好地协助人们进行生产、分享、应用以及创新知识。知识生产、分享、应用

① Anklam Patti. Knowledge Management: The Collaboration Thread. Bulletin of the American Society for Information Science. Aug/Sep 2002. vol 28. Issue 6: 8－11.

以及创新的本质就是要沿着知识螺旋不断攀升，而知识管理技术正是用以实现攀升的梯子，它分为4级，也就体现为4类技术(如图10－8所示)：“大脑—大脑联网技术”、“大脑—知识库联网技术”、“知识库—知识库联网技术”和“知识库—大脑联网技术”。

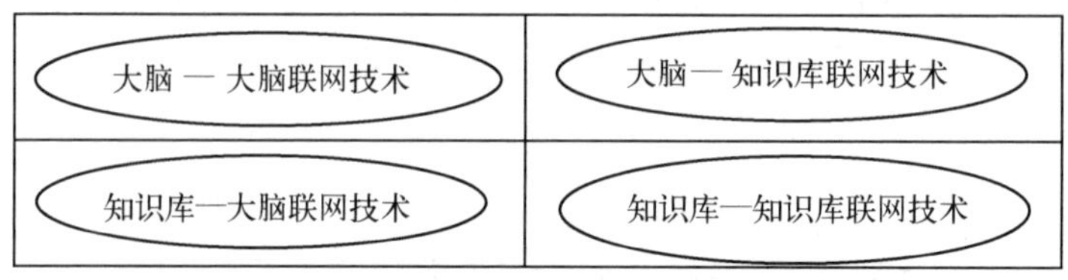

图10－7 由知识螺旋看知识管理4类技术

资料来源：企业资源管理研究中心AMT。

“大脑—大脑联网技术”对应于隐性知识到隐性知识的转化过程，主要用以实现人与人之间的知识转移，能够协助将个体智慧融合为更强的组织决策和解决问题的能力。该类技术有电子社区、电子邮件、群件、讨论组、即时信息、专家定位系统等，典型的软件系统有Lotus Quick Place、MS Exchange等。

“大脑—知识库联网技术”对应于隐性知识到显性知识的转化过程，将隐性知识显性化，从而为更多的人所学习和吸收。典型技术包括文档管理、数据仓库、数据挖掘和知识挖掘、搜索引擎和全文检索以及商业智能等，典型的软件系统有Domino. Doc、E-Synergy Document模块等。

“知识库—知识库联网技术”对应于从显性知识到显性知识的转化过程，能够在广度和深度上将分散的知识集中化。典型的技术如知识库联网技术、异构数据库搜索技术、数据集市以及EAI等，典型的软件系统有SAP Portal、Tibco等。

“知识库—大脑联网技术”对应于显性知识到隐性知识的转化过程，通过学习和交流将显性的知识内在化。典型技术有协作系统以及学习系统，相关的软件如Quick Place、Learning Space等。

从4类知识管理技术中，可以提炼、概括出7种要素技术，它们一起构成了相对完整的知识管理系统技术体系(如图10－8所示)。这7种技术是：门户技术、搜索引擎技术、协作技术、E-learning技术、商业智能技术、内容管理技术、集成技术。其中，门户技术是连接信息和知识的“信道”，内容管理技术则负责将后端的知识内容梳理清楚。在这两者之间，搜索引擎技术、协作技术、E-learning技术以及商业智能技术则提供了有效知识管理的各种手段。集成技术一方面整合各种来源的知识；另一方面实现知识“从业务中来,到业务中去",将知识管理系统和不同业务系统紧密结合起来。

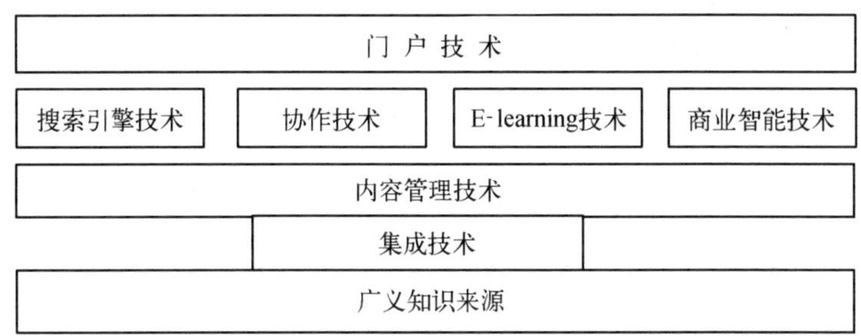

图 10-8　知识管理系统技术体系

三、知识管理技术的核心

(一) 计算机网络技术

1. 国际互联网——Internet

国际互联网是一个网络之上的网络。它能将规模不同、数量不等、地理位置各异的网络连接起来,以促成网络资源的共享和有效利用。提供信息服务是 Internet 的根本目的,其提供的信息服务全面而先进,资源丰富充实,其主要的信息服务包括:电子邮件传递、网络文件系统、远程登录系统、文件传输协议、数据库的检索、网络信息查询服务、目录服务、超文本传输协议、代理服务器技术等。

2. 内联网——Intranet

内联网又称企业内联网,是用因特网技术建立的可支持企事业内部业务处理和信息交流的综合网络信息系统,通常采用一定的安全措施与企事业外部的因特网用户相隔离,对内部用户在信息使用的权限上也有严格的规定。

3. 外联网——Extranet

外联网是不同单位间为了频繁交换业务信息,基于互联网或其他公网设施构建的单位间专用网络通道。外联网涉及不同单位的局域网,其不仅要确保信息在传输过程中的安全性,更要确保对方单位不能超越权限,通过外联网连入本单位的内网。在电子政务领域,VPN 外联网经常应用于如网上报税系统、企业审计监察、人大代表联网办公、海关电子报关、政府信息中心和各委办局单位信息中心的联网系统中。

4. 网格(Grid)技术

网格实际上是继传统因特网和 Web 之后的第三个大浪潮,可以称之为第三代因特网。简单地讲,传统因特网实现了计算机硬件的连通,Web 实现了网页的连通,而网格试图实现互联网上所有资源的全面连通,包括计算资源、存储资源、通信资源、软件资源、信息资源、知识资源等。

5. **语义网技术**

它是一种智能网络,能在语义层面上实现知识的交流与共享。语义网能理解人类语言,能使人与电脑之间的交流变得像人与人之间交流一样轻松。它将使人类从搜索相关网页的繁重劳动中解放出来。因为网中的计算机能利用自己的智能软件,在搜索数以万计的网页时,通过“智能代理”从中筛选出相关的有用信息。不像现在的有些网络,只罗列出数以万计的无用搜索结果。

(二) 人工智能技术

人工智能是计算机学科的一个分支,20 世纪 70 年代以来被称为世界三大尖端技术之一(空间技术、能源技术、人工智能),也被认为是 21 世纪(基因工程、纳米科学、人工智能)三大尖端技术之一。它是研究人类智能活动的规律,构造具有一定智能的人工系统,研究如何让计算机去完成以往需要人的智力才能胜任的工作,也就是研究如何应用计算机的软硬件来模拟人类某些智能行为的基本理论、方法和技术。

(三) 知识挖掘技术

1. **知识挖掘的内涵**

知识挖掘是按照既定的目标对大量的数据进行探索,揭示隐含其中的规律并进一步将之模型化的先进、有效的方法。知识挖掘的目的是将大量非结构化的多媒体信息融合成有序的、分层次的、易于理解的信息,并进一步转换成可用于干预预测和决策的知识。

2. **知识挖掘的种类**

知识挖掘可根据信息载体的不同分为图像知识挖掘、数据挖掘、文本挖掘。针对网络信息,知识挖掘又可分为网络内容挖掘、网络结构挖掘以及网络用法挖掘。知识挖掘的技术基础是统计学与人工智能,其主要特点是对原有的数据进行高度自动分析、归纳推理,从中挖掘出潜在的模式,预测用户的行为,帮助决策者调整策略,做出正确的决策。

(四) 专家系统

专家系统 ES(Expert System)作为人工智能的一个分支,主要研究如何使计算机程序模仿各个领域的人类专家在解决实际问题时的思维过程,使机器具有专家水平的智能。专家系统不仅可以减轻人类专家的重复性脑力劳动,而且可以有效推广和保存专家的知识经验。

(五) 群件技术

1. **群件的内涵**

群件是利用计算机和通信网络为群体提供支持,使之可协同工作的应用系统，群件系统支持不在同一地点的群体共同为同一项任务同步或异步的进行工作。群件作为协同群体合作工作的新工具，包括信息共享、电子会议、日程安排、群件文档、数据库、电子邮件、工作流自动化、软件和联系群体各个成员的网络。

群件的核心是一个讨论区，一个可供议题讨论、建议、决策沟通与储存的地方。一个群件的工作是提供一个组织过的、最实时的信息以提供这个工作组更有效率地做出决策，并增进部门间的协调合作。它可以减少许多需要面对面的会议与相互留言找人的沟通。用户可以在网上参加“虚拟会议”，超越时间的限制、地域的间隔以及僵化的组织层次。

2. *群件在知识管理中作用的主要框架*（见表 10－3）

表 10－3　群件在知识管理中的作用①

名　称	作　用　描　述
发　布	多用户提交文档是能够在同一文档进行同步操作，并且能够提供一种机制追踪这些修改
复　制	各种 PC 和服务器上操作和更新相同的数据
讨论跟踪	在多用户中组织各种主体的讨论
文档管理	从各种的软件得到的数据信息存储在数据库中
工作流管理	在工作组中移动和追踪创建的文件
安　全	禁止未授权访问数据
可携带性	允许用户在路上用手持设备访问网络
应用开发	开发可以定制的应用程序

四、知识管理技术的选择

知识管理技术不是孤立存在的，它不是一项技术，而是一个技术体系，其内容繁多、种类复杂。在实际应用中，往往需根据知识管理的需求和解决知识管理问题的方法将有关的技术集成，形成知识管理系统或知识管理工具，提供完整的知识管理服务，满足有关机构及其人员的知识需求。知识管理技术是知识管理的基本要素之一，但这一要素必须与其他要素，如人、组织、管理对象和管理目标有机结合才能取得实效。仅仅依赖于技术或信息技术 IT 必将导致知识管理项目的失败。知识管理技术的采用需从知识管理的目标出发，明确知识管理的目的，了解知识管理技术的种类、功能、用途

① 邱均平等：《知识管理学》，科学技术文献出版社 2006 年版，第 420 页。

及其成本与收益。知识管理技术应当支持知识管理及其事务，并能集成到机构的业务活动过程中。因此，在选择和使用知识管理技术之前必须明确界定知识管理术语的含义，清楚有效实施知识管理的过程，了解各类技术对知识管理的功能、用途及其受益，然后选择能够最佳实现知识管理目标的技术，建立将不同知识管理技术集成的流程和体系。

【知识要点】

1. 知识是一个内涵十分丰富，外延非常广泛的概念。从一般意义上说，知识是人们对客观世界的能动反映，它产生于人们对客观世界的认知过程，是人们在社会实践活动中所获得的认识和经验的总和，是社会实践和智慧的结晶。知识的形式有两种：显性知识和隐性知识。所谓显性知识是指通过文字记录和传播，能以语言、视觉、模型以及其他表述方式加以组织并能与他人交流的知识。隐性知识则是高度个性化且难以用文字记录和传播以及与他人交流的知识，包括信仰、隐喻、直觉、思维模式、“诀窍”(如特殊技艺)、经验、想法、判断、文化、习惯及员工潜能等。

2. 知识管理是一个发展中的概念，到目前为止，它还没有一个公认的、权威的定义。不同领域、不同角色对知识管理强调的侧重点各不相同，概念内涵也自然有所差异。知识管理的内涵包括两个层次：一是知识管理以信息管理为基础，用信息管理的模式建构知识管理的对象和内容，作为信息管理的延伸和发展；二是知识管理基于人的知识创新过程与组织，重视人的创新思维与能力的开发和培养，重视从体制与组织上建立可持续发展的创新环境，重视人才结构与使用的优化管理。

3. 知识管理系统是一个对知识进行创造、捕获、整理、传递、共享继而创造新知识的完整的管理系统。该系统是一个人机互动的计算机网络应用系统，其以计算机技术和现代通信网络技术作为技术支撑，以能够实现知识发现、知识共享、促进知识创新以及有效支持决策为主要目标。

4. 知识管理工具是支持知识管理的信息系统，它不是数据、信息管理工具的简单改进，它与信息、数据管理工具有很大的区别。信息管理工具主要用于信息处理，例如自动化的信息搜索代理、决策支持技术、经理信息系统和文档管理系统等。数据管理工具则通过数据图表的方式，使组织生成、访问、存储和分析数据。它重点支持组织运营的“原材料”，如销售数据、库存记录等基本数据。而知识管理工具不仅面向显性知识和隐性知识，还能捕捉复杂语境信息和知识内涵的多样性。三者之间最大的区别在于能否为使用者提供理解信息的语境以及各种信息之间的相互关系。知识管理工具是组织实施知识管理的物质基础，在知识管理实施过程中发挥着重要的作用。现有的知识管理工具包括知识获取工具、知识开发工具、知识锁定工具、知识共享工具、知识利用工具和知识评价工具等。

5. 从知识管理实施的角度讲，知识管理技术指能够协助人们促进显性和隐性知识的转化过程，提高知识的获取、整理、审核、发布、利用、更新与淘汰的效率的技术手段。知识管理技术并不是一项技术，而是一个技术体系，它同时又是多种信息技术的集成，在这些技术的支撑下形成了组织的知识管理系统，为组织提供知识管理服务。

【思考题】

1. 试析知识和知识管理的基本特征与内涵。
2. 简述知识管理系统的功能模型。
3. 如何选择合适的知识管理工具？
4. 简述几个比较重要的知识管理工具。
5. 简述知识管理技术的含义及分类。

【阅读参考】

德国西门子公司的知识管理[①]

在知识管理的引进和实施方面，咨询公司走在了前面，如安永公司、普华永道公司等。而作为一个传统型企业——西门子公司，在对知识管理的认识以及具体的实施方面，也走在了前列。

它试图通过对知识的有效管理，来提升企业在各个业务领域的业务价值，如右图所示。西门子公司通过一系列知识管理实践，希望它能带来在产品上市时间、战略应变能力、成本、客户关系等各个方面的改善，具体如下：

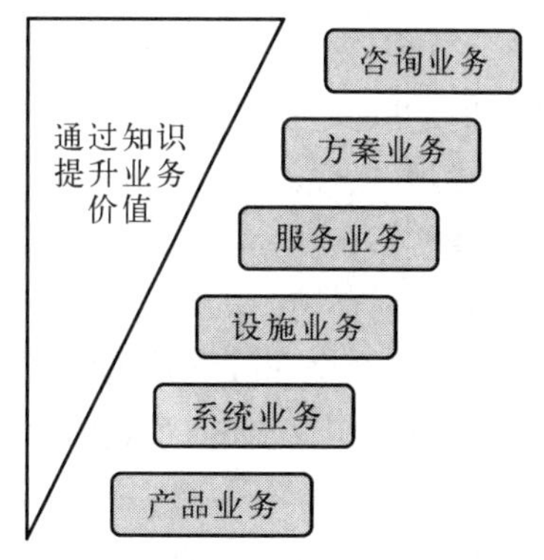

西门子公司的知识管理目标

● 缩短产品上市时间——通过加速知识流和知识整合；

● 扩大“注意力带宽”，以及早获得战略机遇或危机的信号——通过感知和获取遍布全球的知识和信息，对之实现有效

① 标题为笔者所加。摘自储节旺：《知识管理概论》，清华大学出版社 2006 年版，第 145 页。

共享和管理；

● 降低协作成本——通过实施实践社区，以之来管理企业核心能力并加速知识创新；

● 改善客户忠诚度——通过建立面向客户的虚拟社区来实现；

● 加速各种创新实践在组织中的传播——通过组织知识座谈、知识咖啡馆等方式来实现。考察西门子公司的知识管理实践发现，它超越了对于知识管理的传统技术观，认为成功的知识管理系统应是一个“社会—技术”系统，并给出了一个参考模型，如图 1 所示。

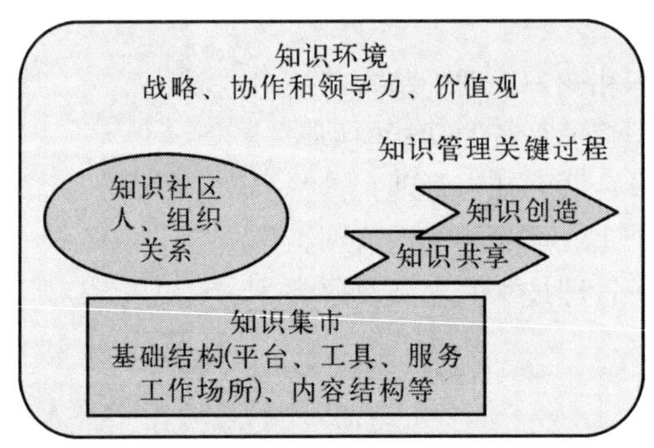

图 1　西门子公司的知识管理参考模型

● 知识社区。试图跨组织边界达到“最佳实践网络”，使企业中各个领域的知识能够通过社区交流得到共享，使员工可以对业务的相关主题进行经验交流，充分利用已有的成功经验。

● 知识集市。如果说知识社区建立了人和人、人和组织以及组织和组织之间的联系，而知识集市则提供了有关知识管理的基础设施。它通过提供知识地图，以及企业 Intranet 来进行最佳实践传输，保证所有员工能够访问最佳实践资源。

● 知识环境。知识环境主要是“软”环境方面对组织的知识管理提供支持，即需要在企业战略及价值观等方面来推进知识管理在企业的实施，在组织中形成知识交流的气氛和知识共享的文化，使员工能够有效进行“从业务中学”、“分布学习”以及“虚拟团队学习”。

● 知识管理关键过程。建设知识社区、知识集市以及知识环境的最终目的就是为了有效实现对企业知识过程的管理，使企业知识共享、知识应用、知识创新的水平上一个新台阶。

在西门子公司的知识管理实践中，它还指出了一条通向成功知识管理的道路——以业务目标为导向，依据一定的知识战略，实施知识管理活动。它强调了一种融合思想，即应将企业业务目标、知识战略以及知识管理实施过程有机融合，知识管理实践应“从企业战略、业务目标中来，并到企业战略、业务目标中去”。其基本指导思想如图 2 所示。

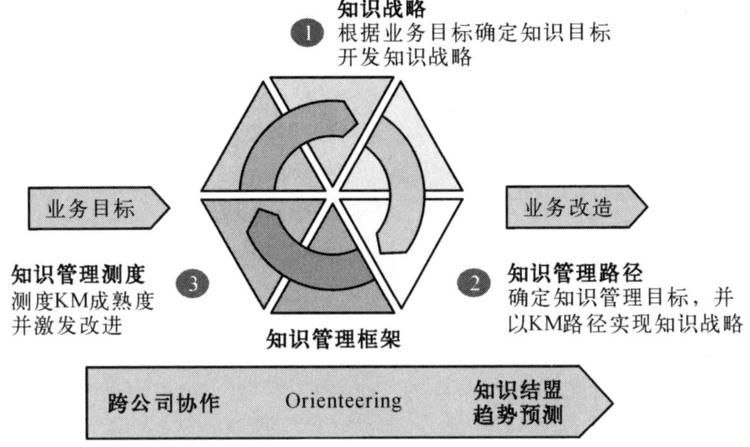

图 2　西门子公司知识管理实践的指导思想

● 知识管理系统是一个“社会—技术”系统——成功的知识管理是“机械”方法和“生态”方法的结合；

● 实践社区是推进知识管理系统的核心概念，有效的实践社区的实施是知识管理成功的一半；

● 用户友好的 IT 环境支持对知识管理同样十分重要；

● 应建立一个可行的实施知识管理的基本标准——知识管理框架模型；

● 具有充分资源的跨职能的知识管理核心团队、上层部门的关注以及良好的沟通也是实施知识管理的必要条件；

● 结构化的知识战略规划、针对业务目标的知识管理实施路径。

通过对西门子公司知识管理实践的考察，我们能够基本了解实现一个成功的知识管理系统所应具备的方法论——它绝不仅仅是一个技术相关问题，而是同企业战略、价值观、组织、人员技术等各个方面都有紧密联系。应该说，它对我国目前仍盲人摸象般的知识管理实践具有一定的指导作用。愿这个案例所闪现的“知识”之光能够照到更多的中国企业、更多的从事知识管理研究和实践的人，最终迸发出更亮的光芒——属于我们自己的“知识”之光。

案例分析题：

1. 试说明知识管理技术在西门子公司的知识管理中所起的作用。
2. 评价西门子的知识管理方案。

参 考 文 献

一、著作、教材

[1] 单凤儒编著:《管理学基础》(第2版),高等教育出版社2007年版。

[2] 丁煌主编:《行政学原理》,武汉大学出版社2007年版。

[3] 张国庆主编:《公共行政学》(第3版),北京大学出版社2007年版。

[4] 竺乾威主编:《公共行政学》(第3版),复旦大学出版社2007年版。

[5] 袁峰主编:《现代行政管理:领导与决策》,上海社会科学院出版社2005年版。

[6] 朱立言、高鹏怀主编:《领导科学与艺术》,华中科技大学出版社2009年版。

[7] [美]理查德德·哈格斯、罗伯特·吉纳特:《领导学——在经验积累中提升领导力》(第5版),清华大学出版社2007年版。

[8] [美]约翰·马克斯韦尔:《领导力——开发你的领导潜能》,世纪出版集团2005年版。

[9] 张康之等编著:《公共行政学》,北京大学出版社2007年版。

[10] 简祯富:《决策分析与管理——全面决策质量提升的架构与方法》,清华大学出版社2007年版。

[11]《管理方法》编写组编:《管理方法》,中国国际广播出版社2002年版。

[12] 陈石:《资源配置论》,经济科学出版社2006年版。

[13] 邱均平主编:《知识管理学》,科学技术文献出版社2005年版。

[14] 顾基发、张玲玲:《知识管理》,科学出版社2009年版。

[15] 张成福、党秀云主编:《公共管理学》,中国人民大学出版社2001年版。

[16] 斯蒂芬·P.罗宾斯主编:《管理学》,中国人民大学出版社2003年版。

[17] 克里斯托弗·博根、迈克尔·英格利希主编:《竞争性标杆管理》,经济科学出版社2004年版。

[18] 帕特里夏·基利、史蒂文·梅德林、休·麦克布赖德、劳拉·朗迈尔编著:《公共部门标杆管理》,中国人民大学出版社2001年版。

[19] 李卓一主编:《如何进行标杆管理》,北京大学出版社2003年版。

[20] 张旭东、张立迎编著:《管理学原理教程》,北京师范大学出版社 2009 年版。
[21] 杨文士、焦叔斌、张雁、李晓光编著:《管理学》,中国人民大学出版社 2009 年版。
[22] 杨俊青主编:《管理学通论》,经济科学出版社 2008 年版。
[23] 孙耀吾、祁顺生、陈立勇、汪忠编著:《管理学教程》,湖南大学出版社 2007 年版。
[24] 黄凯主编:《战略管理——竞争与创新》,北京师范大学出版社 2008 年版。
[25] 弗雷德·R. 戴维主编:《战略管理》,经济科学出版社 2001 年版。
[26] 孙元欣主编:《管理学——原理、方法、案例》,科学出版社 2006 年版。
[27] [英] 蒂姆·汉纳根主编:《掌握战略管理》,中国商务出版社 2004 年版。
[28] 石盛林、贾创雄编著:《战略管理实践理论与方法——以企业生命周期为主线》,东南大学出版社 2009 年版。
[29] 苏俊主编:《卓有成效的目标管理》,广东经济出版社 2008 年版。
[30] [英] 麦克唐纳主编:《成功的全面质量管理》,上海译文出版社 1993 年版。
[31] 夏书章:《行政管理学》,高等教育出版社 2008 年版。
[32] 付宜新、刘艳红、王业军等编著:《现代企业管理》,机械工业出版社 2007 年版。
[33] 严新明:《公共管理学》,科学出版社 2007 年版。
[34] 董世明、漆国生编著:《行政管理学》,湖南人民出版社 2005 年版。
[35] 黄健荣:《公共管理学》,社会科学文献出版社 2008 年版。
[36] 王辉、段华洽、丁先存编著:《新编公共行政学》,安徽大学出版社 2008 年版。
[37] 丁美东:《公共管理学》,清华大学出版社 2009 年版。
[38] 张志刚:《公共管理学》,大连理工大学出版社 2008 年版。
[39] 马英娟:《政府监管机构研究》,北京大学出版社 2007 年版。
[40] [日] 植草益:《微观规制经济学》,中国发展出版社 1992 年版。
[41] 茅铭晨:《政府管制法学原论》,上海财经大学出版社 2005 年版。
[42] 崔运武:《公共事业管理概论》,高等教育出版社 2006 年版。
[43] 顾建光:《现代公共管理学》,上海人民出版社 2007 年版。
[44] 江超庸、黄丽华:《行政管理学案例教程》,中山大学出版社 2006 年版。
[45] 张国庆主编:《行政管理学概论》,北京大学出版社 2007 年版。

[46] 周晓唯主编:《资源市场化配置的法学分析》,中国社会科学出版社2005年版。
[47] 邓向荣主编:《资源配置机制与企业组织演化的理论研究》,中国财政经济出版社2005年版。
[48] 约翰·布里顿、杰弗里·高德:《人力资源管理》,经济管理出版社2005年版。
[49] 滕玉成、余宪忠编著:《公共部门人力资源管理》,中国人民大学出版社2004年版。
[50] 周晓唯主编:《资源市场化配置的法学分析》,中国社会科学出版社2005年版。
[51] 麻宝斌主编:《公共行政学》,东北财经大学出版社2006年版。
[52] 郭晓聪主编:《行政管理学》,中国人民大学出版社2003年版。
[53] 李奇:《行政领导素质论》,四川大学出版社2004年版。
[54] 谢斌主编:《行政管理学》,中国政法大学出版社2006年版。
[55] 王乐夫编著:《领导学:理论、实践与方法》(第3版),中山大学出版社2006年版。
[56] [美]乔治·曼宁、肯特·柯蒂斯:《领导艺术》(第2版),刘峰、郇天莹译,中国财政经济出版社2007年版。
[57] 梁仲明编著:《领导学通论——理论与实践》,北京大学出版社2007年版。
[58] [英]克里斯·帕克、布莱恩·斯通:《领导力开发与训练》,机械工业出版社2004年版。
[59] 陈奇星等:《行政监督论》,上海人民出版社2001年版。
[60] 李树军:《行政监督》,世界知识出版社2007年版。
[61] 娄成武主编:《行政管理学》,东北大学出版社2002年版。
[62] 薛冰等编著:《行政学原理》,清华大学出版社2005年版。
[63] 应松年主编:《公共行政学》,中国方正出版社2004年版。
[64] [美]托马斯·R.戴伊:《自上而下的政策制定》,中国人民大学出版社2002年版。
[65] [美]卡尔·帕顿、大卫·沙维奇:《政策分析和规划的初步方法》,华夏出版社2001年版。
[66] [美]哈罗德·孔茨、海因茨·韦里克:《管理学》(第10版),经济科学出版社1998年版。
[67] [美]托马斯·S.贝特曼:《管理学——构建竞争优势》(第4版),北京大学出版社2001年版。

[68] [美] 特里・L. 库珀：《行政伦理学：实现行政责任的途径》，中国人民大学出版社 2001 年版。
[69] 况志华、叶浩生编著：《责任心理学》，上海教育出版社 2008 年版。
[70] 胡肖华：《走向责任政府——行政责任问题研究》，法律出版社 2006 年版。
[71] 韩志明主编：《行政责任的制度困境与制度创新》，经济科学出版社 2008 年版。
[72] [美] 乔治・弗雷德里克森：《公共行政的精神》，张成福等译，中国人民大学出版社 2003 年版。
[73] 皮纯协、张成福编著：《行政法学》，中国人民大学出版社 2002 年版。
[74] [德] 卡尔・拉伦茨：《德国民法通论》上册，王晓晔等译，法律出版社 2003 年版。
[75] 胡建淼等：《领导人行政责任问题研究》，浙江大学出版社 2005 年版。
[76] [美] 珍妮特・V. 登哈特、罗伯特・B. 登哈特编著：《新公共服务——服务而不是掌舵》，丁煌译，中国人民大学出版社 2004 年版。
[77] 张树义主编：《行政法学》，北京大学出版社 2005 年版。
[78] [美] 汉密尔顿等编著：《联邦党人文集》，程逢如等译，商务印书馆 1980 年版。
[79] [英] 阿克顿：《自由与权力》，侯建等译，商务印书馆 2001 年版。
[80] 谢军：《责任论》，上海人民出版社 2007 年版。
[81] 萧鸣政：《人力资源开发与管理——在公共组织中的应用》，北京大学出版社 2005 年版。
[82] [美] 麦克阿瑟等：《责任・荣誉・国家》，李异鸣编译，哈尔滨出版社 2004 年版。
[83] 宿春礼等主编：《责任胜于能力》，石油工业出版社 2006 年版。
[84] 蒋劲松：《责任政府新论》，社会科学文献出版社 2005 年版。
[85] 江文年、孙丽娟、张敏编著：《企业知识管理实战宝典》，人民邮电出版社 2006 年版。
[86] 储节旺等：《知识管理概论》，清华大学出版社、北京交通大学出版社 2006 年版。
[87] 张润彤、朱晓敏编著：《知识管理学》，中国铁道出版社 2002 年版。
[88] 林榕航主编：《知识管理原理》，厦门大学出版社 2004 年版。
[89] 萨尔坦・科马里：《爱丁文化：有效的知识管理》，中华工商联合出版社 2004 年版。
[90] 加内什・纳塔拉詹、桑德娅・谢卡尔：《知识管理》，赵云飞译，中国大

百科全书出版社 2002 年版。

二、论文

[1] 沈莉:《标杆: 通向竞争优势的业绩改进工具》,《财会月刊》2004 年第 B3 期。
[2] 王晓黎:《财力资源配置与使用的效率观研究》,《商场现代化》2007 年 8 月(上旬刊)总第 511 期。
[3] 蔡小慎、宋加玉:《论服务型政府的行政领导力提升》,《行政与法》2006 年第 11 期。
[4] 赵蕾主:《行政领导力特质模型研究》,《硕士学位论文》2008 年第 4 期。
[5] 邹健:《问责制概念及特征探讨》,《中共南京市委党校南京市行政学院学报》2006 年第 3 期。
[6] 吴建依、胡谟敦:《关于行政问责的理论与实践探讨》,《社会科学研究》2008 年第 6 期。
[7] 王秀红:《西方发达国家行政问责制对我国的启示》,《哈尔滨学院学报》2008 年第 10 期。
[8] 唐铁汉:《我国开展行政问责制的理论与实践》,《中国行政管理》2007 年第 1 期。
[9] 李东:《论我国行政责任机制的完善》,《中共长春市委党校学报》2004 年第 1 期。
[10] 潘旭伟、顾新建、邱进冬、仇元福:《知识管理工具》,《中国机械工程》2003 年第 5 期。
[11] 杨武、陈庄:《数据库知识发现技术及应用》,《重庆工学院学报》2001 年第 2 期。
[12] 李振龙:《知识与知识管理》,《现代情报》2001 年第 3 期。
[13] 马东升:《政府知识管理系统的设计原则及功能需求》,《档案学研究》2008 年第 1 期。
[14] 盛小平、何立阳:《知识管理系统研究综述》,《图书馆》2003 年第 1 期。

后　记

我们生活在一个快速变化的学习时代。在这个时代,学习不再只是一种形式,也不仅仅关乎职业的需要。学习,已经成为这个时代所特有的价值取向,成为每个人的生存方式。正是在这一背景下,为了帮助高等学校学生、政府机关公务员及其他行政管理工作者学习、了解现代行政管理知识,根据上海市紧缺人才培训项目与上海师范大学重点学科——“公共管理与社会政策”教材建设项目的需要,上海师范大学行政管理系承担了“现代行政管理培训丛书”的系列培训教材之一——《现代行政管理: 原理与方法》的编写任务。

作为上海师范大学重点学科——“公共管理与社会政策”及上海市教委重点学科——“行政管理”的教材建设项目之一,本书初版于 2005 年,由何精华教授担任主编,负责全书的总体框架、思路及内容的设计,并编写了各个章节的写作提纲。2009 年再版时,编者对教材做了较大篇幅的修订,承担 2009 年版修订和写作任务的人员及分工是: 第一章,成兰(中州大学)、何精华;第二章,冯晓琴、李孟、乔鑫;第三章,李晓莉、施庆裕;第四章,陈静、姚梦媛;第五章,郭克领、于国娟、成兰;第六章,顾铮铮;第七章,李淳、彭亚洲;第八章,赵占年、钟世鹃;第九章,朱新光;第十章,王洁、罗家钫。何精华负责本书的最后统稿和修订工作,王洁协助主编完成参考文献、目录的核对与整理工作。

2011 年,编者借教材第三版发行之际,再次对教材部分章节进行了修订。第三版的修订体现了三个特点: (1) 压缩篇幅,去繁从简,尽可能简明扼要;(2) 对部分章节的写作思路进行了梳理,使之更合理;(3) 增加部分新内容,尽可能让读者感受时代的脉搏,反映学科发展的新特点;(4) 更新了部分阅读参考材料。参加第三版修订工作的人员及分工是: 第一章,何精华;第二章,乔鑫;第三章,杨丛樱(上海电视大学);第四章,冯晓琴;第五章,郭克领;第六章,顾铮铮;第七章,杨丛樱;第八章,杨丛樱;第九章,朱新光;第十章,王洁。何精华负责第三版的统稿工作,陈松协助主编完成第三版部分章节的文字、注释核对与整理工作。

在本书修订过程中,得到了“现代行政管理丛书”执行主编、上海市社联党组副书记、复旦大学教授桑玉成,以及同济大学教授孙荣、复旦大学副教授孙君明、上海电视大学教授刘文富、副教授张志京等专家的支持和帮助。上海社会科学院出版社编审陈军先生为本书出版付出了辛勤的劳动,在此一并表示感谢!

本书在撰写修订过程中,借鉴、参考了中外学者的相关论著及资料素材,吸收和引用了他们的成果,限于篇幅不便一一列举,在此一并致谢。由于我们的学识水平所限,加之时间仓促,本书不妥之处在所难免,敬请读者不吝赐教。

何精华

2011 年 7 月 4 日

图书在版编目(CIP)数据

现代行政管理 ：原理与方法 / 何精华主编 .— 上海 ：上海社会科学院出版社，2005
(现代行政管理培训丛书)
ISBN 978 - 7 - 80681 - 760 - 5

Ⅰ. 现… Ⅱ. 何… Ⅲ. 行政管理 Ⅳ. D035

中国版本图书馆 CIP 数据核字(2005)第 106199 号

现代行政管理：原理与方法(第 3 版)

主　　编：何精华
责任编辑：陈　军
特约编辑：刘益民
封面设计：闵　敏
出版发行：上海社会科学院出版社
上海顺昌路 622 号　邮编 200025
电话总机 021 - 63315947　销售热线 021 - 53063735
http://www.sassp.cn　E-mail:sassp@sassp.cn
照　　排：南京展望文化发展有限公司
印　　刷：上海颛辉印刷厂有限公司
开　　本：710 毫米×1010 毫米　1/16
印　　张：17.5
插　　页：2
字　　数：330 千字
版　　次：2011 年 8 月第 3 版　2024 年 2 月第 26 次印刷

ISBN 978 - 7 - 80681 - 760 - 5/D・067　定价：32.00 元